"一带一路"背景下投资与风险研究丛书

THE BELT AND ROAD

"一带一路"背景下中蒙畜牧业合作

The Animal Husbandry Cooperation of China and Mongolia Under the Background of the Belt and Road

苏日娜 ◎ 著

经济管理出版社
ECONOMY & MANAGEMENT PUBLISHING HOUSE

图书在版编目（CIP）数据

"一带一路"背景下中蒙畜牧业合作/苏日娜著. —北京：经济管理出版社，2018.4
ISBN 978-7-5096-6034-8

Ⅰ.①—… Ⅱ.①苏… Ⅲ.①畜牧业经济—经济合作—研究—中国、蒙古 Ⅳ.①F326.3
②F331.163

中国版本图书馆 CIP 数据核字（2018）第 215079 号

组稿编辑：王光艳
责任编辑：李红贤　詹　静
责任印制：黄章平
责任校对：王淑卿

出版发行：经济管理出版社
（北京市海淀区北蜂窝 8 号中雅大厦 A 座 11 层　100038）
网　　址：www.E-mp.com.cn
电　　话：（010）51915602
印　　刷：唐山昊达印刷有限公司
经　　销：新华书店
开　　本：720mm×1000mm/16
印　　张：12
字　　数：215 千字
版　　次：2018 年 4 月第 1 版　2020 年 10 月第 2 次印刷
书　　号：ISBN 978-7-5096-6034-8
定　　价：58.00 元

·版权所有　翻印必究·
凡购本社图书，如有印装错误，由本社读者服务部负责调换。
联系地址：北京阜外月坛北小街 2 号
电话：（010）68022974　邮编：100836

前　言

2013年中国提出"一带一路"倡议，坚持共商、共建、共享原则，对于中国深化与沿线国家经济、政治、文化等领域的双边与多边交流具有长远的影响。蒙古国作为"一带一路"沿线的节点国家之一，在"一带一路"建设中具有重要地理枢纽的作用。随着"一带一路"倡议的实施，中蒙两国加强政策沟通与战略对接，深化区域经济合作，不仅有利于两国实现政治经济利益融合，而且有利于带动沿线国家和地区共同繁荣与发展。

改革开放以来，我国畜牧业生产保持了较高的发展速度，实现了持续增长，已成为名副其实的畜牧业生产大国，但也处于向现代畜牧业加快转型的关键期。我国畜牧业发展应该借鉴周边国家的发展经验，引进先进的技术和发展理念，通过与周边国家的互联互通，优势互补，提高畜牧业产业化水平，实现可持续发展。蒙古国是与中国拥有最长陆地边界线的北方邻国，畜牧业是中蒙两国的传统优势产业，中蒙畜产业合作有着独特的地缘优势。近年来，随着中国与蒙古国政治经贸关系的深化以及区域经济合作趋势的推进，中蒙两国畜产品贸易不断深入，并且呈现稳步增长态势。"一带一路"倡议提升了沿边地区开放的广度和深度，为中蒙两国畜牧业加强产业技术交流、创新产业合作方式、深化加工行业的合作提供了新的动力支撑。

基于以上背景，本书立足于理论分析与实证分析相结合，以理论分析为基础，实证分析为重点，在"一带一路"背景下，借助可持续发展理论的研究基石，对中国和蒙古国的畜牧业发展现状进行了研究，探讨了牧户生产意愿和畜产品流通效率问题，并对中蒙两国畜产品消费行为进行了比较分析，试图揭示"一带一路"倡议下中蒙畜牧业经济合作的有效路径。

在本书的写作过程中，作者参考和借鉴了诸多期刊、书籍、统计数据、硕博论文和资料，均在书中或参考文献中一一注明，在此对诸位研究学者表示衷心的感谢。同时，对于因作者疏忽没有列出其研究成果的专家学者，在此深表歉意。

由于笔者才疏学浅，书中难免存在不足与疏漏之处，敬请专家学者批评指正，恳请同仁赐教。

目　录

第一章　国内外相关研究综述 …………………………………… 1
第一节　可持续发展的内涵 ………………………………………… 1
一、可持续发展概念 …………………………………………… 1
二、可持续发展系统 …………………………………………… 2
三、可持续发展原则 …………………………………………… 3
第二节　畜牧业可持续发展 ………………………………………… 5
一、国内研究动态 ……………………………………………… 5
二、国外相关研究 ……………………………………………… 7
第三节　畜牧业产业化发展研究 …………………………………… 7
第四节　畜产品消费行为模式 ……………………………………… 9
第五节　畜产品流通研究 …………………………………………… 11
一、国内研究现状 ……………………………………………… 11
二、国外相关研究成果 ………………………………………… 15
第六节　对已有相关研究文献评述 ………………………………… 15

第二章　中蒙畜牧业合作背景 …………………………………… 17
第一节　中国"一带一路"倡议 …………………………………… 17
一、"一带一路"倡议的提出及意义 ………………………… 17
二、"一带一路"倡议的主要内容 …………………………… 20
三、"一带一路"倡议的实施成果 …………………………… 22
第二节　蒙古国"草原之路"计划 ………………………………… 25
一、"草原之路"计划的背景 ………………………………… 25
二、"草原之路"计划的内涵 ………………………………… 26

· 1 ·

第三节　中蒙俄经济走廊建设 ·· 27
　　　　一、中蒙俄经济走廊的提出 ·· 27
　　　　二、中蒙俄经济走廊建设现状 ·· 28

第三章　中国畜牧业转型发展
　　　　——以内蒙古自治区为例 ·· 31
　　第一节　中国畜牧业发展现状分析及问题探究 ···················· 31
　　　　一、中国现代畜牧业取得的成效 ······································ 31
　　　　二、中国畜牧业发展中存在的问题 ·································· 35
　　第二节　内蒙古畜牧业发展模式分析 ···································· 37
　　　　一、内蒙古畜牧业的发展背景 ·· 37
　　　　二、内蒙古畜牧业转型发展的制约因素 ·························· 44
　　　　三、内蒙古畜牧业转型发展的基本路径 ·························· 49
　　第三节　中国畜牧业转型发展的对策与措施 ························ 55
　　　　一、建立多元化的畜牧业科技投入机制 ·························· 55
　　　　二、逐步实现畜牧业生产结构合理化 ······························ 56
　　　　三、提高畜产品加工业的综合效益 ·································· 57
　　　　四、推动畜牧业产业化的深度发展 ·································· 57

第四章　蒙古国畜牧业可持续发展 ·· 58
　　第一节　蒙古国畜牧业的资源环境分析 ································ 58
　　　　一、具有得天独厚的地缘优势 ·· 58
　　　　二、气候条件对畜牧业影响较大 ······································ 59
　　　　三、畜牧业资源富集，发展空间广阔 ······························ 59
　　　　四、经济低迷对畜牧业发展的制约 ·································· 60
　　第二节　蒙古国畜牧业发展概况 ·· 63
　　　　一、蒙古国畜牧业的发展轨迹 ·· 63
　　　　二、蒙古国畜牧业经济发展现状分析 ······························ 65
　　第三节　蒙古国畜牧业可持续发展的政策选择 ···················· 68
　　　　一、进行产权制度变革 ·· 68
　　　　二、发展绿色畜产业 ·· 69
　　　　三、塑造游牧旅游文化 ·· 70
　　　　四、提升畜牧加工企业竞争力 ·· 70

第五章　中蒙畜产品消费行为比较分析 ………………………………… 72
第一节　研究基础 ……………………………………………………… 72
一、消费者行为及其影响因素 …………………………………… 74
二、畜产品消费行为的影响因素 ………………………………… 75
第二节　中国消费者畜产品消费意愿的实证分析 …………………… 77
一、消费行为特征的统计分析 …………………………………… 77
二、消费意愿的计量分析 ………………………………………… 80
三、结论及政策建议 ……………………………………………… 85
第三节　蒙古国消费者畜产品消费意愿分析 ………………………… 86
一、数据来源与样本分布 ………………………………………… 86
二、变量选取与模型构建 ………………………………………… 86
三、调查结果的描述性分析 ……………………………………… 88
四、模型回归检验 ………………………………………………… 92
五、结论与政策启示 ……………………………………………… 95
第四节　中蒙畜产品消费行为的比较 ………………………………… 96
一、畜产品消费影响因素的差异 ………………………………… 96
二、畜产品消费行为特点的差异 ………………………………… 97
三、政策及营销建议 ……………………………………………… 98

第六章　中国畜产品流通及蒙古国对外贸易 …………………………… 101
第一节　中国畜产品流通现状分析 …………………………………… 101
一、研究的理论基础 ……………………………………………… 101
二、畜产品流通现状及存在的问题 ……………………………… 104
三、畜产品流通效率的实证分析 ………………………………… 107
四、构建高效的畜产品流通体系 ………………………………… 111
第二节　蒙古国对外贸易现状 ………………………………………… 113
一、蒙古国对外贸易的发展 ……………………………………… 113
二、中蒙贸易合作概况 …………………………………………… 115
三、中蒙贸易合作前景展望 ……………………………………… 117

第七章　牧户生产意愿影响因素的实证分析 …………………………… 119
第一节　中国牧户生产意愿分析 ……………………………………… 119
一、研究基础 ……………………………………………………… 119

二、研究方法及数据来源 ……………………………………… 120
　　三、样本牧户的基本特征描述 ………………………………… 120
　　四、牧民对草原生态建设的认知与生产决策 ………………… 125
　　五、市场环境对牧民生产决策的影响 ………………………… 130
　　六、牧户生产意愿影响因素的计量分析 ……………………… 133
　　七、结论及政策建议 …………………………………………… 138
  第二节 蒙古国牧户生产意愿分析 …………………………………… 139
　　一、研究基础 …………………………………………………… 139
　　二、牧户调查数据的统计分析 ………………………………… 141
　　三、牧户生产经营状况对生产意愿的影响 …………………… 144
　　四、草原生态的认知与评价对生产意愿的影响 ……………… 147
　　五、市场环境要素对生产意愿的影响 ………………………… 150
　　六、基于Logistic模型的牧户生产意愿分析 ………………… 152
　　七、研究结论 …………………………………………………… 158

第八章 中蒙畜牧业合作路径 ……………………………………… 160
  第一节 中蒙畜牧业合作现状 ………………………………………… 160
　　一、中蒙畜产品贸易发展状况 ………………………………… 160
　　二、畜牧业技术交流状况 ……………………………………… 161
  第二节 中蒙畜牧业合作的机遇与制约因素 ………………………… 163
　　一、中蒙畜牧业合作的机遇 …………………………………… 163
　　二、中蒙畜牧业合作的制约因素 ……………………………… 166
  第三节 中蒙畜牧业合作的路径选择 ………………………………… 168
　　一、搭建畜牧科技合作平台 …………………………………… 168
　　二、深化畜产品加工业合作层次 ……………………………… 169
　　三、加强市场信息领域的合作发展 …………………………… 169
　　四、构建中蒙畜产品跨境物流协同运作体系 ………………… 170
　　五、开展草原旅游业合作营销 ………………………………… 171

参考文献 ……………………………………………………………… 173

第一章
国内外相关研究综述

我国是一个草原资源大国，拥有草原面积约 4 亿 hm^2，占国土面积的 41.7%。畜牧业是天然草场资源利用的最主要的方式，经过千百年的演化，草原地区已形成了"草—畜—人"不可分割的完整系统，然而近几十年来，由于气候变化、人口增长、超载过牧等原因，我国草原生态退化严重，草畜矛盾尖锐。为保护草原生态环境采取的"减畜"和"增草"措施，受到人口生计、消除贫困等社会发展问题的制约，畜牧业可持续发展面临极大挑战。随着中国社会经济的稳定发展，畜牧业已经成为当前农村经济中相对独立的支柱产业，一系列惠农支农政策为畜牧业的可持续发展带来了新的变化。可持续发展是建立在经济、生态和社会等多目标协调整合基础上的发展观，其与推动畜牧业生产可持续发展的目标追求契合。

第一节 可持续发展的内涵

一、可持续发展概念

可持续发展是 20 世纪最重要的思想之一，其要求系统协调发展。系统论是从整体出发，着眼于系统与要素、要素与要素、系统与环境之间相互关系、相互作用来认识事物的方法，通常从经济、环境和社会三个维度来进行描述。可持续发展理论从生态环境角度强调，可持续发展不能超越环境系统更新能力（可持续发展问题专题研讨会等，1991）；从社会角度主张，在生存不超越生态系统承载能力的情况下改善人类生活品质；从经济角度认为，可持续发展是在保持自然资源质量和其所提供服务质量的前提下，使经济发挥的净利益增加到最大限度（Barbier，1985）。

在西方发达国家工业化进程中，社会经济活动一直沿袭资源开采、加工制造、废弃物排放、产品流通消费、废旧产品抛弃的线性过程。资本主义私人资本在满足社会消费需求、创造利润从而实现自身不断增值的同时，对资源的无序开发和抛回自然界的废弃物呈指数形式上升，其直接后果是我们赖以生存和发展的自然环境不断恶化。20世纪60年代，发达国家开始进入后工业化时期，在全世界不到1/5的人口进入现代化社会的情况下，资源的短缺和生态环境问题已经成为经济继续增长的重大约束。

可持续发展概念从1980年被提出后，全球范围内对可持续发展问题的讨论掀起阵阵热潮。经济学家、社会学家和自然科学家分别从各自学科的角度对可持续发展进行了阐述，给出了各自的定义。①从自然属性定义可持续发展。可持续性这一概念是由生态学家首先提出来的，即所谓生态可持续性。1991年11月，国际生态学联合会和国际生物学联合会联合举行了关于可持续发展问题的专题研讨会。该研讨会将可持续发展定义为："保护和加强环境系统的生产和更新能力。"②从社会学属性定义可持续发展。1991年，世界自然保护同盟、联合国环境规划署和世界野生生物基金会共同发表了《保护地球——可持续性生存战略》。该书中提出的可持续发展定义为："在生存不超出维持生态系统承载能力的情况下，提高人类的生活质量。"③从经济学属性定义可持续发展。这类定义虽有不同的表达方式，但都认为可持续发展的核心是经济发展。《经济、自然资源、不足和发展》的作者巴比尔把可持续发展定义为："在保持自然资源的质量和提供服务的前提下，使经济的净利益增加到最大限度。"皮尔斯对其的定义为："自然资本不变前提下的经济发展，或今天的资源使用不应减少未来的实际收入。"

二、可持续发展系统

在上述具体的或复杂的可持续发展定义中，已经包含着自然资源、经济增长、环境、社会公平等各种要素。无论在全球范围内，还是在一国范围内，现代发展是生态、经济、社会诸方面都得到发展，可以概括为生态发展、经济发展和社会发展三个方面。可见，可持续发展是生态可持续发展、经济可持续发展和社会可持续发展三者的有机统一，也是建立在生态可持续性、经济可持续性、社会可持续性基础上的经济与社会和人与自然的协调发展。人们既不能将可持续发展理解为只是生态可持续发展，也不能理解为只是经济可持续发展，而是经济可持续发展、生态可持续发展和社会可持续发展三者的协调发展。

在可持续发展系统中，以生态可持续发展为基础，以经济可持续发展为主导，以社会可持续发展为保证。生态可持续发展是指按照生态经济学的观点，现代经济社会系统是建立在自然生态系统基础之上的巨大的开放系统，以人类经济活动为中心的社会经济活动都是在大自然的生物圈中进行的。任何经济社会活动，都要有作为主体的人，作为客体的环境，这两者都是以生态系统运行与发展作为基础和前提条件的。同时任何社会生产，不论物质生产还是精神生产甚至于人类自身生产所需要的物质和能量，无一不是直接或间接来源于生态系统。所以，在生态系统和人类经济社会活动中，生态系统是经济社会活动的基础，人类社会的发展也必须以生态系统为基础。现在越来越多的人认识到，随着现代经济社会的发展，必须考虑到生态环境的改变对社会经济的决定作用。现代经济社会发展必须以良性循环的生态系统及其生态资源的持久、稳定的供给能力为基础，使现代经济社会的发展绝对地建立在它的生态基础上，并确保这种基础受到绝对保护和健全发展，使其能够长期地、稳定地支撑现代经济社会的健康发展。

经济可持续发展是指发展不以伤害后代人的利益为前提来满足当代人的需求，保障人类发展的长期利益或后代人的持续收入。经济可持续发展，虽然着眼于保持当代的发展与后代的发展之间的协调关系，保障子孙后代的利益，但要从这个基本立足点出发，优化社会总资源配置，从而解决好当代发展过程中经济社会发展和生态环境改善之间的协调问题，并形成相互适应的良性循环，不断提高保证人民群众目前需要和长远需要的供给能力，就必须把人类发展的长远利益和眼前利益、局部利益和整体利益结合起来，以便满足当代人的需求和后代人的需求。因此，经济可持续发展的一个重要方面就是经济增长和人们生产经营活动的可获利性，它要求国民经济系统保持它的产出水平等于或大于它的历史平均值的能力，是个产出没有负增长趋势的系统，而且经济增长既重视数量增加，又重视质量改善，还要降低消耗，节约资源，减少废物，提高效率，增进效益，力求经济增长和经济收益的变异性较低或最低，从而保证国民经济持续、稳定、协调发展。

三、可持续发展原则

（一）可持续性

可持续性原则的核心是人类的经济和社会发展不能超越资源与环境的承载能

力。资源与环境是人类生存与发展的基础条件，离开资源与环境，人类的生存与发展就无从谈起。资源的永续利用和生态系统的可持续性保持是人类持续发展的首要条件。可持续发展要求人们根据可持续性的条件调整自己的生活方式，在生态可能的范围内确定自己的消耗标准。这一原则从某一侧面也反映了可持续发展的公平性原则。

（二）共同性

鉴于世界各国历史、文化和发展水平的差异，可持续发展的具体目标、政策和实施步骤不可能是唯一的。但是可持续发展作为全球发展的总目标，所体现的公平性和可持续性原则，则应该是各国共同遵从的。实现这一总目标，必须采取全球共同的联合行动。布伦特兰在《我们共同的未来》的前言中写道："今天我们最紧迫的任务也许是要说服各国认识回到多边主义的必要性。""进一步发展共同的认识和共同的责任感，对这个分裂的世界是十分需要的。"共同性原则也反映在《里约宣言》之中："致力于达成既尊重所有各方的利益，又保护全球环境与发展体系的国际协定，认识到我们的家园——地球的整体性和相互依存性。"可见，从广义上讲，可持续发展战略就是要促进人类之间及人类与自然之间的和谐。如果每个人在考虑和安排自己的行动时，都能考虑到这一行动对其他人（包括后代人）及生态环境的影响，并能真诚地按共同性原则办事，那么人类及人类与自然之间就能保持一种互惠共生的关系，也只有这样，可持续发展才能实现。

（三）需求性

传统发展模式以传统经济学为支柱，所追求的目标是经济增长，主要通过国民生产总值 GNP 来反映，但忽视了资源的代际配置。这种发展模式不仅使世界资源环境承受着前所未有的压力而不断恶化，而且人类的一些基本物质需要不能得到满足。可持续发展则坚持公平性和长期的可持续性，要满足所有人的基本需求，包括物质的、精神的和生态的需求，向所有的人提供实现美好生活愿望的机会。进入 20 世纪以后，科学技术迅猛发展，生产方式发生根本性变革，人类生存环境遭受空前破坏，生态状况逐渐成为影响人类生存的越来越重要的因素，生态需求成为最基本的生存需求。因此，满足所有人的基本需求成为可持续发展的一项重要原则。

（四）公平性

可持续发展的公平性原则包括三层含义：一是代内平等，即当代人之间的横向平等。它强调任何地区、任何国家的发展不能以损害别的地区和国家为代价，特别要注意到欠发达的地区和国家的需求。当今世界的现实是一部分人富足，另一部分人——特别是占世界人口1/5的人口处于贫困状态。这种贫富悬殊、两极分化的世界，不可能实现可持续发展。因此，要给世界以公平的分配和公平的发展权，就应把消除贫困作为可持续发展进程特别优先的问题来考虑。二是代际平等，即世代人之间纵向平等。人类赖以生存的自然资源是有限的，它强调当代人不能因为自己的发展与需求而损害人类世世代代满足需求的条件——自然资源与环境，应给世世代代以公平利用自然资源的权利。就环境与自然资源而言，代际公平要从质量和数量上加以理解。在质量上，要求环境和自然资源不至于发生代际退化。在数量上，要求自然资源存量至少保持稳定。三是公平分配有限资源。针对目前富国在利用地球资源上拥有优势的状况，这一原则要求各国拥有按本国的环境与发展政策开发本国自然资源的主权，并负有确保在其管辖范围内或在其控制下的活动不致损害其他国家环境的责任。目前，占全球人口26%的发达国家消耗的能源、钢铁和纸张等，都占全球的80%以上。

可见，可持续发展不仅要实现当代人之间的公平，而且也要实现当代人与未来各代人之间的公平，向所有的人提供实现美好生活愿望的机会。未来各代人应与当代人有同样的权利来提出他们对资源与环境的需求。可持续发展要求当代人在考虑自己需求与消费的同时，也要对未来各代人需求与消费负起历史的和道义的责任。各代人之间的公平要求任何一代都不能处于支配地位，即各代人都应有同样多的选择发展的机会。

第二节 畜牧业可持续发展

一、国内研究动态

第一，我国学者对畜牧业可持续发展的研究始于畜牧业可持续发展的内涵。

卢良恕和梅方权等于1992年第一次提出可持续性畜牧业的概念。对于畜牧业可持续发展的定义至今仍然没有十分明确，部分学者按照农业可持续发展来定义畜牧业可持续发展，就是从我国畜牧业的实际情况出发，依靠科学技术，正确处理好资源与环境、利用与保护、当前与长远、生存与发展的关系，走出一条合理配置与利用资源，提高资源利用率，实现资源永续利用，生产持续发展的高产、优质、低耗、高效发展之路，确保当代和后代对畜产品的需求得以满足（刘振江，2007）。

第二，我国畜牧业可持续发展研究成果中，王德海和程国富（2006）提出根据消费者需求心理，重视畜产品质量安全问题，开发绿色畜产品，以促进畜牧业可持续发展。乌云等（2014）通过分析内蒙古呼伦贝尔草原生态与畜牧业发展提出以科学发展观为指导，推动产业结构战略性调整，切实加大草原保护力度，促进草原生态良性循环，发展绿色产业。布尔金等（2014）在新疆草地畜牧业背景、现状与问题研究基础上提出从生态保护和可持续发展的全局出发，统筹协调山地—荒漠—绿洲复合生态系统关系，在绿洲及其他水土条件较好的地区发展以优质、高产人工草地为基础的现代集约型草地畜牧业，逐步将畜牧业生产从平原荒漠草地和山地草地向绿洲转移，最终使绿洲成为现代畜牧业经济发展的重心。徐哲和张军民（2016）在分析我国畜牧业发展现状、前景和面临的主要问题与挑战的基础上，提出充分利用国内外两种资源，实施畜牧业"走出去"开发战略，促进畜牧业可持续发展的创新思路，并就加强畜牧业科技工作提出强化顶层设计、加强宏观协调和保证未来10年畜牧业可持续发展的科技创新技术的研发等建议。朝格宝音等（2017）提出通过对草地的合理治理，对人工草地进行建设，从而使因畜牧发展而引起草地退化的问题得以有效解决，以促进畜牧业的可持续发展。

第三，对畜牧业可持续发展的评价、发展模式方面的研究。史光华等（2004）在分析现有的可持续发展评价理论和研究方法的基础上，针对畜牧业发展的特点，提出了以环境经济学为手段，以生态承载能力理论为基础，借助生态资源、环境功能价值的货币化表达，评价畜牧业可持续发展的一整套评价理论和方法。林宗权（2017）认为湖北省恩施州应在合理安排粮食生产的情况下，采用种草养畜、以畜禽的粪便养地和种养结合的农牧业共同发展的模式实现畜牧业可持续发展。

二、国外相关研究

国外学者对畜牧业可持续发展的相关研究较多。Hinrichs C. C. 等（2003）认为，传统的强调教育并鼓励农场采用替代生产系统促进畜牧业可持续并不那么有效，其通过分析美国家禽、猪、牛肉、牛奶产业结构变化，认为应以产业链结构为导向促进畜牧业可持续发展。Tom N. McNeilly（2017）指出低收入国家提高畜牧业生产效率对保障全球粮食安全意义重大。J. J. Hyland 等（2016）认为，提高畜牧业生产效率为减少部门温室气体排放提供了重大机遇，鼓励和实施增效措施为畜牧业提供了一个大幅度减少对温室气体排放贡献的可行方法。AnnaHessle 等（2017）通过瑞典牛奶和牛肉供应链生命周期评估得出，提高畜牧业生产效率能够减少生产成本、减少畜产品生产对环境的影响，以获得畜牧业生产可持续发展。Grace Zibah Rekwot 等（2017）通过统计分析得出 1970～2008 年尼日利亚气候变化与畜牧生产相关，政府应大力推行气候智慧农业实现畜牧业可持续发展。Rafael de Oliveira Silva 等（2018）通过开发牛肉养殖、生产的多周期线性规划模型优化牧场恢复，实现巴西畜牧业可持续集约化发展战略。

第三节 畜牧业产业化发展研究

国内学者关于畜牧业产业化研究主要包括畜牧业产业化内涵、存在问题、发展战略、畜牧业产业化模式等方面。

第一，关于畜牧业产业化的内涵研究。王明利和王济民（2002）将我国畜牧业产业化分为产业化萌芽、产业化起步和产业化快速发展时期三个阶段。安立龙等（2002）认为畜牧业的发展经历了原始畜牧业、传统畜牧业、工厂化畜牧业和现代生态畜牧业等阶段，现代生态畜牧业是畜牧业产业化经营的最佳选择。刘玉满（2014）认为畜牧业产业化体系由两个基本的要素构成：一是要有一个健全的农民组织体系；二是要有一个完善的社会化服务体系。社会化服务体系包括饲料工业体系、良种繁育体系、疫病防治体系、畜产品加工体系、科技推广体系、信息服务体系等。岳富贵（2015）认为，畜牧业产业化属于农业产业化范畴，内蒙古自治区畜牧业产业化内涵即畜牧业发展应注重规模化、专业化、市场化的培养，同时应注重经营一体化、服务社会化、管理企业化等配套功能的构建，确保产业链条得到有效延长，使畜牧业规模不断扩大。

第二，关于畜牧业产业化发展评价，大多数学者通过调研进行定性分析，定量研究较少。刘丽华等（2017）通过借鉴其他学者关于农业产业化的评价方法，对吉林省梨树县镇郊霍家店村的畜牧业产业化发展情况进行尝试性分析评价，提出包括畜牧产品人均产值、龙头企业经营水平等八项指标的农村畜牧业产业化发展阶段的评价指标，进行了分析评价，在此基础上提出畜牧业产业化水平提升的对策与建议。

第三，关于畜牧业产业化发展问题与战略研究。刘丽华和李丽军（2017）指出畜牧业产业化是农业现代化的重要内容和重要标志。吉林省梨树县霍家店村通过大型企业带动、专业基地带动、市场带动的方式进行畜牧业产业化。石莹（2018）认为佳木斯畜牧产业在政策导向、市场拉动的带动下发展较快，畜牧业养殖总量持续增长，但也存在产业水平低、品牌水平低、规模标准低、服务水平低、政策不够连续等问题。

关于畜牧业产业化发展战略方面，我国学者针对不同地区提出政府扶持、专业化生产、规模化建设、加强品牌建设等对策。饶军和李星丛（2016）认为，昭通市畜牧业产业化发展需要理顺管理体制；多渠道融资，逐步解决畜牧产业基础设施薄弱问题；提高生产者组织化程度；强化畜产品加工扶持，延伸产业链；生产"名、特、优"畜产品坚持区域化、专业化、规模化和集约化生产；充分利用互联网，打造"互联网+畜牧业"。陈晋国（2017）针对湖北省宜昌市夷陵区提出通过转变生产方式、依托龙头企业、推进产业化经营、实行"科技兴牧"战略、推行清洁养殖、加强检疫力度、推进畜牧业产业化发展。

第四，关于畜牧业产业化发展模式方面的研究。李志刚等（2005）针对甘肃省河西民族地区畜牧业产业化发展现状、面临问题，根据自身区域特征、产业化发展现状等综合因素选择"专业市场+农牧户""公司+基地+农牧户""公司+合作组织+农牧户""牧场企业+中介组织+龙头企业"四种畜牧业产业化发展模式。格日勒图（2007）指出内蒙古自治区牧区草原畜牧业产业化经营可以采用专业市场带动模式。张明林和刘耀彬（2007）建立了一个关于"公司+农户""公司+中介组织+农户""公司+合作组织+农户"的合作博弈模型，通过分析，认为不管对于农户还是企业来说，在"公司+合作组织+农户"中所得到的收益都比前两者高。

国外学者对农业产业化的研究主要从微观层面展开，其原因是农业产业化与其所处的体制环境（制度变迁等因素）具有一定的相关性，而国外的农业制度、体制相对较为稳定，因此对微观经济活动及行为的畜牧经济研究成为该领域研究的重点。例如，美国生猪产业经过二十年的产业化结构调整，产业发展趋于集中、协调（Furuseth，1997；Page，1997；Rhodes，1995；Thu 等，1998）；随着肉类包装集中化和生产控制水平的提高，超过80%的生猪生产现在通过协调供应链流通（Federal Reserve Bank of Kansas City，2001）。

第四节 畜产品消费行为模式

国内外学者关于畜产品消费行为的研究主要集中在不同区域、不同消费者类型对分类畜产品的消费量、消费结构特征、消费意愿、影响因素以及对未来消费趋势预测等方面。

第一，关于畜产品消费量、消费结构特征、消费意愿的研究多是通过调研、实证分析得出。王济民等（2000）对吉林、内蒙古、山东、江苏、四川、广东六个省（自治区）进行了城乡居民畜产品消费调查，发现城乡居民对不同畜产品消费偏好不同的主要原因是消费习惯和口味偏好，质量、价格与收入对城乡居民畜产品消费也有影响。李瑾（2007）对我国城乡居民家庭和社会餐饮畜产品消费特征及变化趋势进行了实证分析，发现城乡居民家庭内畜产品消费均以猪肉为主，随着收入的增长，奶类消费的增长速度最快，城镇地区牛羊肉和禽肉消费的增长速度大于猪肉，而农村地区猪肉和禽肉消费的增长高于牛羊肉。收入和价格对城镇居民社会消费的影响极其显著，社会餐饮畜产品消费仍以猪肉为主，随着收入的增加，牛羊肉消费的增长速度最快，其次是猪肉、禽肉和禽蛋。陆文聪（2008）基于浙江省城乡居民固定观测点的调查数据，细分不同产品种类，采用扩展线形支出系统（ELES）模型，研究了收入增长过程中城乡居民畜产品消费结构的变动趋势。研究结果显示，随着人均收入的增加，浙江省城镇居民畜产品的消费变化主要表现为猪肉消费的减少及奶类消费的增加；农村居民对家禽类产品有较高的边际预算份额及较大的需求收入弹性。尚旭东等（2012）对我国1990~2010年不同地域城乡居民的猪肉、牛羊肉、鲜奶、家禽、鸡蛋、水产品购买量、消费量以及城乡居民消费量差距、户外消费量等进行统计分析，研究我国城乡居民畜产品消费特征与问题。徐琛卓和李哲敏（2014）通过梳理畜产品消费量预测的常用方法，认为可以运用多元统计方法研究影响畜产品消费量的因素，考虑到当前畜产品市场的周期性以及监测预警方面的需求，组合预测将是研究畜产品消费量的主流方法。刘志颐和张弦（2014）基于世界畜产品供需预测，认为应建立大规模专门化商品生存服务体系、注重科研技术的研发与推广、注重畜产品质量安全和动物疫病防治。同时指出我国畜牧业发展正处于生产方式、经济增长方式和产业结构的转型阶段，借鉴国外畜牧业发展经验推动畜牧业的现代化和健康可持续发展是中国农业和农村经济结构调整的战略选择。陈加齐等（2017）从消费总量、人均消费量、地区分布和主要消费国（地区）四个角度分析2000年以来全球肉蛋奶等重要畜产品消费趋势变化，指出畜产品消费稳步增长的主要动力来自亚洲、美洲等地区。

第二，关于畜产品消费的影响因素研究采用了多种分析方法。蒋乃华等（2002）认为，居民收入、相对价格水平、区域差异是畜产品消费的影响因素，并对影响畜产品需求的因素做实证分析。王桂荣（2009）基于新疆的问卷调查分析城镇居民奶制品的消费品种、品牌、消费偏好和认知程度，研究表明奶制品消费的区域性和消费需求的多样化特征十分明显，不同性别、民族、职业和文化程度消费者的奶制品消费行为存在一定差异；居民收入、消费偏好、乳品价格、乳品质量、品牌宣传、购买的便利性以及消费观念和保健意识等都是影响城镇居民奶制品消费的重要因素。包艳丽等（2013）对新疆居民主要畜产品消费行为与收入关系的研究表明：新疆城乡居民畜产品消费结构不断趋于多元化；农村居民畜产品消费水平仍明显偏低；农村居民畜产品消费结构不合理；随着收入水平的增加，城乡居民对牛肉、家禽的支出意愿将增强，农村居民对羊肉、猪肉的支出意愿将减弱。马福玉（2013）运用因子分析方法对畜产品消费需求量的影响因素问题进行了研究，确定了影响猪肉消费需求的14个影响因素，经过相关性分析、主成分分析、因子分析后，分别转化为需求因子、价格因子、人口因子三个综合因子。辛翔飞等（2015）认为1978~2012年，我国畜产品消费人均消费水平增长迅速，消费结构发生了很大变化，城乡之间、不同收入阶层之间差异显著、户外消费比例显著提高。同时城乡居民收入、人口总量和结构的变动，城镇化水平、生活方式的改变等是影响畜产品消费的主要因素。唐步龙等（2017）认为，居民收入水平、刚性支出价格上涨、二元经济结构、食品质量安全、市场信息不对称、价格波动等是我国畜产品消费提升的主要原因。

在国外，Mccarthy和O'Reills（2003）研究了爱尔兰猪肉和家禽市场消费量的影响因素，提出影响肉类选择的主要因素是价格、收入、安全、健康、环境条件等，而年龄、性别、社会阶层也会对消费行为产生一定的影响。Schmit 和 Kaiser（2006）在预测下个 10 年液体奶制品和奶酪需求的时候考虑到的影响因素有价格、收入、在外人均食品支出、5 岁和 5 岁以下的人口比例、20～44 岁年龄的人口比例、广告等。

Goksel Armagan 和 Cuma Akbay（2008）分析了土耳其城市居民家庭畜产品消费结构，牛奶、酸奶、奶酪、家禽和鱼的价格弹性低于 1，肉类的价格弹性高于 1。此外，社会人口因素对畜产品需求的影响很小，他们认为可以通过获得有关畜产品的适当信息，确定生产目标和制定政策。

SePulveda 等（2008）研究了在西班牙购买有质量标记牛肉的影响因素，指出购买产品产地的重要性是一个重要的方面，同时指出，收入水平、生活方式、购买习惯、对质量标记牛肉的态度都是区分购买有标记质量消费者的影响因素。Femi Hadidjah Elly 等（2013）采用回归分析研究收入对畜产品消费的影响，认为家庭收入显著影响北部米纳哈萨半岛的鸡蛋、鸡肉和猪肉的消费。

第五节 畜产品流通研究

一、国内研究现状

畜产品流通研究属于农产品流通研究范畴。国内学者针对畜产品流通的研究集中在畜产品流通现状、畜产品消费意愿、畜产品流通模式、畜产品消费影响因素等方面。

（一）畜产品流通现状

向香云等（2007）以生猪为例探讨了畜产品流通过程中发生的信息不对称问题，借鉴 DELL 电脑"零库存"物流模式的成功经验，分析了畜产品生产企业与农户之间建立稳定契约关系的可能。焦国生（2008）认为，应加快畜产品市场体系建设，着力搞好畜产品的流通以进一步促进产业的有序、健康发展。迪娜·帕夏尔汗（2013）从畜牧业生产条件、畜牧产业规模、市场需求、信息化程度、交通运输能力、政府支持、教育科技七个方面选取九个指标建立新疆畜产品流通发展影响因素体系，指出新疆畜产品流通存在畜产品市场软硬件建设严重滞后、畜产品流通不畅等问题。

李卫春（2014）指出新疆吐鲁番市畜产品流通存在市场管理不足、农村流通主体少、畜产品流通的组织化程度低、经营方式单一落后、畜产品加工转化率低，并提出改进活畜禽交易管理机制、着力培育流通主体、加快推行现代的经营方式、加强畜产品流通的服务体系建设的对策。

赵淑雯（2017）认为解决我国现阶段生鲜农畜产品流通问题关键是如何提升物流效率，并采用因子分析法得出配送优化、OTO模式以及供应链管理是"互联网+"背景下主要提升生鲜农畜产品物流效率的主要途径。

（二）畜产品消费意愿

王玉环（2006）对20多年我国城乡居民畜产品消费特征、趋势及相关问题进行回顾与分析，研究表明，鲜奶、家禽、禽蛋及替代品消费增长较快，牛羊肉、家禽和替代品城乡居民消费量差距拉大，而加工畜产品和原料用畜产品间接增加了畜产品总量的消费，同时城镇化进程、差旅工作、人口流动、亲友聚餐等因素有力地推动了居民畜产品的户外消费。

刘丽红（2010）分析了中国畜产品家庭消费和在外消费现状、消费特点以及影响畜产品消费的主要因素，并根据以上分析，预测了2010年、2015年、2020年中国畜产品消费量和人均消费量，认为中国畜产品消费从整体上看，处在稳步增加动物性食品消费的"上升"阶段，特别是牛羊肉、禽肉、奶制品消费还将出现迅速增加的态势。

王舒婷等（2012）指出改革开放以来，我国畜牧业生产得到了长足发展。畜产品消费总体而言在不断上升。现阶段畜产品供求的主要特征是价格增长幅度较大，生产集中度大大提高，资本、技术密集化程度加深，国际市场依赖度增强等。

孙黎黎（2012）指出随着人们生活水平的提高，对肉类的消费不再只是追求数量，而是更加重视质量。目前中国作为猪肉的生产和消费大国，其猪肉的产量已经跃居世界第一，猪肉的质量安全能否得到保证直接关系到我国居民的身体健康，与此同时也影响到整个社会安定团结的维系乃至我国猪肉在国际市场中的竞争优势。

杨域（2012）指出畜产品消费是居民最基本的消费，在食品消费中占据非常重要的地位。畜产品消费占食品消费支出的比例反映了居民生活水平的高低，因此研究居民畜产品消费及其变化趋势具有非常重要的现实意义。其通过实地调查、数据统计、计量分析，估算山东省城乡居民畜产品消费水平，分析畜产品消费偏好和消费行为及其变动趋势，以期为科学规划山东省畜牧业发展、有效指导畜产品消费、提高人们生活消费水平与质量等提供参考依据。

（三）畜产品流通模式

陈淑祥（2005）指出，产品流通是畜牧业生产链条中的重要环节，是产品从生产领域进入消费领域的必经之路。学习和借鉴国外先进的畜禽产品流通体制和法律法规，规范我国畜禽产品流通秩序，健全相关的法律法规，确保流通渠道畅通，才能进行有效的生产和经营，增加畜禽产品附加值，让消费者安全消费、放心消费。

唐柳（2007）基于西藏自治区农畜产品流通体系的现状分析，对"十一五"时期西藏农畜产品流通市场的建设模式进行了探索，提出了建设三大农畜产品流通圈和三级市场体系的基本思路。

李富龙等（2013）指出，随着消费者购买模式的变化、多元化零售业态的形成、电子商务的快速发展、畜产品物流水平的提高、流通渠道的短化、消费者食品安全意识的增强，现有的畜产品供应链体系已不能适应时代发展的要求，在越来越开放、越来越复杂的市场环境下，要确保农村发展、养殖户增收、消费者满意，必须对现有畜产品供应链体系进行变革和创新，构建安全有序、动态高效、功能完善的现代畜产品供应链体系。

王天祥（2014）发现，内蒙古自治区现有农畜产品流通模式面临着流通主体组织化程度低、流通成本费用偏高、基础设施薄弱、农户和企业双向违约及农畜产品价格较高的困境，为保障"虚拟型流通"模式良性运转，必须破除制度的路径依赖、加大资金投入和人才引进、健全相关法律法规、加强监管等。

曹刚（2016）认为，积极引导企业加快发展电子商务，推进农超对接，实现畜产品流通方式的根本转变，不仅是适应"互联网+"新时代的战略选择，也是建设现代畜牧产业强市的迫切需要。

包阿优喜（2016）指出，我国现行农畜产品流通体系存在成本高、效率低等缺点，建立基于全产业链的流通组织体系，是促进农畜产品高效流通的必要途径。

（四）畜产品消费影响因素

冯剑（2013）提出目前我国正处在食物消费模式转变的关键时期，食物消费结构由以植物性食物为主向动植物性食物并重的方向发展，分析了在营养约束下的畜产品消费总量的需求潜力、畜产品消费结构及质量趋势，研究结果为满足营养需要的畜产品消费所受的约束包括产量约束和居民食品支出的约束。

李建（2006）在对中国牛肉生产和消费做深入分析的基础上，结合不同地区牛肉消费的特点，利用经济计量方法测算收入水平、牛肉价格及替代品价格对不同地区居民牛肉消费的影响程度，并利用相关调查数据，分析其他影响因素对牛肉消费的影响，以及这些特征形成的原因。

汤洋（2013）对黑龙江省畜牧业经济效益问题进行分析，揭示了黑龙江省畜牧业经济效益变化趋势、特征与存在问题，明确黑龙江省畜牧业经济效益影响因素，从畜牧业投入因素、市场需求因素以及畜牧业结构因素等多角度进行分析研究。

佟晓晨（2007）提出畜产品消费在中国居民生活消费中占有重要地位，对我国当前畜产品消费情况、影响畜产品消费的因素以及畜产品消费特征进行了分析，并进一步探讨了我国未来畜产品的消费趋势，即畜产品消费结构将进一步优化、畜产品质量成为消费增长的重要制约因素、畜产品总量需求潜力巨大、对加工畜产品的需求不断增加。

马福玉（2013）主要运用因子分析方法对畜产品消费需求量的影响因素问题进行了研究。首先确定了影响猪肉消费的14个影响因素；其次通过因子分析对影响因素进行降维处理，接着对因子进行了旋转，进一步修正了因子分析的结果，同时运用主成分分析，对因子个数的科学性进行了验证；最后确定了影响猪肉消费需求的三个主要因子，即需求因子、价格因子和人口因子。

张举荐（2015）运用SPSS软件中的主成分分析法和因子分析法，对影响因素的数据进行初步降维处理，然后实证分析，提出推进猪肉多元化以及品牌化消费成为市场主导、推进城乡消费均衡化发展、推进建立预警机制、提高猪肉链供给及控制能力等对策，从而促进河北省猪肉消费的快速发展、保障全省猪肉的供需平衡。

姜兵（2011）利用统计数据对我国猪肉生产和消费的概况及特征进行了描述性分析，提出应该采取有效措施来保证猪肉生产，提高猪肉质量安全，同时降低污染。然而根据目前居民生活的特点，在猪肉消费方面，应根据不同消费群体合理制定政策，提高加工肉类品种多样性，满足群众的需求。

徐琛卓（2015）以猪肉为例，根据既定的研究思路，对我国猪肉的消费需求进行了详尽的实证分析，探讨了实证过程中各模型的优缺点和预测的精确性，预测了我国猪肉需求的短期走势。

二、国外相关研究成果

国外学者畜产品流通研究多聚焦于具体行业，从供应链角度进行研究，分析畜产品流通效率，如 Semrmadevir R. Subramanian 等（2000）认为，可以采用生产者所得占零售价格的比重与技术效率、物理效率和价格效率三个指标两种方法来评价生鲜农产品流通效率。Doyon 和 Maurice（2010）从经济学的角度对农产品流通进行分析，提出建立农产品行业协会有利于降低交易成本。同时交易成本受资产专用性和规模经济影响。Kenneth H. Wathne（2012）用实证分析证明在市场条件不确定时，供应链上游以及下游企业渠道关系不稳定。

第六节 对已有相关研究文献评述

综上所述，众多学者在畜牧业发展问题相关的畜产品消费行为、畜产品流通、畜牧业产业化、畜牧业可持续发展等方面做了大量研究和相关工作，积累了较为丰富的研究成果。研究涉及的领域、视角和方法多种多样，这为本书提供了理论和方法上的借鉴。不过，这些研究还存在一定的局限性，主要是不同学科领域的学者从本专业视角出发研究畜牧业的相关问题，分析着眼点一般比较具体，缺乏对畜牧业可持续发展的系统研究。

第一，关于畜产品消费量、消费结构特征、消费意愿的研究多是通过调研、实证分析得出。研究也由户内消费扩展到户外消费研究、由定性研究扩展到定量研究，并注重对未来消费趋势进行预测。关于畜产品消费影响因素，学者们通过采用多种统计方法取得了丰硕的研究成果。

第二，关于畜产品流通研究，我国学者研究很少且多为表象研究，更多学者将畜产品流通研究放入农畜产品流通研究中，亟待更有针对性的研究成果。

第三，关于畜牧业产业化的研究，国内学者多从内涵、发展评价、问题与战略、发展模式等方面进行研究，定量研究较多，定性研究较少。国外关于畜牧业产业化研究多从微观层面展开，且针对具体行业生猪、肉羊、乳制品等进行了研究。

第四，畜牧业可持续发展是近年来国外畜牧业发展问题研究的热点。国外学者对畜牧业可持续发展相关的研究采用了定性研究和定量研究，通过构建模型，分析如何利用先进技术提高畜牧业生产效率，同时最大限度减少对环境的不良影响，实现畜牧业可持续发展。同时也关注畜牧业可持续对食品安全、减少贫困等的积极作用，将畜牧业可持续发展同全球可持续发展研究相结合。

国内学者对畜牧业可持续发展研究集中在可持续发展现状、问题与对策研究，对草地畜牧业可持续发展问题的研究成果较多。未来需要加强可持续发展在实践当中的应用研究，并提高研究的科学性，为实现畜牧业可持续发展提供借鉴。

第二章
中蒙畜牧业合作背景

中国畜牧业可持续发展应该借鉴其他国家的发展经验,引进先进的技术和发展理念。通过与周边国家的互联互通,优势互补,提高畜牧业产业化水平。蒙古国是与中国拥有最长陆地边界线的北方邻国,中国是蒙古国最大的贸易伙伴国。畜牧业是蒙古国的传统产业,是国民经济的基础,也是蒙古国加工业和生活必需品的主要原料来源,畜牧业产值在农牧业产值中约占83%。近年来,蒙古国畜牧业发展态势良好,社会效益和经济效益显著。但是蒙古国地广人稀,自然条件差、气候比较恶劣,目前,蒙古国每年仍需要进口大量的肉、奶等畜产品来满足国内的需求。2013年,中国提出"一带一路"倡议并逐步付诸实践,对于中国深化与沿线国家经济、政治、文化等领域的双边与多边交流具有长远的影响。蒙古国作为"一带一路"沿线的节点国家之一,在"一带一路"建设中具有重要地理枢纽的作用。随着"一带一路"倡议的实施,中蒙两国的"互联互通"工作陆续开展,给两国畜牧业合作带来了新的发展机遇。

第一节 中国"一带一路"倡议

一、"一带一路"倡议的提出及意义

进入21世纪以来,在美国次贷危机和欧洲主权债务危机的双重打击下,世界经济发展迟滞不前,全球市场需求低迷,国际投资额锐减,地区局势也日益紧

张，各国冲突不断，世界经济复苏面临重重困难。面对全球虚拟经济受到重创的现状，发达国家纷纷提出"再工业化"战略，实施优惠政策鼓励高端制造业回迁，占据全球产业链和价值链的顶端。随着全球区域经济一体化的深入推进，广大发展中国家对承接发达国家产业转移展开了激烈竞争，其粗放型的低成本竞争优势，使产业发展的可持续性难以为继。

改革开放以来，中国经济经过30多年的高速发展，面临着较大的经济下行压力，产业转型升级困难增多，可持续发展能力不足。低端制造业资源消耗严重，产品附加价值较低，利润微薄。高端制造业缺乏核心技术，产品创新受到制约，国际市场竞争力较弱。为了应对世界范围内新一轮的科技革命与产业变革，我国政府出台了"中国制造2025"计划。中国经济发展转型和产业结构升级面临着机遇与挑战、压力与动力共存的局面。在这样的时代背景下，为顺应世界多极化、经济全球化和新一轮科技革命、产业变革的历史潮流，中国提出了"新丝绸之路经济带"和"21世纪海上丝绸之路"的倡议。

2013年9月5日，习近平主席在哈萨克斯坦访问时提出，为了使欧亚各国经济联系更加紧密、相互合作更加深入、发展空间更加广阔，我们可以用创新的合作模式，共同建设"丝绸之路经济带"，以点带面，从线到片，逐步形成区域大合作。

2013年10月，习近平主席出访东盟国家时提出，中国愿同东盟国家加强海上合作，发展海洋合作伙伴关系，共同建设"21世纪海上丝绸之路"。

2013年国务院总理李克强参加中国—东盟博览会时强调，铺就面向东盟的海上丝绸之路，打造带动腹地发展的支点。共建"一带一路"是中国政府根据国际和地区形势深刻变化以及中国发展面临的新形势、新任务，致力于维护全球自由贸易体系和开放型经济体系，促进沿线各国加强合作、共克时艰、共谋发展提出的战略构想，具有深刻的时代背景。

2014年两会期间，李克强总理在《政府工作报告》中介绍当年重点工作时指出，将"抓紧规划建设丝绸之路经济带、21世纪海上丝绸之路，推进孟中印缅、中巴经济走廊建设，推出一批重大支撑项目，加快基础设施互联互通，拓展国际经济技术合作新空间"。

2015年2月1日，推进"一带一路"建设工作会议在北京召开。会议认真学习贯彻习近平总书记关于"一带一路"建设的重要讲话和指示精神，学习李克强总理等中央领导的指示批示要求，安排部署2015年及今后一段时期推进"一带一路"建设的重大事项和重点工作。

2015年在博鳌亚洲论坛开幕式上，中国国家主席习近平面向各国政要访客，正式提出了建设"一带一路"的倡议，习近平主席发表演讲时表示：目前，已经有60多个沿线国家和国际组织对参与"一带一路"建设表达了积极态度；"一带一路"建设的愿景与行动文件也已经制定，亚投行筹建工作迈出实质性步伐，丝路基金已经顺利启动，一批基础设施互联互通项目已经在稳步推进。

2015年3月28日，国家发展改革委、外交部、商务部联合发布《推动共建丝绸之路经济带和21世纪海上丝绸之路的愿景与行动》，提出：发挥新疆独特的区位优势和向西开放重要窗口作用，深化与中亚、南亚、西亚等国家交流合作，形成丝绸之路经济带上重要的交通枢纽、商贸物流和文化科教中心，打造丝绸之路经济带核心区。

2016年8月在首届"一带一路"推进建设工作座谈会上，习近平主席提出聚焦"五通"和"四个丝绸之路"的概念，"五通"即政策沟通、设施联通、贸易畅通、资金融通和民心相通，以点带面，从线到片，逐步形成区域大合作格局。"四个丝绸之路"就是携手打造"绿色丝绸之路""健康丝绸之路""智力丝绸之路""和平丝绸之路"。

2017年5月10日，推进"一带一路"建设工作领导小组办公室发布《共建"一带一路"：理念、实践与中国的贡献》，进一步阐释了在"一带一路"共建的过程中，中国不仅仅是倡议提出者，更是用实际行动来证明的富有责任和担当的实践者。"一带一路"建设初步形成了共商、共建、共享为一体的合作局面。

2017年5月，第一届"一带一路"国际合作高峰论坛在北京举行，有29位外国元首、政府首脑以及来自130多个国家的大约1500名各界贵宾作为正式代表出席。此次论坛初步归纳形成了"一带一路"的理论框架，即"一带一路"建设的总体目标、一个原则、三大使命、五条道路和八大合作领域。总体目标是打造政治互信、经济融合、文化包容的利益、命运和责任的共同体。一个原则是以"和平合作、开放包容、互学互鉴、互利共赢"为内容的"十六字丝路精神"。三大使命就是肩负着全球化再平衡、欧亚大陆再联通，以及中国改革开放再出发的三个历史使命。五条道路是将"一带一路"建成和平之路、繁荣之路、开放之路、创新之路和文明之路。八大合作领域包括促进基础设施互联互通、提升经贸合作水平、拓展产业投资合作、深化能源资源合作、拓展经营合作领域、拓展人文交流合作、加强生态环境合作、积极推进海上合作。

习近平主席在和平共处五项原则发表60周年纪念大会上的讲话中指出："中国正在推动落实丝绸之路经济带、21世纪海上丝绸之路、孟中印缅经济走廊、中国—东盟命运共同体等重大合作倡议，中国将以此为契机全面推进新一轮对外开放，发展开放型经济体系，为亚洲和世界发展带来新的机遇和空间。"可见"一带一路"倡议赋予了古丝绸之路新的时代内涵，一方面为中国的全方位开放勾画了新图景，进一步释放改革创新的新活力，推动内陆延边地区迈向对外开放的前沿，缩小中国东西部地区不均衡发展造成的差距，以实现区域经济社会协调发展。另一方面为欧亚国家和地区的进一步合作创造了新的空间和机遇，把中国的发展同"一带一路"沿线国家的发展进行对接，促进不同国家人民之间的交流与互动，有利于获取更多政治互信，建立更密切关系。同时，也为沿线国家的基础设施建设、互联互通、一体化和双边合作项目提供了巨大的融资机会，进而实施范围更广、水平更高、层次更深入的区域合作，有利于构建经济合作的双赢局面，实现中国与周边国家的共同发展、共同繁荣。

二、"一带一路"倡议的主要内容

"一带一路"以共商、共建、共享为原则，加强区域各国间全方位、多层次的互联互通，推进区域各国间政策与发展规划的相互衔接与配合。以构建政治互信、经济融合、文化包容的利益共同体、命运共同体和责任共同体为目标，致力于深度挖掘区域内的市场潜力，促进生产要素在世界范围内自由流动，提升区域各国间的市场融合程度，增进各国间的文化交流，实现健康、稳定、可持续发展。

（一）"一带一路"倡议的实施方向

"丝绸之路经济带"即"一带"是指陆上经济带的建设，主要以沿线国家的中心城市为重要节点，建设新的欧亚大陆桥和国际经济合作走廊，有三大走向：一是从中国西北、东北经中亚、俄罗斯至欧洲、波罗的海；二是从中国西北经中亚、西亚至波斯湾、地中海；三是从中国西南经中南半岛至印度洋。丝绸之路经济带的路线规划包括六大经济走廊，分别是新亚欧大陆桥经济走廊、中蒙俄经济走廊、中国—中亚—西亚经济走廊、中国—中南半岛经济走廊、中巴经济走廊、孟中印缅经济走廊。

"21世纪海上丝绸之路"即"一路"是强调海上合作，主要以沿线主要城市和港口为支撑，建设安全、高效、畅通的国际运输大通道，有两大走向：一是从中国沿海港口过南海，经马六甲海峡到印度洋，延伸至欧洲；二是从中国沿海港口过南海,向南太平洋延伸。区域各国以海洋为纽带,以全方位立体式的互联互通方式,在货物贸易、资金流通、信息交流、技术合作等领域展开交流与合作,推动经济全球化的发展进程。21世纪海上丝绸之路建设的载体是沿线国家的海洋产业合作,既要在传统海洋产业即海洋水产业、海洋运输业的转型升级方面进行国际合作,也要协同发展海洋能源资源开发、临港产业、海洋服务业等现代海洋产业,并在海洋新兴产业即海洋环保、海水淡化、海洋生物制药等领域开展联合研究。21世纪海上丝绸之路的枢纽建设,根据货运品种的不同,可以分为三类通道:一是贸易通道即南中国海—马六甲海峡—印度洋—苏伊士运河—地中海—欧洲;二是能源通道即台湾海峡—中国南海—马六甲海峡—印度洋—阿拉伯海—中东;三是矿物通道即南中国海—马六甲海峡—印度洋—东非以及南中国海—东南亚—澳大利亚、新西兰。

(二)"一带一路"倡议的主要内容

2015年3月国家发改委、外交部、商务部联合发布《推动共建丝绸之路经济带和21世纪海上丝绸之路的愿景与行动》,将政策沟通、设施联通、贸易畅通、资金融通、民心相通列为"一带一路"倡议的主要建设内容。其中,政策沟通交流为重要保障,设施联通为优先领域,贸易畅通为重点内容,资金融通为重要支撑,民心相通为社会支撑。"一带一路"倡议的核心在于:通过沿线国家的互联互通,全面对接沿线国家发展战略,进一步夯实合作基础,促进沿线国家经济的联动发展,实现合作共赢的长远目标。

政策沟通是"一带一路"建设的重要保障。"一带一路"倡议覆盖范围广泛,沿线国家和地区有各自的国情和发展优势,在政策、发展战略等方面会存在各自的利益诉求。因此需要各国间加强政策沟通与协调,注重政府间的交流合作,共同协商推动区域合作的对策措施,有效对接沿线各国的发展战略,实现共同发展。

设施联通是"一带一路"建设的优先领域。"一带一路"沿线国家的要素禀赋迥异,比较优势各有不同,有的国家能源资源丰富但缺乏深度开发,有的国家基础设施建设需求旺盛但资金紧缺,有的国家市场潜力较大但产业基础薄弱。因此需要加强各国间基础设施的互联互通,包括交通设施、公用设施、社会公共服务设施方面的建设,为"一带一路"沿线国家实现产业对接与优势互补打下基础。

贸易畅通是"一带一路"建设的重要内容。贸易畅通不仅包括对外贸易,还包括投资合作，即提升沿线国家间的投资贸易便利化程度。提升边境口岸的通关能力、降低通关成本；加快推进自由贸易区的建设，创新贸易方式；签订双边投资保护协定，消除投资壁垒；在传统产业和战略新兴产业深入合作，推进信息化和工业化的深度融合。为促进沿线国家的贸易和投资，实现国际产能合作提供支持。

资金融通是"一带一路"建设的重要支撑。通过推进货币体系、投融资体系和信用体系的运作，提高资金融通和货币流通效率。要不断扩大沿线国家双边本币互换、结算的规模和范围，降低流通成本；加快亚洲基础设施投资银行（AIIB）、金砖国家开发银行（NDB）的筹建与运营，充分发挥丝路基金和各国主权基金的引领导向作用；各国的征信机构和信用评级机构之间要建立高效的沟通与协调机制，加强跨境合作和危机联合处置机制。资金融通为沿线各国的金融市场间构建起跨国融资和合作的渠道。

民心相通是"一带一路"建设的社会基础。在人才教育、旅游文化、健康医疗、扶贫开发和环境保护等方面进行合作，开展各种文化交流活动。各国教育机构要联合办学，扩大留学生互派规模，建立联合实验室促进沿线各国的科技和学术交流；开发地域文化特色的国际旅游线路，联合举办体育赛事、文化节、电影节等活动，增进沿线各国人民对彼此文化的了解。联合制作有关"一带一路"建设内容的媒体传播作品，加强区域各国在疾病防控方面的合作，促进沿线各国之间的民心相通。

三、"一带一路"倡议的实施成果

在世界多极化、经济全球化、文化多样化、社会信息化的历史背景下，2013年"一带一路"倡议正式提出以后，得到国际社会的高度关注和有关国家的积极响应，共建"一带一路"已经取得重要进展和显著成效。

（一）政策沟通更加顺畅

"一带一路"沿线国家经济发展阶段各异、资源禀赋不同，需要各国政府之间加强交流合作，与各自国家的发展战略进行有效对接，在国家和地区间寻找利益契合点，推动区域合作。"一带一路"倡议实施五年以来，中国已经与全球123个国家和29个国际组织签署了171份合作文件，与"一带一路"沿线的44个国家签署了88项联合声明和公报。这些合作文件的签署明确了中国与世界各国开展国际合作时各自的权利义务，以实现利益共享和责任共担。"一带一路"倡议与各国的发展战略积极对接，其中与哈萨克斯坦"光明之路"、与俄罗斯"欧亚经济联盟"、与蒙古国"草原之路"等国家发展战略已经基本实现对接。2016年与俄罗斯和蒙古国共同签署了《建设中蒙俄经济走廊规划纲要》，标志着"一带一路"倡议下的首个多边区域合作规划纲要正式启动实施，对加强中蒙俄三国在基础设施互联互通，贸易投资便利化和人文交流方面的合作有重要推动作用。此外，中国政府为推动"一带一路"建设陆续发布了相关政策性文件，如《共建"一带一路"：理念、实践与我国的贡献》《共同推进"一带一路"建设农业合作的愿景与行动》《推动"一带一路"能源合作的愿景与行动》等一系列文件，有助于国际社会深入了解"一带一路"倡议的构想，便于中国更有效地与沿线国家开展合作。"一带一路"倡议成功搭建了各国之间经济合作与政治交往的平台，建立了通力合作的友好关系，加强了区域间的经济合作，缩小了地区及国家间经济发展水平的差距，使各国能够实现共同发展。

（二）设施联通加速推进

"一带一路"沿线国家普遍基础设施建设薄弱，因此，"一带一路"合作的重点领域为基础设施建设。我国与"一带一路"沿线国家合作的部分基础设施建设项目已经竣工，尤其是高铁项目成为我国与"一带一路"沿线国家基础设施建设合作的示范项目，例如，我国和老挝合建的中老铁路项目、我国和印度合建的雅万高铁、我国和泰国合建的中泰铁路等项目，成为"中国高铁"的名片。中国交通运输部公布的数据显示，2018年中欧班列累计开行数量突破1万列，到达欧洲15个国家43个城市，成为连接亚、欧大陆的新欧亚大陆桥。我国已与世界200多个国家、600多个主要港口建立航线联系，增加国际航线多达403条，与"一带一路"沿线62个国家相继签订了正式的官方航空运输协定。能源项目的基础设施建设稳步推进，例如，中缅油气管道、中亚天然气管道、中朝图们—罗先输电线路等均已开工建设。中缅、中俄、中吉、中巴跨境光缆通信网络建设取得明显进展。我国与俄罗斯、吉尔吉斯斯坦、蒙古、老挝、缅甸、越南实现电网互联互通，并与俄罗斯、越南、缅甸和老挝等开通了跨境电力贸易，重大项目基础设施建设联网促进了能源资源的优化配置。

（三）贸易畅通成效显著

2017年，71个"一带一路"沿线国家的国内生产总值之和预测为14.5万亿美元，占全球国内生产总值的 18.4%；人口总数预测为 34.4 亿人，占全球人口的 47.6%；对外贸易总额为 9.3 万亿美元，占全球贸易总额的 27.8%，在全球贸易版图中占据重要地位。自"一带一路"倡议实施以来，贸易合作取得重大进展，中国与沿线国家货物贸易累计超过 5 万亿美元，年均增长 1.1%，中国已经成为 25 个沿线国家最大的贸易伙伴，对外直接投资超过 700 亿美元，年均增长 7.2%。中国已经与 30 个国家签署了经贸合作协议，如与格鲁吉亚签订《自由贸易协定》，与吉尔吉斯斯坦签署《关于共同推动产能与投资合作重点项目的谅解备忘录》，与塞尔维亚签署《关于制定农业经济贸易投资行动计划的备忘录》，等等。为促进与"一带一路"沿线国家的贸易合作，我国海关总署将重点工作放在沿线国家执法合作、口岸开放与监管、自贸区建设等领域，使国际产能合作的货物通关时间缩减了 1/3。2017 年，中国与"一带一路"国家的进出口总额达到 14403.2 亿美元，直接投资 57 个沿线国家，将近 3000 家企业，涉及国民经济的 17 个行业大类，累计投资额达到 207.87 亿美元。截止到 2018 年，中国企业在沿线国家建设境外经贸合作区共 82 个，累计投资 304.5 亿美元，入区企业 4098 家，为当地创造 24.4 万个就业岗位，凸显了产业园区的功能和福利作用。中国—白俄罗斯工业园区、中哈霍尔果斯国际边境合作中心、中国—马来西亚钦州产业园区和关丹产业园、印度尼西亚—中国经贸合作区、泰中罗勇工业园区作为典型的产业合作园区，推动了我国与"一带一路"沿线国家的产业衔接和优势互补。

（四）资金融通逐步完善

亚洲基础设施投资银行和丝路基金是"一带一路"倡议的支撑，其金融机构功能持续完善。亚洲基础设施投资银行于 2015 年成立，是政府间性质的亚洲区域多边开发机构，亚投行资金优先用于区域内基础设施项目商业投资。丝路基金是由中国外汇储备、中国投资有限责任公司、中国进出口银行、国家开发银行共同出资设立的中长期开发投资基金，重点是在"一带一路"发展进程中寻找投资机会并提供相应的投融资服务。截至 2018 年 6 月，亚投行成员总数增至 84 个，其中 42 个为沿线国家，批准 20 多个投资项目，总额超过 37 亿美元。丝路基金已经签约 17 个项目，承诺投资 70 亿美元，支持项目设计总投资金额达 800 亿美元。我国财政部同亚洲开发银行、欧洲复兴开发银行和欧洲投资银行等签署《关于加强在"一带一路"相关领域合作的谅解备忘录》，还与有关国家核准《"一带一路"融资指导原则》。丝路基金与上海合作组织银联体和乌兹别克斯坦国家对外经济银行分别同意签署《关于伙伴关系基础的备忘录》和合作协议。

中资银行大力推进海外布局，人民币跨境支付系统覆盖40个"一带一路"沿线国家的165家银行，以银联为代表的我国金融技术标准逐步走向沿线国家市场，帮助沿线国家和地区发展普惠金融。资金融通为沿线国家金融市场间构建了融资合作的渠道，确保了投融资机制和平台建设的快速发展。

（五）民心相通逐渐深入

"一带一路"倡议实施以来，我国与"一带一路"国家的民心相通不断夯实，在文化、教育、旅游等领域进行了多层次的人文交流合作，为沿线各国民众的友好交往活动带来了便利和机遇，不断推动文化的融合创新。我国陆续与多个"一带一路"沿线国家签署双边文化、旅游合作文件，推动建立中国—中东欧、中国—东盟、中俄蒙等一系列双边、多边文化旅游合作机制。孔子学院是中外合作建立的非营利性教育机构，是中国与世界各国教育文化交流合作的重要平台。自"一带一路"倡议实施以来，为孔子学院的发展带来了新机遇，推动了孔子学院规模的进一步壮大，"一带一路"沿线52个国家设立了共138所孔子学院，既有一对一合作模式，也有一对多合作模式，孔子学院成为各国民众学习汉语言文化、了解当代中国的重要途径，是我国与沿线国家文化产业合作的亮点。2017年，来自沿线国家留学生达30多万人，赴沿线国家留学的人数6万多人。已与53个沿线国家建立734对友好城市关系，已与24个沿线国家实现公民免签或落地签，预计到2020年，"一带一路"沿线国家双向旅游达到8500万人次，旅游消费1100亿美元。逐步建立并完善丝绸之路国际剧院联盟、艺术节联盟、博物馆联盟等；成立中国驻曼谷、布达佩斯等地的旅游办事处；与沿线国家陆续签署设立文化中心的政府文件；举办文化年、旅游年等各类交流活动，民意基础逐渐巩固，极大地推动了沿线国家文化旅游领域的互联互通和跨区域合作。

第二节 蒙古国"草原之路"计划

一、"草原之路"计划的背景

蒙古国地处亚欧大陆中部，是连接东北亚与中亚、西亚以及欧洲的桥梁和

"丝绸之路"北线极其重要的支点,是历史上"草原丝绸之路"和"茶叶之路"的重要通道。蒙古国自然生态资源丰富,包括太阳能和风能资源、森林和草原资源、土地资源和矿产资源等。蒙古国的主要产业是畜牧业和采矿业,其中采矿业是蒙古国经济的支柱产业。2012年以来,蒙古国经济增速下降,蒙古国政府一直在努力寻求本国经济政策的调整,以实现经济的持续高速增长。

2013年9月和10月,习近平主席在出访中亚和东南亚国家期间,先后提出了共建"丝绸之路经济带"和"21世纪海上丝绸之路"的重大倡议,受到国际社会尤其是沿线国家的高度重视。蒙古国是中国的重要邻国,中蒙边境线长4710公里,特殊的地理位置决定了蒙古国在"一带一路"倡议中的重要地位。因为中蒙两国的边境线较长,所以具有边境口岸优势,口岸贸易集中在辽阔的边境线上,由东向西呈现出以带状为特性的分布,其中公路口岸最多,口岸优势为两国的经贸往来提供了合作条件。2014年8月,习近平主席对蒙古国进行了国事访问,在此期间,两国共同签署了《中华人民共和国和蒙古国关于建立和发展全面战略伙伴关系的联合宣言》,中国与蒙古国建立了全面战略伙伴关系,为双方开展更广泛领域的深入合作提供了重要保障。双方商定加快推动在铁路、公路、石油、电力、矿产等基础设施产业的投资合作,全面提升中蒙两国经贸合作的规模和质量。随着蒙古国对"一带一路"倡议的认知进一步清晰,蒙古国希望通过参与和融入"一带一路"倡议,更好地推动经济结构调整和转型升级,使蒙古国经济发展走出低迷。

二、"草原之路"计划的内涵

蒙古国地处中俄两个大国之间,具有重要的地理位置。随着中蒙两国全面战略伙伴关系的确立,蒙古国可以充分发挥地处中俄两个大国之间地缘优势,为中俄提供相对运输距离短、运输时间少、运输成本低的过境运输通道。蒙古国的经济政策是对本国自然资源、农牧业资源进行加工生产、增加附加值,向市场提供高质量的产品。但铁路、燃气管道、公路等基础设施建设程度还相对落后,无法满足资源深度开发的需求。蒙古国希望通过国内基础设施建设,改善蒙古国的投资环境,推动蒙古国融入国际市场。为推进国内基础设施建设,蒙古国出台一系列政策文件,2014年11月蒙古国提出基于地处欧亚之间的地理优势,准备实施"草原之路"计划,希望与俄罗斯的西伯利亚大铁路和中国提出的"丝绸之路经济带"对接。"草原之路"计划使蒙古国可以发展高速公路、铁路、天然气管道、石油管道，还可为中俄提供过境运输，通过运输和贸易振兴蒙古国经济。

"草原之路"计划由 5 个项目组成，涵盖铁路、高速公路、油气、天然气及电气领域，总投资需求约为 500 亿美元，包括：连接中俄的 997 公里高速公路，具体路线是：阿尔坦布拉格—乌兰巴托—扎门乌德；进行一批关于电缆线路、天然气和石油运输管道的建设，预计总长 1100 公里。蒙古国政府希望通过"草原之路"计划的实施，在全国范围内增加投资、扩大能源和矿业的发展空间，带来更多投资机会，带动产业结构升级，提升蒙古国的能源和矿产行业的市场竞争力，并增加蒙古国的国内生产总值。蒙古国是中国"丝绸之路经济带"辐射范围中重要国家，"草原之路"计划符合中国"丝绸之路经济带构想"中关于推动与周边国家合作发展的宗旨，使蒙古国成为连接欧洲和亚太地区经济合作的桥梁，促进蒙古国经济的转型发展，并为中国和蒙古国的经济沟通和文化交流做出积极贡献。

第三节　中蒙俄经济走廊建设

一、中蒙俄经济走廊的提出

自 2008 年金融危机爆发以来，各国经济恢复发展缓慢，多边贸易和开放型世界经济受到了巨大冲击，世界格局正发生复杂深刻的变化。中国经过 40 年的改革开放，经济得以飞速发展，在世界舞台上的地位不断提高，但也存在着产能过剩等问题。为了应对严峻的国际形势，促进中国国际贸易的发展，2014 年 9 月 11 日，在上海合作组织杜尚别峰会期间，中蒙俄三国元首进行第一次会晤，中方提出共建"丝绸之路经济带"倡议，把丝绸之路经济带同俄罗斯跨欧亚大通道、蒙古国草原之路进行对接，打造中蒙俄经济走廊，获得蒙古和俄罗斯的积极响应。2015 年 7 月 9 日在上海合作组织乌法峰会期间三国元首举行第二次会晤，达成了深度合作共识，中蒙俄三国将在铁路、海关、口岸、物流等领域加强务实合作，推动中蒙俄经济走廊的建设。2016 年 6 月 23 日，在上海合作组织塔什干峰会期间，中蒙俄三国元首举行第三次会晤，共同签署了《建设中蒙俄经济走廊规划纲要》，其中明确了三国将加强在经贸、基础设施、物流、口岸、海关、农业、制造业等领域的合作。中蒙俄经济走廊建设应充分发挥三条大通道的作用：一是中国华北京津冀—内蒙古二连浩特—蒙古国乌兰巴托—俄罗斯乌兰乌德；二是俄罗斯赤塔—中国内蒙古满洲里—哈尔滨—绥芬河—俄罗斯符拉迪沃斯托克；三是蒙古国乌兰巴托—乔巴山—霍特—中国内蒙古阿尔山—吉林白城—长春—珲春—俄罗斯扎鲁比诺港。这三条大通道将东北振兴、俄罗斯远东及东西伯利亚开发和蒙古国矿业兴国战略紧密联系起来。中蒙俄经济走廊是"一带一路"六大经济走廊之一，是"一带一路"倡议提出以来的第一个多边合作规划项目，有利于推动"一带一路"倡议的实施，促进中蒙俄三国在经贸、人文、安全以及其他事项上的区域合作。

二、中蒙俄经济走廊建设现状

（一）经贸合作总体向好

自2013年习总书记提出"一带一路"倡议以来，作为"一带一路"优先建设目标的中蒙俄经济走廊建设取得了阶段性的进展。中国与蒙古国、俄罗斯的经贸合作呈现稳定增长态势，这为进一步深化中蒙俄经济走廊提供了有利的基础。中蒙俄三国贸易额不断增长的局面与中蒙俄战略合作密不可分，中蒙俄经济走廊的建设关系到三国的经济发展。一是中蒙两国的贸易形势总体向好，两国经贸有着很大的合作潜力。2016~2018年中蒙双边贸易大幅增加，2017年双边贸易额达到67.20亿美元，同比增长35.4%，2018年双边贸易额达到84.74亿美元，同比增长26.1%。二是中俄双边贸易发展呈高速增长趋势，经贸合作整体向好的方向发展。2015年以来，中俄双边贸易增长率呈持续上涨态势，2017年同比大幅上升为20.8%，2018年中俄双边贸易更是突破了1000亿美元，创历史新高。三是蒙俄间的经贸合作进一步加强，2017年蒙俄双边贸易额为12.85亿美元，同比增长37.3%，2018年蒙俄双边贸易额为17.96亿美元，同比增长39.8%。四是双边投资快速增长。中国对俄罗斯直接投资总体呈上升趋势，2017年达到138.72亿美元，直接投资区域主要集中在莫斯科、圣彼得堡、西伯利亚和远东地区。2017年中国对蒙古直接投资总量达到了36.23亿美元，直接投资行业主要分布在矿产、能源、建筑、畜产品加工等行业。五是积极开展多边协作，为提升中蒙俄经济走廊贸易便利化水平，2016年6月，中蒙俄三国签署了《中蒙俄海关关于特定商品海关监管结果互认的协定》。2017年6月，中蒙俄三国建立海关协调联络机制，促进了跨境物流运输的互联互通。

(二) 基础设施合作进展显著

《中蒙俄经济走廊规划纲要》签订以来，中蒙俄有关基础设施领域的合作机制逐步趋于完善。中俄总理定期会晤委员会运输合作会分别于 2017 年、2018 年召开会议，双方就协商签署边际公路铁路、边境口岸、陆水联运协定等问题达成一致意见，提升了两国跨境运输便利化程度。2017 年中国与蒙古国、俄罗斯、白俄罗斯、德国、哈萨克斯坦、波兰的国家铁路公司签署了《关于深化中欧班列合作协议》，正式建立了中欧班列相关国家铁路定期协商工作机制。机制的建立提升了欧亚铁路跨境货物运输量，推动了中欧班列沿线国家间的经贸合作。2016 年 5 月，连通中蒙的策克—西伯库伦口岸跨境标准轨铁路开工建设，将形成中蒙俄三国之间的能源运输网络和交通运输网络，提高跨境运输能力，拓展物流通道。2016 年 8 月，中蒙俄国际道路货物运输试运行成功，中蒙俄之间的国际道路货物运输由"转关运输"变成"跨境运输"，极大地提高了货物运输效率。2016 年 12 月，中蒙俄三国签署了《关于沿亚洲公路网国际道路运输政府间协定》，该协定的签署提升了三国跨境公路运输的便利化水平。此外，中蒙俄三国积极合作推动跨境公路通道建设，如中国新疆—蒙古国阿尔泰—俄罗斯阿尔泰的跨界公路交通运输走廊。这些基础设施项目的建设，有助于中国的丝绸之路经济带与俄罗斯的跨欧亚大通道以及蒙古国的草原之路的对接，形成新的大通道，进一步深化三国之间的经贸合作。

(三) 人文交流合作加强

俄罗斯和蒙古国是中国两个重要的邻国，中蒙边境线长达 4710 公里，俄蒙边境线长达 3543 公里，中俄蒙三国深厚的地缘优势为人文交流奠定了良好的基础。中蒙俄经济走廊的建设，实现了中蒙俄基础设施的联通，促进了中蒙俄三国的人文交流和文化的互融互通。中俄之间开展的友好交流年活动，通过宣传彼此的文化历史，为两国的旅游市场创造了新的合作发展机遇。中蒙俄三国凭借着优越的地理位置举办旅游文化节，开通三国之间的旅游专线，并签署中蒙俄旅游合作项目，带动了跨境旅游产业的发展。2015 年 8 月，中国、俄罗斯和蒙古国三国共同成立了"万里茶道"旅游联盟，该旅游线路主要以历史上的"万里茶道"路线为主体线路，总长 4360 公里，借助"万里茶道"承载的人文历史，增强旅游市场的吸引力。"万里茶道"旅游联盟对中蒙俄一体化建设，对三国之间的人文交流与长期稳定发展具有重要意义。

(四) 政治互信进一步深化

中蒙俄三国有着得天独厚的地缘优势和良好的睦邻友好关系，为中蒙俄建设经济走廊奠定了良好的政治基础。强化地缘战略合作是三国关系稳定的重要前提，三方积极参与区域内的多边论坛，政治关系发展较为顺畅。2013年中蒙两国政府签署了《中蒙战略伙伴关系中长期发展纲要》。2014年8月习近平主席正式访问蒙古国，中蒙两国发表联合宣言，将双边关系提升为全面战略伙伴关系，双方签署了26项合作协议。中蒙双方签署的《中蒙关于建立和发展全面战略伙伴关系的联合声明》中，蒙方表示愿参与丝绸之路经济带倡议下的合作。2014年9月，俄罗斯总统普京对蒙古国进行了工作访问，双方签署了14份合作文件。在2014年9月的上合组织峰会上，中蒙俄三国确认了领导人定期举行会晤机制。中蒙俄三国元首通过多次会晤，为中蒙俄经济走廊的建设提供了良好的政治环境。进入21世纪，中蒙俄三国相继出台的国家发展战略存在高度的契合性，中蒙俄经济走廊将"丝绸之路经济带""跨欧亚发展带"和"草原之路"相互对接，进一步加深了三国的政治合作，以政治协商的形式增强政治沟通，共为经济命运共同体，为三国的经贸合作发展创造了良好的合作平台。

第三章
中国畜牧业转型发展
——以内蒙古自治区为例

畜牧业是农业生产的重要组成部分,在社会发展中有着重要作用。随着经济体制改革不断深入,我国畜牧业不仅在量上有了较快的增长,而且在质上也发生了深刻的变化,逐步走上专业化、商品化与集约化的发展道路。我国畜牧业生产保持了较高的发展速度,实现了持续增长,其不仅满足了国内人们对畜产品的消费需求,从根本上也扭转了我国长期以来存在畜产品供给短缺的局面,而且在世界畜产品生产中占有重要地位,我国已成为名副其实的畜牧业生产大国。但是伴随着农业资源与环境问题的日趋严峻、社会经济技术的进步以及全球经济一体化和国际市场竞争激烈程度的不断升级,畜牧业转型发展已成为能够有效统筹各类因素、协调自然环境与社会经济发展关系、提升我国畜牧业国际市场地位的重要选择。

第一节 中国畜牧业发展现状分析及问题探究

一、中国现代畜牧业取得的成效

(一)产品总量不断增长

我国畜牧业经过几十年的发展,取得了举世瞩目的成就,形成了比较充足的生产能力和充满活力的发展机制，生产方式也越来越现代化，且有了稳定可控的质量安全系统，畜牧业的发展已较为成熟。近年来，随着强农惠农政策的实施，畜牧业呈现出加快发展的势头，转型升级步伐不断加快，其在国民经济中上升为主业，不再处于副业的地位。

国家统计数据显示，2016年全国畜牧业生产经营人员1100万人，规模农业经营户畜牧业生产经营人员274.6万人，农业经营单位中畜牧业生产经营人员181.3万人。2017年我国畜牧业新增固定资产4442.02亿元，牧业总产值28697.40亿元。2018年，牧业总产值28697.40亿元。2018年全年肉类总产量8624.63万吨。其中，猪肉产量5403.74万吨，牛肉产量644.06万吨，羊肉产量475.07万吨（见表3-1）。肉类人均占有量61.7千克，超过世界平均水平；禽蛋人均占有量22.4千克，超过发达国家水平。奶业、牛羊肉及生猪产业协调发展，保供给、保安全、保生态能力持续加强。中国各地区畜牧业主要产品产量如表3-2所示。

表3-1 2010~2018年中国畜牧业主要产品产量

年份	肉类（万吨）	猪肉产量（万吨）	牛肉产量（万吨）	羊肉产量（万吨）	牛奶产量（万吨）
2010	7925.8	5071.2	653.07	398.9	3575.6
2011	7965.14	5060.43	647.49	393.1	3657.85
2012	8387.24	5342.7	662.26	400.99	3743.6
2013	8535.02	5493.03	673.21	408.14	3531.42
2014	8706.74	5671.39	689.24	428.21	3724.64
2015	8625.04	5486.55	700.09	440.83	3754.67
2016	8537.76	5299.15	716.76	459.36	3602.20
2017	8654.43	5451.8	634.62	471.07	3038.62
2018	8624.63	5403.74	644.06	475.07	3074.56

表3-2 中国各地区畜牧业主要产品产量

地区	大牲畜年底头数（万只/头）	牛（万头）	马（万匹）	驴（万头）	骡（万头）	骆驼（万头）	肉猪出栏头数（万头）	猪年底头数（万头）	羊年底只数（万只）
北京	21.1	—	—	—	—	—	—	—	—
天津	28.8	28.3	0.1	0.3	0.1	—	—	—	—
河北	482.5	390.7	18.1	53.6	20.2	—	3452.0	1932.9	1455.1
山西	123.9	94.8	1.5	15.6	11.9	0.0	786.2	502.2	878.0

续表

地区	大牲畜年底头数（万只/头）	牛（万头）	马（万匹）	驴（万头）	骡（万头）	骆驼（万头）	肉猪出栏头数（万头）	猪年底头数（万头）	羊年底只数（万只）
内蒙古	819.6	612.4	76.6	90.9	26.4	13.2	931.9	684.5	5239.2
辽宁	515.5	365.4	22.2	111.9	16.1	—	2785.8	1624.5	735.4
吉林	503.1	437.6	34.7	22.2	8.5	—	1669.1	1001.2	396.2
黑龙江	531.7	495.4	24.6	8.4	3.3	—	1821.6	1356.7	817.8
上海	5.9	5.9	—	—	—	—	241.8	184.8	26.1
江苏	34.5	30.4	0.3	2.8	1.0	—	3049.6	1787.3	403.1
浙江	17.5	17.5	—	—	—	—	1895.1	1287.5	110.0
安徽	155.7	155.1	0.1	0.4	0.1	—	2971.5	1612.6	605.3
福建	68.9	68.9	0.0	—	—	—	2092.0	1296.2	115.8
江西	301.1	301.1	—	—	—	—	3150.3	1708.0	56.2
山东	514.4	500.1	3.0	9.8	1.6	—	4797.7	2931.4	2158.1
河南	936.8	905.1	11.2	16.7	3.8	—	5996.9	4426.7	1830.3
湖北	345.3	344.1	0.6	0.4	0.2	—	4356.4	2566.1	462.9
湖南	448.2	442.9	4.4	0.7	0.2	—	5902.3	4096.9	512.9
广东	238.2	238.2	0.0	—	—	—	3744.8	2282.6	39.3
广西	495.1	457.0	33.6	0.1	4.5	—	3456.7	2471.5	202.2
海南	84.3	84.3	—	—	—	—	610.5	433.8	68.3
重庆	139.7	136.7	1.8	0.3	0.9	—	2104.3	1502.5	185.2
四川	1050.7	949.7	83.0	7.9	10.1	—	7314.1	5004.1	1689.2
贵州	536.9	460.6	73.4	0.2	2.7	—	1832.3	1604.1	299.6
云南	881.7	730.4	58.6	33.6	59.1	—	3323.7	2708.7	929.1
西藏	659.4	617.9	32.1	7.8	1.6	—	18.3	37.0	1558.6
陕西	160.9	143.1	0.7	13.0	4.0	—	1186.6	897.9	638.8
甘肃	597.2	432.1	14.9	103.9	44.1	2.2	696.7	608.9	1825.4
青海	484.7	452.2	19.4	5.2	6.9	1.1	137.7	120.8	1460.2
宁夏	105.3	95.8	0.2	6.8	2.4	0.0	95.6	75.3	570.1
新疆	564.9	371.1	87.5	90.3	0.9	15.0	439.6	274.7	3663.2

资料来源：智研数据中心整理。

(二) 加速转变生产方式，向规模化、现代化转型

党的十八大以来，我国现代畜牧业规模化、标准化、产业化和区域化步伐加快，且通过加速转变生产方式、优化调整产业结构、加大环境保护力度等措施已经取得了阶段性成效。目前，畜牧业产值已占中国农业总产值的34%，许多地方畜牧业已经成为农村经济的支柱产业，成为增加农民收入的主要来源，在畜牧业发展快的地区，畜牧业收入已占到农民收入的40%以上，一大批畜牧业优秀品牌不断涌现，为促进现代畜牧业的发展做出了积极贡献。

我国畜牧业不仅供应充足，生产方式也在加速转变，且规模化生产已成为主导。随着生产规模不断扩大，畜产品总量大幅增加，畜产品质量不断提高。畜牧业的发展目标已经从产量与质量并重，并进一步加大对质量的重视，转向"现代化"与"可持续"。畜牧业养殖中的小规模农户在加速退出，2015年大约500万散户退出了养殖业。2016年全国畜禽养殖规模化率达56%，比2012年提高7个百分点，畜牧业生产实现了由分散养殖为主向规模养殖为主的历史性跨越。现代化生产方式加快普及，养殖饲喂、环境控制、产品收集、粪污处理与利用等常规装备基本实现了国产化，"互联网+"、云计算、大数据等新技术助力饲养管理智能化，畜禽生产效率显著提高，与2012年相比，生猪和蛋鸡的饲料转化率都提高10%以上，奶牛平均单产由5.6吨提高到6.4吨。现代畜牧业的发展离种植业越来越远，我们需要通过新的组织形式让农牧重新结合。

奶业规模牧场全部实现机械化挤奶，生鲜乳营养和卫生指标达到发达国家水平。2016年，全国奶牛平均单产达6.4吨，比2012年增加0.8吨；100头以上的奶牛规模养殖比重达53%，比2012年提高15.8个百分点；优质苜蓿产量210万吨，比2012年增长3.3倍；奶业前20强市场销售额超过55%，比2012年提高8个百分点，伊利和蒙牛进入世界乳业前10强。品质提升的背后是国家重拳整顿的决心。在收购和运输环节，全面开展奶站清理整顿，加强奶站许可管理，奶站数量从2012年的1.3万个减少到6500个，奶站的基础设施、机械设备、检测手段明显改善，人员素质明显提高。在加工环节，对乳制品及婴幼儿配方乳粉企业生产许可条件进行重新审核，淘汰了一批奶源无保障、生产技术落后的企业，大力推进婴幼儿配方乳粉企业兼并重组，优化产业结构，有力地保障了乳品质量安全。

(三) 产业结构优化调整，向新型、绿色转变

畜牧业生产结构正在逐渐适应消费需求变化，大力推进畜牧业供给侧结构性

改革，调整畜牧业产能结构，满足消费需求，降低成本，提高畜牧业产品竞争力，发挥产业链优势，优化产业布局，发展绿色畜牧业。2016年10月，国务院印发了《全国农业现代化规划（2016—2020年）》（以下简称《规划》）。《规划》中指出：新形势下农业主要矛盾已经由总量不足转变为结构性矛盾，推进农业供给侧结构性改革，是提高农业生产效益的必然要求；畜牧业要推进以草食畜牧业为重点的畜牧业结构调整，扩大优质肉牛、肉羊生产，加强奶源基地建设，形成规模化生产、集约化经营为主导的产业发展格局；要发展安全高效环保饲料产品，加快建设现代饲料工业体系。在2017年中央一号文件中，中央政府又对农业供给侧结构性改革进行了部署，提出加快培育农业农村发展新动能是新阶段农业农村工作主线，要求畜牧业积极发展高效养殖，培育优质品牌，提高国际竞争力。

畜牧业生产结构呈现优化趋势，猪肉产量占比下降到62%，禽肉和牛羊肉占比增加，畜牧业正朝着节水、节粮、节地的方向发展。区域布局呈现优化趋势，生猪养殖北移西进，蛋鸡养殖东扩南下，水网地区生猪饲养密度有效疏解，南方长距离调运鸡蛋的情况逐步改善。生态环境呈现优化趋势，种养结合、生态循环发展理念逐步深入人心，畜禽废弃物处理专业化组织和产业化模式大量涌现，资源化利用的良好局面正在形成。以生猪和草食畜牧业为重点，各地农业部门指导产业结构优化调整。在东北四个省区开展生猪种养结合循环发展试点，引导生猪产业向环境容量大的地区和玉米主产区转移。上海、江苏、广东等东南沿海地区按照环境容量适度调减生猪养殖规模。新疆、甘肃、宁夏、内蒙古等地多措并举，实施基础母牛增量扩群项目，大力发展牛羊产业，有效缓解了牛羊肉供应偏紧的局面。山西省加大投入打造雁门关草食畜牧业优势区，陕西省突出地方优势发展奶山羊产业，有力地促进了结构调整。

二、中国畜牧业发展中存在的问题

虽然目前我国畜牧业形成了较强的供应能力和质量安全保障体系，但其发展仍存在结构不合理、产品竞争力较弱、产能过剩、发展水平参差不齐等问题，这些问题使得我国畜牧业可持续发展能力受到了影响。

（一）产业结构不合理问题依然突出

部分畜产品出现结构性相对过剩，食粮家畜生产率偏高，食草家畜生产率偏低。肉牛、奶牛等草食牲畜发展依然相对较慢，丰富的农作物秸秆资源没有得到有效利用。随着人们生活水平的提高，消费结构不断升级，对多元猪猪肉和国内品种肉鸡、牛肉、羊肉的需求不断增加，二元猪、蛋鸡、白羽肉鸡和祖代种鸡存栏过剩，但牛、羊等存栏不足。畜牧业中同质化产品供应量较大，且供过于求，但产品价格偏低，而高品质产品供不应求，无法满足消费者需求。种养结合不密切，循环链条不畅，畜禽养殖废弃物没有得到有效利用。

（二）畜牧产品竞争力不强，难以适应国际国内市场

面对自由贸易这个国际趋势，我国的畜牧企业需要"走出去"开拓国际市场，同时，随着我国畜牧市场的逐渐放开，越来越多的国外畜牧产品进入国内市场，国外低价畜牧产品对国内畜牧业的冲击日渐加剧。国内畜牧业效益低与国外畜产品价格倒挂矛盾日益突出，由于国外畜产品成本低，而我国畜产品总成本偏高，在国际市场缺乏竞争力，导致我国畜产品在竞争中处于弱势地位。

（三）产业链条不完整，难以实现利益联结机制

目前发达国家已经实现了传统畜牧业向现代化畜牧业的转变，畜牧业发展呈现集中化的趋势，经营方式由原来的单一养殖走向了集产品加工、冷链运输、冷链销售、连锁经营为一体的全产业链发展模式，传统分散饲养的源头供应方式被产业化、规模化饲养方式取代。我国畜牧业生产组织化程度不高，大型畜产品加工龙头企业依然较少，产业链条短且不够完整，产销衔接不紧密，同生共赢的利益联动机制并未形成，各环节利益分配不均，交易成本不断叠加，产品竞争力不高，市场波动频繁，养殖户收益偏低且不稳定，上游企业生产积极性受到影响。

（四）受资源环境约束，难以实现可持续发展

一方面，在畜牧业中畜禽粪尿排泄量很大，养殖粪污治理任务艰巨，大部分畜禽养殖场粪污处理设施不完善，或是根本没有处理设施，这不仅造成有机肥资源的浪费，而且给周边环境造成了一定影响，甚至对水体和土壤造成污染。畜牧业已成为我国仅次于钢铁、煤炭的最大污染行业。另一方面，养殖业用水量较大，对水资源耗费较高。然而我国淡水资源短缺，人均只有2200立方米，仅为世界平均水平的1/4，在世界上名列第121位，是全球13个人均水资源最贫乏的国家之一。可以说，资源环境约束已成为畜牧业发展面临的最大短板。

第二节 内蒙古畜牧业发展模式分析

内蒙古自治区（以下简称内蒙古）畜牧业有着悠久的发展历史，深厚的文化底蕴，在地区经济和广大牧民的生产生活中具有极其重要的地位。畜牧业是内蒙古最具特色的传统基础产业之一，其具有得天独厚的资源优势、区位优势、文化优势，经过近几十年的发展，畜牧业产值在农业中的比重不断上升。畜牧业的发展对于调整农村牧区经济结构，发展现代农牧业起到了导向作用，但由于人口、经济和制度等方面的影响，内蒙古草原牧区的生态环境恶化，导致草地生产力和载畜量不断下降，制约了内蒙古畜牧业的可持续发展，并进一步威胁到牧区经济和社会的可持续发展。

在"一带一路"发展中，内蒙古地区是沟通中蒙俄的桥梁，拥有独特的区位和资源优势。内蒙古畜牧业发展应该借鉴周边国家的发展经验，引进先进的技术和发展理念，并通过与周边国家的互联互通，优势互补，提高畜牧业产业化水平。

一、内蒙古畜牧业的发展背景

（一）草地资源丰富

内蒙古是我国五大牧区之一，生产地域特色突出，拥有广袤的天然草原，牧草种类繁多，草质良好，牲畜喜食的禾本科和豆科优良饲草占 1/3 以上，所以其畜牧业生产条件优于种植业。内蒙古草原在区划上由六大草原组成，自东向西依次是呼伦贝尔草原、科尔沁草原、锡林郭勒草原、乌兰察布草原、鄂尔多斯草原和阿拉善草原，东西直线距离 2400 多公里，南北跨距 1700 多公里。根据草原植被特征，内蒙古境内的草原主要属于草甸草原、典型草原和荒漠草原。

呼伦贝尔草原是内蒙古自治区东北部的草原，位于大兴安岭以西，由呼伦湖、贝尔湖而得名。其地势东高西低，海拔在 650～700 米，总面积约 93000 平方公里，天然草场面积占 80%，是世界著名的三大草原之一。其牧草肥厚茂盛，每平方米可生长 20 多种上百株牧草，有"牧草王国"之称，并出口到日本等国家，因而其成为内蒙古主要的牧区，且其出产的肉、奶、皮、毛等畜产品因绿色无污染，备受国内外消费者青睐。

科尔沁草原在内蒙古自治区东部，其范围大致在东经120°～124°、北纬42.5°～47°，处于西拉木伦河西岸和老哈河之间的三角地带，西高东低，绵亘400余公里，面积约42300平方公里。科尔沁草原历史上曾为"地沃宜耕植，水草便畜牧"之地，享有"黄牛之乡"的盛誉，其中以蒙古牛、科尔沁牛、西门塔尔牛最为有名。但近年来由于对草原的不合理利用，其生态平衡遭到破坏，草场退化和土壤沙化严重。

锡林郭勒草原位于内蒙古自治区中部，北与蒙古国接壤，地势由东南向西北方向倾斜，东南部多低山丘陵，盆地错落，西北部地形平坦。可利用草场有18万平方公里，植物种类丰富，为畜牧业生产提供了良好的生态环境。有乌珠穆沁肥尾羊、草原红牛、苏尼特羊、内蒙古细毛羊等一系列优良畜种，天然有机畜产品在国内市场享有美誉。锡林郭勒草原是目前世界上温带草原中原生植被保存最完好的天然草场，是目前我国最大的草原与草甸生态系统类型的自然保护区，其在草原生物多样性保护方面具有重要地位。

乌兰察布草原分布于内蒙古自治区乌兰察布盟一带，大致在东经109°～113°、北纬40°～43°，中蒙国境线以南，阴山北麓丘陵地区以北。海拔在1500米以上，年降水量在150～250毫米。昼夜温差大，素有"早穿皮袄、午穿纱，抱着火炉吃西瓜"之说。乌兰察布草原总面积7万平方公里，以荒漠草原为主，包括大陆性草原、高山草甸子草原和半农半牧区草原，南部多开辟为旱作农田。乌兰察布草原的环境退化主要反映在已经开垦的旱作农田地区的沙漠化发展，而其形成的原因是由于过度农垦及农业经营方式的不合理所造成的。草原内部干旱少雨，风大沙多，草群低矮，覆盖度低，但其地势平缓或低洼部位成为天然牧场。这里有草原仙境——苏木山、草原温泉——岱海、草原赛九寨——红召九龙湾、草原火山群、神舟家园——格根塔拉草原、鲜花遍布的高山草甸——辉腾锡勒草原。

鄂尔多斯草原位于内蒙古自治区鄂尔多斯市杭锦旗锡尼镇西南9公里处，属半荒漠草原，三面为黄河所环抱，南部以古长城为界，总面积约7万平方公里。其有丰富的畜产品资源，包括阿尔巴斯白山羊、鄂尔多斯细毛羊、绵羊毛、山羊绒等。

阿拉善草原位于内蒙古自治区的最西端，为荒漠草原，主要分布在部分戈壁、滩地、丘陵、部分山地和沙漠湖盆地带。草场类型分为山地草甸、温性草原、温性荒漠草原、温性草原化荒漠、温性荒漠和低地草甸。拥有天然荒漠草地17.54万平方公里，其中可利用草地面积9.79万平方公里。有"大漠孤烟直，长河落日圆"的苍凉景象，是中国著名的"骆驼之乡"，其中的白骆驼是珍贵品种。阿拉善双峰驼、白绒山羊是重点保护的优势畜种。由于自然和人为因素的共同作用，特别是20世纪中后期以来对森林、草原的过度利用及矿产资源的无序开发，使阿拉善草原大面积退化、沙化。草地生产力下降了30%~50%，植被覆盖度下降了50%~80%，可食性牧草由130多种减少到20多种，杂草毒草丛生，成为草原生态环境极度脆弱地区。

天然草原是内蒙古牧区畜牧业生产及生活资料的来源，更是维持该地区及周边地区生态平衡的分布面积最大的自然生态系统。据统计，2015年内蒙古草原总面积为8666.7万公顷，占全区总面积的73.26%，其中可利用草原面积6818万公顷，占全区草原总面积的79%，是我国最大的草场和天然牧场。内蒙古草原有野生饲用植物793种，约占全区植物总数的36.59%，其中主要饲用植物200多种，占饲用植物总数的25%。草地资源年生物总贮量约680.8亿公斤，其中可食干草总贮量约408.57亿公斤。2017年五大牧区草原总面积如表3-3所示。

表3-3 2017年五大牧区草原总面积

地区	内蒙古	新疆	青海	宁夏	西藏
面积（千公顷）	78804.48	57258.8	36369.75	3014.07	82051.94

资料来源：《中国统计年鉴》(2018)。

畜牧业作为内蒙古的基础产业和优势产业，为内蒙古经济发展和社会稳定做出了巨大贡献，为全国各地输送了大量优质的畜产品。近年来，内蒙古草原保护建设工作不断加强，积极推行草原家庭承包经营、草畜平衡和天然草原禁牧休牧轮牧制度，加大草原执法力度，组织实施了退牧还草等工程，畜牧业保持稳步发展。2016年和2017年内蒙古草原建设及利用情况如表3-4所示。

表3-4 内蒙古草原建设及利用情况

年份 分类	2016	2017
承包到户面积（万公顷）	8800.00	8800.00
草场面积（万公顷）	6940.00	6940.00
围栏草场面积（万公顷）	3070.8	3130.04
当年新增面积（万公顷）	55.4	70.63
人工种草保有面积（万公顷）	385.8	368.54
当年种草面积（万公顷）	182.85	230.52

资料来源：《内蒙古统计年鉴》(2018)。

(二）畜种资源优良

内蒙古不同的草原生态类型，培育出不同类型的牲畜品种，是我国畜种资源最丰富的省区之一。优良品种有三河马、三河牛、科尔沁牛，毛肉兼用的内蒙古细毛羊、乌兰察布细毛羊，毛用的鄂尔多斯细毛羊、科尔沁细毛羊，肉用的乌珠穆沁羊、苏尼特羊、呼伦贝尔羊，绒用的内蒙古白绒山羊、乌珠穆沁白绒山羊，还有阿拉善双峰驼等。其中，三河牛是我国唯一适应高寒地区环境的乳肉兼用型选育品种；乌珠穆沁羊以肉质鲜嫩而颇受消费者的青睐；白绒山羊是中国绒用羊品种之宝，以"纤维宝石""软黄金"在国际市场上享有盛誉。

近年来，牧区加大了优良畜种的保护、开发和利用，通过提纯复壮和建设标准化畜群，提高了优良畜种的单产和品质。同时，还积极引进了国外的优良畜禽品种，利用杂交优势，提高了畜群质量。全区良种、改良种牲畜占全区牲畜总头数比重达到93%，基本实现了畜禽良种化，为市场提供优质高端的畜产品奠定了基础。

2009~2017年内蒙古牲畜总头数如图3-1所示。

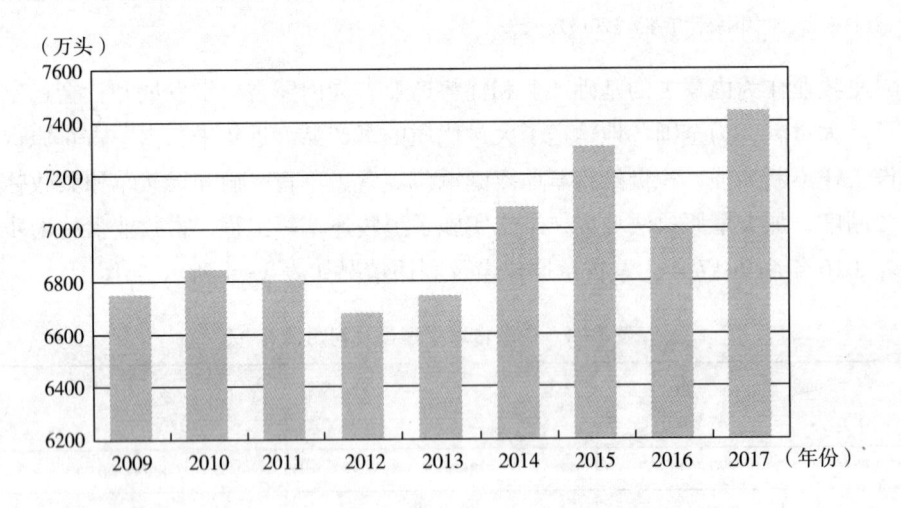

图3-1 2009~2017年内蒙古牲畜总头数

资料来源：国家统计局。

（三）畜牧业产业化发展

畜牧业不仅是内蒙古特色经济中的重要组成部分，而且是内蒙古国民经济的支柱产业之一，畜牧业产业化格局基本形成。肉羊养殖已经形成草原牧区、农牧交错区和农区三大优势区域；奶牛养殖区包括土默川、河套平原、锡林郭勒盟和乌兰察布市农牧交错区、科尔沁草原和西辽河平原区、大兴安岭岭西区的五大牛奶生产区；肉牛优势产区为东部传统肉牛养殖区和中西部新兴肉牛养殖区。

畜产品加工业发展迅速，已成为内蒙古的优势支柱产业。全区以畜产品为原料的加工制品种类达26种，牛奶、细毛羊、羊绒、羊肉产量均居全国第一位，奶制品、无毛绒、羊绒制品、牛羊肉、活羊、地毯等产品畅销国内外。乳制品加工业、肉类加工业、毛绒加工业三大畜产品加工业规模以上工业总产值占内蒙古规模以上工业总产值的比重不断增加。2014年，全区奶牛养殖业产值占农牧林渔业比重达到21.1%，乳制品加工业占农畜产品加工业比重达7.8%。全区已形成一批畜产品加工知名企业与品牌，乳制品加工业的两大品牌——伊利、蒙牛年产值合计超千亿元，销售额分别居世界乳制品企业第10位和第15位；以小肥羊、蒙羊等品牌为代表的肉类产品加工业和餐饮连锁企业遍布大江南北；以鄂尔多斯、维信和兆君等品牌为代表的毛绒加工业在国内外市场享有很高的知名度。2016年，鄂尔多斯品牌价值808.55亿元，荣登中国500最具价值品牌排行榜第43名。

畜牧业养殖方式的转型升级，促进了草原牧区牧业生产稳定发展。牧区积极推进草牧场规范流转，引导扶持家庭牧场，提升养殖户的组织化程度。目前，各类家庭牧场有3.5万个，参与家庭牧场经营户达到5万户，占牧户总数的11%。全区肉羊、奶牛、肉牛规模化程度分别达到68%、80%和44%。内蒙古肉牛的畜群规模、品质质量在北方主产区具有较强优势，内蒙古东部为肉牛优势产区，包括通辽市的科尔沁肉牛产业、赤峰市的昭乌达肉牛产业和呼伦贝尔市的肉牛养殖业。由于牛对草原的破坏程度小于羊，而且养牛的收益比养羊高，内蒙古中西部正在发展成为新兴肉牛养殖区，锡林郭勒盟为保护草原生态，积极调整牛羊结构，提出"减羊增牛"的政策措施，大力发展优质良种肉牛产业，促进畜牧业的转型升级；乌兰察布市和鄂尔多斯市采用"公司+家庭牧场"的生产组织模式，发展高端肉牛养殖业。

2018年，内蒙古羊肉产量106.34万吨，占全国羊肉总产量的22.38%，居全国首位；牛肉产量61.43万吨，占全国牛肉总产量的9.5%；奶类产量565.6万吨，居全国首位，远远超出其他省区；绵羊毛产量70658.21吨，山羊绒产量8775.01吨，居全国首位。内蒙古农牧业产业化资金的60%以上投入了肉羊产业。在产业化的带动下，全区共有213.4万户农牧民进入产业化经营链条，农牧民人均通过农牧业产业化渠道实现纯收入4390元，占农牧民人均可支配收入的

44%。2018年，畜牧业产值达到1292.5亿元，占农牧业产值的43.2%。2010~2016年内蒙古畜产品产量如表3-5所示。

表3-5 2010~2016年内蒙古畜产品产量

年份	牛肉（吨）	羊肉（吨）	奶产品（吨）	山羊毛产量（吨）	绵羊毛产量（吨）	山羊绒（吨）	牛皮（万张）	绵羊皮（万张）	山羊皮（万张）	驼绒（吨）
2010	497288	892444	9456580	12579	107452	8104	346014	3681.21	1306.98	400.30
2011	497270	872444	9314439	12561	106600	7644	336.60	3923.86	1179.68	421.00
2012	512174	886875	9307014	12437	104190	7642	364.11	4010.04	1227.13	537.00
2013	517862	888029	7785547	10154	110532	7901	362.17	4040.16	1276.43	511.24
2014	545309	933319	7970837	10450	121525	8284	308.06	4199.08	1173.74	468.47
2015	52.89	92.59	803.20	10262	127187	8380	314.40	4383.39	1160.86	460.00
2016	55.59	98.98	734.12	10193	132925	8498	340.85	4860.45	1142.74	526.00

资料来源：《内蒙古统计年鉴》（2017）。

（四）畜牧业扶持政策

2007年以来，我国畜牧业发展进入转型升级阶段，国家出台了一系列支持畜牧业的政策措施。内蒙古在综合分析畜牧业环境承载能力、资源禀赋条件的基础上，也提出了切实可行的政策措施，这些政策对于增加畜产品供给、提高农牧民养殖积极性、保护农牧民利益，发挥了重要的作用，是畜牧业产业化发展的关键推动力量。

2007年，国务院下发了《关于促进畜牧业持续健康发展的意见》，明确提出了要构建现代化畜牧业产业体系，提高畜牧业综合生产能力，保障畜产品供给和质量安全，这一年国家直接投向畜牧业的资金累计近100亿元。2007年畜禽良种补贴总额为4.6亿元，2008年升至6亿元，2009年补贴品种增加了肉牛和肉羊，补贴总额增加到9.9亿元。2011年，农业部出台《全国畜牧业发展第十二个五年规划（2011—2015年）》，提出了着力构建畜禽的标准化生产体系、牧草种业、饲草料产业、现代畜牧业服务、饲料和畜产品质量安全保障、草原生态保护支撑"六大体系"，强调要稳步提高畜产品综合生产能力，确保饲料和畜产品质量安全，提升草原生态保护建设能力和水平等。中央财政逐渐加大了对畜牧养殖基地建设、畜产品加工及相关的仓储、物流、信息网络建设的投入，提高了畜牧业的综合生产能力。

在国家相关政策的指导及相关项目的推动下，内蒙古各地积极采取各项措施，促进现代畜牧业的发展。在推行草畜平衡、开展禁牧休牧和划区轮牧、基本草牧场保护等制度方面，走在了全国前列，草原植被得到了明显恢复和改善，草原生产力有了较大幅度的提高。2014年，内蒙古全面落实草原生态补偿政策，严格实行阶段性禁牧和草畜平衡制度，并在26个旗县开展了基本草原划定工作，草原建设总面积340.42万公顷。在国家草原生态建设和保护项目的示范带动下，内蒙古草原生态建设成效显著，2014年，草原面积为8800万公顷，当年新增围栏草场面积81.4万公顷，人工种草保有面积356万公顷。

内蒙古畜牧业科技成果推广体系基本形成，在农牧业生产第一线进行各种形式的技术承包、技术服务、技术咨询和技术培训活动，提高了农牧业新技术覆盖率和优良品种的覆盖率，有力地促进了内蒙古现代畜牧业的发展。支持种畜禽场特别是种羊场基础设施建设，提升良种供应能力。"十二五"时期，内蒙古累计扶持新建种羊场300多个，培育发展了5家种公牛站，已经成为了全国最大的牛羊种子生产输出基地。通过大力推进良种繁育体系建设，有效提高了种公羊使用效益，加快地方良种选育和提纯复壮，个体产出均有了大幅提升。从全区"肉羊千万高产创建工程"连续实施5年效果看，苏尼特羊胴体重提高2.2公斤，经济杂交肉羊胴体重提高3公斤以上，单产明显增加，优势畜种实现了从数量扩张型向质量效益型转变。

2013年内蒙古在提出的"8337"的发展思路中，提到要把内蒙古建成绿色农畜产品生产加工输出基地，要更加注重生态建设和环境保护，做好"三农三牧"工作。自中央提出推进供给侧结构性改革以来，内蒙古根据畜牧业"一羊独大"的区情，提出了"稳羊增牛"的发展思路，积极调整优化农牧业结构，落实新一轮草原生态补奖政策，改良天然草场，发展人工草地，实施退牧还草、退耕还草工程，扩大优质牧草种植面积，提高草原载畜能力，并注重畜产品优势产区的建设，其中包括五大牛奶生产区、肉牛养殖区和肉羊养殖区。编制了《内蒙古自治区千万头肉牛发展规划（2016—2020年）》，提出了巩固发展东部肉牛优势产区、培育发展牧区和西部新兴高端肉牛产区的发展布局。目前，优势产区牛奶、牛肉、羊肉产量分别占全区总产量的89%、72%和83%，形成了集聚效应。2013年，在呼伦贝尔和锡林郭勒两大草原牧区推进肉羊可追溯试点工作，对提高羊肉质量和附加价值、打造草原羊肉品牌、宣传草原畜产品绿色无污染的品质起到了积极的示范作用。

二、内蒙古畜牧业转型发展的制约因素

（一）畜牧业总产值比重较低

从发展上看，在内蒙古自治区农牧业经济中，畜牧业一直呈现较快的发展势头，畜牧业产值呈稳步发展的趋势，占第一产业的比重有较大幅度的上升，但与畜牧业现代化发展水平还有一定的差距。发达的畜牧业是一个区域或者一个国家农业现代化的重要标志，国际上衡量农业现代化发展水平的标准是畜牧业产值要占第一产业产值的50%以上。截至2018年，畜牧业产值达到1294.31亿元，比"十一五"末增长41.9%，占到第一产业产值的44.1%（见表3-6）。内蒙古畜牧业产值还没有达到第一产业产值的一半以上，这与内蒙古农牧业大区的地位不相匹配，与农牧业发达国家可以高达70%的比重相比，差距更大。近年来，各级政府实施了畜牧业生产扶持政策，但存在着补贴额度低、补贴规模小、措施不配套、没有形成合力等问题。畜牧业投入在数量、结构、对象和方式等方面，仍不能适应畜牧业转型发展的迫切需要。在农牧业结构中畜牧业比重仍然较低，没有充分发挥内蒙古农牧结合的双重优势，"为养而种"推进畜牧业发展的目标还没有实现。

表3-6 2008~2018年内蒙古农林牧渔业总产值及畜牧业占比

年份	总产值（亿元）	农业（亿元）	林业（亿元）	畜牧业（亿元）	渔业（亿元）	畜牧业占比（%）
2008	1525.7	716.6	72.7	699.6	11.8	45.9
2009	1570.6	731.9	78.2	721.4	12.7	45.9
2010	1843.6	900.5	76.6	822.4	15.9	45.4
2011	2204.5	1057.9	93.1	998.3	23.5	45.3
2012	2449.3	1172.0	97.8	1118.9	26.1	45.7
2013	2699.5	1328.0	96.1	1208.5	29.0	44.8
2014	2779.8	1408.4	96.4	1205.9	29.1	43.4
2015	2751.5	1418.3	99.4	1160.9	30.8	42.2
2016	2758.98	1477.56	98.64	1149.75	33.03	42
2017	2766.5	1434.73	99.91	1200.56	31.3	43.4
2018	2936.37	1512.8	100.31	1294.31	29.25	44.1

资料来源：内蒙古自治区统计局。

（二）可利用草原面积和生产力下降

内蒙古畜牧业的发展依赖于得天独厚的天然草原，但是由于自然气候条件的变化，牧区对草原掠夺式的生产方式，再加上政府对草原保护投入的不足，草原沙化、退化严重，导致草原面积在缩小。这种缩小不仅是草原面积总量上的减少，还表现为草原生产力的下降。目前，内蒙古草原面积比20世纪80年代减少了大约388.6万公顷，呼伦贝尔草原由于过度开垦及过度利用等，比80年代减少了134.73万公顷。草原类型中减少幅度最为明显的是典型草原和草甸草原。虽然政府对草原保护投入的力度在增加，但投入的数量依然有限，由于牧区经济结构单一，牧民对牧业生产的投资不足，基础设施建设落后，总体上草原生态建设的速度仍赶不上草原沙化退化的速度。内蒙古西部的阿拉善草原基本被沙漠包围，中部的乌兰察布草原、东部的科尔沁草原、锡林郭勒草原正面临严峻的沙化问题，广大牧民处于贫困状态。2010年，内蒙古草原总面积为8800万公顷，可利用草原面积为6818万公顷，到2014年，可利用草原面积为6800万公顷，下降了18万公顷，草原生态恶化的趋势没有得到有效遏制（见图3-2）。草原退化也使草地鼠虫害加重，鼠类啃食牧草的根茎，抑制了牧草的生长，导致草原载畜量降低。近年来，内蒙古草地鼠虫害呈严重的上升趋势，受害面积越来越大、危害程度越来越重，造成了草原生态环境的进一步恶化。据统计，1998年鼠虫害面积为850.8万公顷，2004年

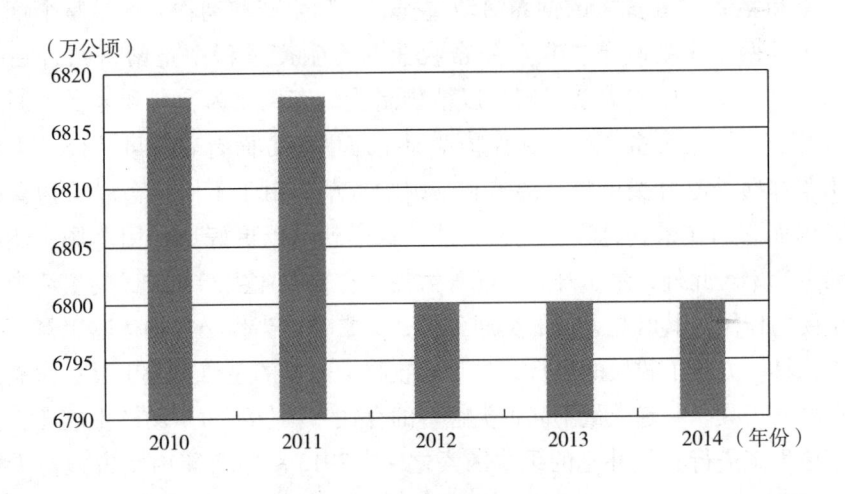

图3-2 内蒙古可利用草原面积

资料来源：《内蒙古统计年鉴》（2015）。

达到2472.3万公顷。2013年，草原鼠害危害面积为4835.3万公顷，治理面积为1310.2万公顷，草原虫害面积为6103.3万公顷，治理面积为1522.7万公顷。

草原生产力（指草原生产饲草的能力）呈现不断下降的趋势。草原上适合饲养牲畜的饲草种类和数量都在减少。有研究结果表明，近20年来，内蒙古超过80%的旗县草地生物单产和可食牧草单产下降趋势显著，有近四成的地区生物单产和可食牧草单产下降幅度在25%~60%；76%的旗县的可食牧草产量占生物单产的比重明显下降，下降幅度有的高达35%。适口性和营养价值较高的优良牧草所占的比例在减少，而适口性差的杂草和有毒的植物比例在增加。这对于牲畜的饲养极为不利，牲畜因饲草不足体重下降，甚至因食用毒草而死亡，给牧业生产造成了严重的损失，草畜矛盾已成为阻碍畜牧业发展的主要问题。

（三）畜种结构不合理

牲畜在畜牧业生产中具有特殊的作用，既是生产资料也是生活资料，畜种结构指不同种类畜禽数量在畜禽总数中所占的比重。在传统畜牧业的发展过程中，牧民为了保护赖以生存的草原，不得不考虑草原环境承载能力与自然资源自我恢复和修复能力，为尽量减少对草原生态环境的破坏，采取了游牧的生产经营方式，并逐渐形成了"五畜"的畜种结构。草原畜牧业也是牛、马、绵羊、山羊和骆驼"五畜"的饲养活动过程。植物生产和动物生产是整个草原生态循环中的两个重要环节，在草原畜牧业的再生产过程中是紧密结合在一起的。马、牛、羊、骆驼等食草家畜以植物制造的有机质为食料和能量来源，生产肉、乳、毛、皮等畜产品，在保护草原生态平衡方面有着不可替代的重要作用。山羊和骆驼吃叶类植物，绵羊和牛则吃青草，由于不同牲畜对植物喜好有差别，因而它们在采食过程中互不干涉，这样就可以更好地利用草场，还能提高劳动生产率。此外，牛、马、骆驼等大牲畜在畜牧业生产和牧民的生活中有着十分重要的作用，其既是人们的交通工具，又常常被当作必需的运输工具：马作为骑乘工具，方便了牧民的出行；牛是游牧移动时候的主要交通工具；骆驼则是长途运输的工具。一定数量不同种类牲畜的存在，不仅不对草场产生破坏，而且是对草原生态进行必要补充的重要因素之一。2013~2017年内蒙古牲畜头数如表3-7所示。

表 3-7　2013~2017 年内蒙古牲畜头数

年份 \ 种类	牛（万头）	马（万匹）	绵羊（万只）	山羊（万只）	骆驼（万头）
2013	612.43	766.3	3727.27	1511.94	13.24
2014	630.6	81.72	4016.18	1553.1	13.82
2015	670.96	87.69	4174.3	1603.5	14.91
2016	654.86	80.46	3993.97	1512.28	15.91
2017	656.17	64.37	4417.76	1694.17	16.91

资料来源：国家统计局。

畜牧业进入现代化发展阶段，牧区的生产生活需要发生了变化，消费者对畜产品的需求也不同，导致畜种结构的变化。随着牧区经济的不断发展，牧民出行多采用现代交通工具，牧业生产使用现代化机械用具，对牛、马、骆驼等大牲畜的交通和役力需求减少。牧民不重视大牲畜的饲养，造成马、骆驼等大牲畜的数量下降。此外，由于大牲畜的生长周期较长，消耗饲草料多，经济效益不高，牧民觉得饲养大牲畜不划算，所以其在畜群总数中所占的比重在减少。羊有极高的使用价值，不仅肉食、奶食不可少，羊毛、羊皮也为日常生活所必需，羊生长周期短的优势在生产中也日益引起重视，再加上人们生活的逐渐改善，对肉类的需求增加，从而导致羊在牲畜中所占比重逐渐增长。毛绒加工业的发展，也增加了对山羊、绵羊的需求。2014 年，内蒙古牲畜总头数为 7078.6 万头，其中大牲畜 839.9 万头，羊 5569.3 万只，占牲畜总头数的比重分别为 11.87% 和 78.68%；大牲畜中，牛的数量在增加，比 2013 年增加了 18.2 万头。这是因为随着人们对奶类消费的快速增长，奶牛饲养逐渐受到重视，牛肉由于肉质鲜美、营养丰富、味道独特而受到消费者的青睐，在肉类消费中的比例逐渐上升，但是占牲畜总头数的比重依然较低，为 8.9%。马的数量为 81.72 万匹，骆驼的数量为 13.82 万头。由此可见，目前，内蒙古畜牧业的畜种结构不合理，羊的比例较高，而牛、马、骆驼等大牲畜的比例较低，影响了草原生态平衡和畜牧业经济的发展（见图 3-3）。

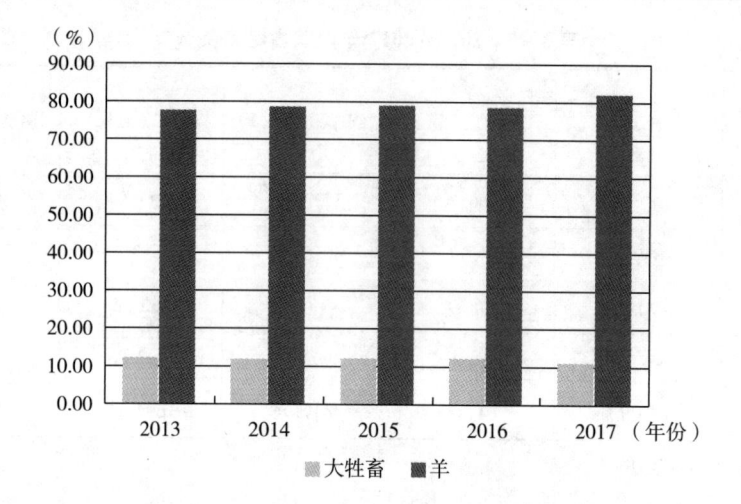

图 3-3　2013~2017 年大牲畜和羊的比重

资料来源：国家统计局。

（四）畜产品区域品牌建设不完善

内蒙古畜牧业在各项政策实施的推动下，生产能力明显增强，目前内蒙古已具备年产 700 万吨牛奶、250 万吨肉类、12 万吨绒毛的综合生产能力，全区销售额在 500 万元以上的农畜产品加工企业已达 1849 家。畜产品品牌的知名度和美誉度也在提高，全区现有中国驰名商标 66 个，获得农业部农产品地理标志登记保护证书的产品 57 个。伊利、蒙牛、鄂尔多斯、鹿王、小肥羊、草原兴发、科尔沁牛业等畜产品品牌受到消费者的认可（见表 3-8），成为内蒙古对外宣传的名片，而内蒙古大草原绿色天然无污染的资源环境是内蒙古畜产品品牌的特色和内涵。

表 3-8　内蒙古畜产品知名品牌

品牌名称	加工业类型	创建年份	品牌价值（亿元）
伊利	乳制品加工	1993	173.50
蒙牛	乳制品加工	1999	103.44
鄂尔多斯	毛绒加工	1981	247.55
小肥羊	肉类加工	1998	112.69
鹿王	毛绒加工	1985	60.55
草原兴发	肉类加工	1993	150.00
科尔沁牛业	肉类加工	2002	14.98

区域品牌是一个地域范围内的某个行业或某种产品在较大范围内所形成的具有较高影响力的一种整体形象，代表的是该地区的某行业或产品的特色及其在消费者心目中的地位。在内蒙古畜产品区域品牌建设中，乳制品和羊绒制品的品牌建设成效显著，乳制品企业伊利、蒙牛和羊绒制品企业鄂尔多斯已经进入世界最有价值品牌行列，而肉类加工企业的畜产品区域品牌建设亟待完善，内蒙古草原品牌滥用现象严重。市场上各种标注来自内蒙古大草原的肉类产品良莠不齐，影响了草原肉类产品的区域品牌优势，导致其与其他产地的肉类价格基本没有差距，价格优势也难以体现。肉类产品掺假、售假、压等压价等违法违规行为，降低了消费者对品质优良的内蒙古肉类产品的购买信心和有效需求。在肉类畜产品品牌中，"乌珠穆沁""苏尼特"等区域品牌是国家驰名商标，"锡林郭勒羊肉"品牌是原产地标志，但在品牌宣传和维护上缺乏有效措施，品牌价值难以体现。锡林郭勒草原上生长的肉羊食用的是绿色无污染饲草料，羊肉品质优良，安全性高，受到广大消费者的认可，但有些不良商贩却把其他产地的肉羊运到牧区当成苏尼特羊、乌珠穆沁羊来出售，不仅损害了锡林郭勒草原羊肉区域品牌形象，也降低了品牌信用度，使真正的苏尼特羊、乌珠穆沁羊难以卖出高价，失去了市场竞争优势，最终影响到草原肉类产业的长远发展。

现代化的肉类加工企业是建设区域品牌主要的和基本的主体，政府、行业协会和牧户是参与主体。内蒙古现有国家级龙头企业38家，自治区级龙头企业556家，但是龙头企业和农牧民建立紧密利益联结的比例仅为30%，畜牧业生产的组织化程度和市场化程度较低。龙头企业面对的是众多的散户，难以保证畜产品的品质，牧户也面临着市场风险，经济收入无法提高。市场上精加工、高档次的畜产品较少，畜产品加工标准体系不健全，畜产品的检测机制也不完善。这些因素影响了龙头企业、牧户参与区域品牌建设的积极性，品牌建设条件亟待改善。

三、内蒙古畜牧业转型发展的基本路径

（一）推动畜牧业供给侧结构调整

畜牧业供给侧结构调整，主要目标是增加牧民收入，保障畜产品有效供给。要提高畜牧业供给质量，需以市场为导向，优化供给结构，跟上消费需求升级的节奏，提高畜牧业的综合效益和市场竞争力，并加大力度对畜牧业生产结构进行调整，注重畜牧业发展方式的转变。

畜牧业内部生产结构包括畜种结构、品种结构、畜群结构以及产品结构。内蒙古畜种分类主要有牛、羊、马、骆驼等，长期以来，内蒙古畜牧业的畜种结构是"一羊独大"，形成了以羊为中心的发展格局。然而经济和社会发展阶段不同，人们的生产生活需要发生了变化，所形成的畜种结构也要进行调整，以满足消费者对肉类产品的新需求，实现畜牧业向现代化的转变。牛由于具有肉用、役用、乳用等多种用途，具有较高的经济价值，发达国家畜牧业的畜种结构是以牛为主，如美国畜牧业的60%靠养牛业支撑，其中肉牛业占41%，奶牛业占19%。内蒙古畜牧业向现代化转型升级，稳定肉羊生产是内蒙古畜牧业生产结构调整的前提，发展养牛业是畜牧业生产结构调整的重点。

内蒙古肉牛产业的发展潜力和发展空间较大，具有发展肉牛养殖的资源条件及养殖经验，相对于肉羊养殖，肉牛养殖的经济效益较好。因此，内蒙古要采取积极有效的措施，推动肉牛养殖业的发展，做好优势产区的产业发展规划，提高对养牛户的政策补贴和技术支持，扶持肉牛规模化养殖企业；积极与国内科研院所合作开展肉牛育种相关技术研究，为广大农牧民提供优良的肉牛新品种；适度调整畜群结构，提高母畜比例，加快畜禽周转；加快奶牛业的发展也是畜牧业生产结构调整的重心之一，要提高奶牛的生产效率和单产水平，有效降低奶牛养殖成本，提高养殖效益。通过增加牛在牲畜总数中所占的比重，稳定羊的数量，实现畜种结构的合理化，增加经济效益，在提高牧民收入的同时保持草原生态系统的平衡。

加快转变畜牧业发展方式，实施引种、饲草料种植、品种改良、纯种扩繁、屠宰加工、产品销售的全产业链模式。推行标准化、规模化养殖，发展家庭牧场、养殖联户等新型经营主体。积极探索高效的生产模式，如建立"企业供种+集约化养殖示范+农牧民养殖扩繁+协议收购"利益联结机制。做好肉类产品的精深加工，开发高端附加产品如生物制品；采取"互联网+畜牧业"的方式，加强电商销售平台建设，开拓消费市场。

注重马产业和骆驼产业的发展，其不仅有着巨大的经济价值，也具有重要的生态价值和文化价值。随着经济社会的发展，马产业、骆驼产业的发展呈现出了较好发展势头，马肉、骆驼肉在国际市场上大受欢迎，马奶、骆驼奶因其独特的营养价值也受到消费者的青睐，且其市场价格较高。此外，马和骆驼的副产品综合利用价值也非常高，可以用于生物制品，市场前景广阔。内蒙古有着独具魅力的马文化和骆驼文化，要依托丰富的内蒙古马和骆驼资源，在养殖、加工、销售、营销等方面进行财政投入，构建集良种繁育、规模养殖、产品加工、功能研发、文化传承为一体的现代化产业体系，使马产业、骆驼产业成为内蒙古畜牧业经济发展的新增长点。

（二）深化畜产品可追溯体系建设

内蒙古是我国重要的畜产品生产加工输出基地，畜产品的质量安全是畜牧业可持续发展的重要因素。2016年自治区政府先后出台《加快推进重点食品追溯体系建设的实施意见》《加快推进重要产品追溯体系建设实施方案》，明确指出要加快建立食用农畜产品和重点食品的追溯体系建设，这对提高食品安全可信度、企业竞争力和政府监管能力具有重要意义。近年来，我国一系列重大食品安全事故的爆发进一步警示建立食品可追溯体系的必要性与重要性。内蒙古在"一带一路"倡议框架下，全面推进绿色农畜产品生产加工输出基地的建设，畜产品质量安全可追溯体系对于解决生产者和消费者信息不对称、强化生产过程的监督管理具有重要的作用。虽然内蒙古畜产品可追溯体系建设初见成效，有部分大型食品生产制造企业已经实现了可追溯，但参与体系的企业数量依然较少，可追溯体系尚未能为控制畜产品安全问题、提高畜产品质量发挥积极作用。

畜产品可追溯体系中的三大主体是生产企业、消费者和政府，可追溯体系的建设，需要政府科学、合理、有效的资金和政策支持，以提高生产者和消费者的积极性，还需要三大主体共同分担可追溯畜产品额外的生产成本，实现可追溯体系的有效运行。

一是政府要积极引导企业认识畜产品可追溯体系获得的市场效应，使畜产品加工企业成为可追溯体系的建设主体，从生产环节设置可追溯的养殖信息，在保障畜产品质量安全的同时，提高草原畜产品的识别度，扩大草原品牌的影响力，实现优质的价格。

二是政府要从强化畜产品安全责任的视角出发，兼顾供应链上各个参与环节的利益，综合考虑参与主体的投入、承担的风险和质量安全控制能力等因素，运用科学的决策方法对参与可追溯体系的企业给予适当的财政补贴，调动企业的生产积极性，降低产品的价格，吸引消费者。

三是规范可追溯畜产品质量认证机制，制定严格的监管措施，保障可追溯信息的真实性，注重技术标准的统一性和规范性，提高消费者对可追溯畜产品的信任程度，满足多样化的消费需求。

四是畜产品可追溯信息管理要实现与互联网的融合，建立统一的追溯信息服务平台，实现全产业链可追溯管理。强化生产链采集信息的连续性和真实性，消除生产流通环节的监管漏洞，培育可信度高的市场环境，提升畜产品可追溯机制的运行实效。

(三) 实施区域品牌战略

随着经济发展和市场需求的变化，实施区域品牌战略将是内蒙古畜牧业现代化发展的重要途径。区域品牌战略可以推动畜牧业产业的区域化布局，专业化发展；通过区域品牌的建立，共享品牌效应，也是畜产品生产加工企业的品牌发展之路。区域品牌是一个地域范围内的某个行业或某种产品在较大范围内所形成的具有较高影响力的一种整体形象，体现了地域性、品牌效应和产业特色。畜产品区域品牌是在某区域范围内形成的具有一定知名度、美誉度和市场占有率的品牌，是众多经营者集体行为的共同结果，与特定产地有着十分密切的联系，其具有地理特征、资源优势和文化内涵，成为消费者识别产品的重要标志。

内蒙古是绿色畜产品的重要生产基地，草原品牌在消费者的心目中已有一定的认知度和美誉度，如锡林郭勒苏尼特羊肉、乌珠穆沁羊肉、科尔沁牛肉等。要充分利用好这一有利资源，做好区域品牌的建设，体现草原畜产品"绿色天然"的区域优势。在内蒙古草原畜产品生产中，独特的自然条件如气候、草场以及饲养方式，使其具有营养丰富、绿色安全的优良品质，这为草原畜产品建立区域品牌奠定了基础。培育草原畜产品区域品牌的现实意义：其一，区域品牌向消费者显示的是草原畜产品的资源优势和区位优势，以及由此所形成的质量特征，使消费者对畜产品的隐性质量产生信任感，并愿意为这些质量特征支付一定的价格。由此可见，区域品牌的建立可以使草原畜产品生产的资源优势和特定区域优势转化为市场竞争优势。其二，草原畜产品生产经营者的小规模化以及畜产品加工企业以中小企业为主的现实，使其难以独立地进行品牌化经营，只能通过政府统一规划，由行业协会、合作经济组织以及龙头企业为主体来创建区域品牌。区域品牌的建立可以促进畜产品生产的规模化，降低畜产品品牌经营成本。

但是，由于区域品牌具有公共物品的特性，也就产生了"搭便车"问题、负外部效应以及"劣品驱逐优品"的现象，使区域品牌形象提升成为一个难题。因而区域品牌的质量认证和质量监管就显得十分重要，否则就会出现"公共草地的悲剧"。这需要政府主管部门、农民专业合作组织和行业协会对草原畜产品区域品牌进行建设和管理。

一是对区域品牌进行商标注册。注册的区域品牌受到法律的保护，避免区域品牌被冒用、滥用，从而维护品牌形象，发挥对畜牧业产业和企业品牌、产品品牌的带动作用。草原畜产品在市场中以"地域名称+产品名称"的品牌形式流通，比单独采用企业品牌或产品品牌更能产生影响力，如"锡林郭勒羊肉"品牌申请注册了原产地标志，在全国市场具有较高的知名度和美誉度，促进了地区经济的发展。

二是建立利益分享与惩戒机制。规范区域品牌的使用管理制度，实行严格的市场准入制，控制对区域品牌的使用。作为区域品牌的主要经营者的各级地方政府或行业协会、合作经济组织，要按照畜产品质量标准体系，对申请使用区域品牌的企业进行严格审核。对获准使用的企业加强畜产品质量和市场运作的监管，约束经营者的行为，促进良性竞争，对未经许可擅自使用区域品牌的企业给予严厉的处罚。通过利益分享与惩戒机制，激发品牌主体建设区域品牌的积极性，减少或杜绝损害品牌的行为，为草原畜产品区域品牌营造良好的发展环境。

三是进行整合营销传播。在区域品牌营销传播的过程中，将各种营销传播手段进行整合，向社会公众传递区域品牌的文化内涵、地理环境、产品品质等信息，促进消费者品牌忠诚的形成。政府和行业协会要积极组织畜产品加工企业参加招商引资洽谈会、博览会、展销会等，加强品牌传播力度，借助节日、论坛、竞赛等形式宣传区域品牌，提高区域品牌的认知度。运用新型的传播媒介工具，微信、微博、微电影等微传播渠道，实现品牌推广的即时性，形成良好的口碑传播效应。例如，政府部门通过创建的微信公众号宣传区域品牌，有助于提升区域品牌的公信力和传播的有效性。

(四) 提升草食畜牧业的效益

草食畜牧业是现代畜牧业的重要组成部分，既能有效缓解人畜争粮矛盾，改善居民膳食结构，又可促进循环经济发展和生态环境保护，主要为市场提供牛羊肉、乳制品等草食畜产品。2015年农业部发布的《关于促进草食畜牧业加快发展的指导意见》提出，缓解草食畜产品供需矛盾，必须大力发展草食畜牧业，今后一个时期，我国草食畜牧业发展要以肉牛、肉羊、奶牛为重点。2015年中央一号文件明确提出"加快发展草牧业，促进粮食、经济作物、饲草料三元种植结构协调发展"。2016年农业部制定的《全国草食畜牧业发展规划（2016—2020年）》中指出，草食畜牧业的发展目标是初步构建现代草食畜牧业的生产体系、经营体系、产业体系。2016年中央一号文件进一步提出"优化畜禽养殖结构，发展草食畜牧业"。这些政策的出台为加快草食畜牧业发展奠定了坚实的基础。

内蒙古在发展草食畜牧业上有着得天独厚的自然条件，是草食畜牧业发达的地区。内蒙古农牧业资源丰富，现有耕地913万公顷，可利用草原面积6800万公顷，草地资源丰富，大气环境、水环境、土壤环境优良，为发展以草资源、种植业生产为基础的草食畜牧业提供了优质的发展环境，能够生产出绿色安全的草食畜产品。随着膳食结构的调整和消费水平的提高，人们对优质牛羊肉的需求与日俱增，乳制品的销售量一直呈稳步上升趋势。2020年我国羊肉市场需求将达到535万吨，牛肉市场需求将达到889万吨，给内蒙古草食畜牧业的发展提供了广阔的市场空间。在"一带一路"发展中，内蒙古处于中蒙俄经济走廊建设的核心区域，是沟通中蒙俄的桥梁，拥有独特的区位优势，其将成为我国向北开发的重要窗口，这为内蒙古建设外向型绿色农畜产品生产加工输出基地创造了机遇。在国内外市场需求拉动与政策引导下，内蒙古草食畜牧业将步入一个新的发展阶段。

一要科学合理地利用草原，为草食畜牧业打牢饲草基础。要进一步加强对沙化、退化、盐碱化草场的恢复性保护，对草场的退化程度、产草量、有毒草含量等进行监测，并根据监测结果，确定合理的载畜量；完善恢复期内草场的生态补偿制度，加大补偿力度，形成配套机制；加大对天然草场的改良力度，通过草原补播、灌溉等措施，使草原得到有效的更新复壮，最大限度地提高草场的承载能力；扩大优质牧草种植面积，提高草原的品质和产草量，进一步缓解草畜矛盾，增强可持续发展能力。

二要增加科技投入，加快科技创新和科技转化。草原畜牧业科技投入是以政府的公共投入为主、企业及其他事业单位积极参与的多元化投资渠道，但依然存在畜牧兽医站等基层技术推广机构经费短缺的问题，制约了草原畜牧业科技的快速发展。世界上畜牧业发达国家的科技进步贡献率已达80%以上，科技成果转化率已达70%左右。内蒙古农牧业科技进步贡献率达到49.4%，科技成果转化率为30%左右，与畜牧业发达国家和地区相比，仍有较大的差距。作为我国畜产品主要生产基地，内蒙古要加强对草原畜牧业科研投资的强度，优化投入结构和投入总量，积极引导非政府部门投资草原畜牧业技术的研发、推广，发挥企业、农牧民组织、科研院所在草原畜牧业科技投入和科技创新中的重要作用。高度重视安全优质高效的饲料生产技术、畜产品加工技术以及农业资源综合循环利用技术的研发，实现畜牧业资源的深度开发和可持续利用。加强良种繁育、疫病防控、草地综合治理等技术的联合攻关，突破关键领域的技术瓶颈，全面提升草食畜牧业产业竞争力。

三要发展外向型草食畜牧业。内蒙古自治区要利用好中蒙俄经济走廊建设核心区域的地缘优势，发展外向型草食畜牧业，建立健全与国际要求接轨的草食畜产品质量标准体系，使内蒙古的畜产品与国外市场能够很好地衔接起来，实现畜产品的国际化。草原畜牧业是中蒙两国的传统优势产业，我国内蒙古自治区和蒙古国的草原畜牧业合作有独特的地缘优势。基于"一带一路"倡议的实施和中蒙俄经济走廊的建设，我国内蒙古自治区与蒙古国在畜牧业及其畜产品加工行业的合作潜力巨大。应充分发挥各自的比较优势，以技术合作为先导开展互补性合作，以提升畜产品的市场竞争力，拓展畜产品的销售市场，实现"双赢"。我国内蒙古自治区可以和蒙古国在饲草料基地、牛羊肉生产加工基地和奶源基地建设方面开展深入合作，为绿色安全畜产品的生产提供优质的原料，提升畜产品的整体质量与国际竞争力。强化内蒙古畜产品国际市场开发能力，加强出口销售网络和贮运体系的建设，对畜产品专用物流技术和设备进行投资，提供物流全程的冷链服务。积极推进畜牧业信息网络、可视技术等信息技术的使用，促进畜牧业物流信息化建设，保障畜产品的质量安全，把内蒙古建设成为外向型绿色农畜产品生产加工输出基地。

第三节　中国畜牧业转型发展的对策与措施

一、建立多元化的畜牧业科技投入机制

畜牧业的转型发展必须坚持并不断强化体制创新和科技创新这一有效措施，增加科技投入，加快科技创新和科技成果转化。我国虽然已经形成以政府投入为主、企业及其他事业单位积极参与的多元化投资渠道，并部分地解决了畜牧业科技发展面临的资金难题，但资金不足仍是制约当前畜牧业科技发展的重要障碍因素。尤其是近年来，政府对畜牧业科研投资强度的下降和较大的波动性以及畜牧兽医站等基层技术推广机构经费的短缺，制约了畜牧业科技的快速发展。当前科技投入不足问题的解决必须同时依赖于投入结构的优化及投入总量的稳定增长。在投入结构上，虽然政府公共投入仍将是草原畜牧业科技投入的主渠道，但需要进一步调整投向和中央与地方的投资关系，逐步形成中央政府负责基础研究、应用基础研究、基础教育及全国性重大技术推广投入，地方政府负责区域性技术开发、农民素质教育与职业教育及区域性重大技术推广投入的公共科技投入格局；要积极引导、鼓励企业、农民组织及其他社会团体投资私人产品、混合产品类

草原畜牧业技术的研发、推广，放宽和消除非政府部门在投资领域方面的限制，促使非政府部门成为畜牧业科技投入的重要力量。在投入总量上，各级政府应确保畜牧业科技投入稳定增长，将畜牧业科技支出占农业科技支出的比例维持在合理水平，还可按一定比例从畜产品销售额中征收科技发展基金，以增加畜牧业科技投入；通过调整税收、信贷政策及加强知识产权保护等手段，鼓励企业、农民组织等非政府部门加大草原畜牧业技术投入，充分发挥企业、农牧民组织等非政府部门在草原畜牧业技术创新及成果推广中的重要作用。从长期来看，必须改变过多依赖政府公共科技投入的局面，逐步建立起以政府投入为导向、企业与农牧民组织投入为主体、信贷资金及其他社会资金为补充的多元化畜牧业科技投入机制。

二、逐步实现畜牧业生产结构合理化

畜牧业结构合理化的根本标志是具有较高的产出能力。实现畜牧业结构合理化，提高畜牧业产出能力，是目前必须解决的一个重要问题。实现畜牧业结构合理化即在市场经济条件下，通过对畜牧业结构的调整，逐步实现牲畜品种结构和存、出栏结构以及畜群再生产结构的合理化。

一是牲畜品种结构合理化。牲畜品种结构合理化应当满足的条件是能够发挥良种化的生理优势，适应市场经济的发展和市场需求的变化。因此，牲畜品种结构合理化首先是牲畜的品种质量的问题，应以实行牲畜"良种工程"为突破口，坚持良种繁育推广设施建设与引种、制种、保种并举。在引种方面，重点引进良种肉牛、细毛羊、良种肉羊。在制种方面，培育提高地方品种的种质。在保种方面，保护具有地方特色的品种资源和优质基因库。

二是存、出栏结构合理化。存、出栏结构实际上是出栏率问题，在一定条件下，加速畜群周转速度和充分提高出栏率是提高现有草场和畜群产出能力的一个重要途径。从再生产的角度看，提高出栏率应当属于畜牧业内涵型扩大再生产，在草场质量不断提高的前提下，通过提高出栏率，实现畜牧业内涵型扩大再生产，其前景是十分广阔的。要通过教育引导牧民的市场观念，改变传统的以牲畜数量显示富裕程度的财富观以及不愿杀生的意识，逐步建立起一个有利于草原利用的生态效益和经济效益提高的良好认识环境。

三是畜群再生产结构的合理化。我国畜群再生产结构不合理的重要表现是基础母畜比重偏低，这是导致我国牧区畜群再生产能力弱、防灾抗灾能力差、灾后恢复能力小的主要原因。因此，调整和优化并进一步改善畜群再生产结构，使之朝着合理化方向发展，必须解决基础母畜比例偏低的问题。在具体的实践操作上，应当根据不同牧区的实际情况和牲畜品种结构合理化的要求，适当地发展基础母畜，使畜群结构有利于扩大再生产，并向最高的牲畜出栏率和畜产品商品率的方向发展。

三、提高畜产品加工业的综合效益

要重点增强畜产品加工能力，提高加工深度，增加加工品在畜产品消费中的比重，尽快改变畜产品加工业发展严重滞后的局面。大力开发分割肉、冷鲜肉、小包装及快餐食品，促使肉类上市产品多样化。提高产品加工质量，增加种类，拉开档次，适应和满足国内不同层次消费者对动物食品的需求。加快乳品加工业的结构调整，改进加工工艺，增加液态奶的生产；与此同时，支持加工企事业进行技术改造和设备引进，增加产品中的科技含量，促进企业提高质量，争创名牌。对畜产品保鲜、加工、储运等环节中的关键技术，组织联合攻关，不断提高畜产品加工业的科技水平；加强对畜禽内脏、血、皮、骨、筋的综合利用和深度加工，提高畜产品加工业的综合效益。

四、推动畜牧业产业化的深度发展

作为一种新的经营方式，畜牧业产业化是牧区深化改革的必然趋势，它集中体现了现代畜牧业的发展方向，是提高畜牧业经济效益、使畜牧业持续稳定发展的有效途径和必然选择。畜牧业产业化的实质就是通过以农牧民组织体系为载体的社会化服务体系，把分散的养殖单位与市场有效地连接起来，以市场为主导，搞好生产、加工、销售等环节的衔接，形成市场—中介组织—农牧户相结合的产业体系，从而实现最大的效益。按产业化组织发展畜牧业生产，通过规模经营，不仅主导产业突出、产业结构合理化、区域布局合理、资源利用最佳、科技含量高、产品质量好、市场占有份额大，而且也避免了产业分割和产业脱节，有利于解决小生产和大市场的矛盾，有利于改变家庭分散经营在市场竞争中的不利地位，引导和帮助千家万户进入大市场，使牧户经营尽快步入社会化大生产的轨道，从而实现由分散经营向规模经营的转变。

第四章
蒙古国畜牧业可持续发展

第一节 蒙古国畜牧业的资源环境分析

一、具有得天独厚的地缘优势

蒙古国地处亚洲中部，最北端为蒙古东萨彦岭，最南端为奥日宝格嘎熟宝日陶勒盖，最西端为马尼特山，最东端为毛德泰哈木尔。南北两端相距1259公里，东西两端相距2392公里。蒙古国土面积为1564116平方公里，是世界上国土面积第19大的国家，也是仅次于哈萨克斯坦的世界第二大内陆国家。人口约300万人，是世界上人口密度最小的国家。蒙古国可耕地较少，大部分国土被草原覆盖。北部和西部多山脉，南部为戈壁沙漠。约30%的人口从事游牧或半游牧。2017年，国内生产总值达27.17万亿图格里克，同比增长5.1%，人均国内生产总值877.02万图格里克（按世界银行统计人均3779美元）。蒙古国是国际竞争力较弱、经济发展水平较低的国家。

蒙古国是典型的内陆国家，地处亚欧大陆的中部，位于蒙古高原，平均海拔为1580米。蒙古国的地理状况随着区域地带各有特点，地形上明显地分为西北部高山区、北部山地高原区、东部平原区和南部戈壁区。西部山地区域大多数海拔高达2000米以上，有很多雪山。中部及北部主要分布着茂密的森林和生长着树木的山脉，这里覆盖着满目的绿色植物。东部绵延着宽广的亚洲草原，南部是戈壁和沙漠地带。蒙古国由于没有出海口，使其经济发展受到制约，但处在中国和俄罗斯两个大国中间，北部与俄罗斯接壤，边界线长3485公里；东、西、南三面与中国接壤，边界线长4710公里，具有得天独厚的地缘优势，可以和中国、俄罗斯开展自由贸易往来，这也为蒙古国的经济发展提供了便利的条件。

二、气候条件对畜牧业影响较大

由于蒙古国地处内陆，自然地理状况对其气候有非常大的影响，具有强烈的大陆性特征，季温差和日温差均很大。阿尔泰、杭盖、库苏古尔和肯特等山区，夏季的平均气温为14℃~15℃；南部戈壁和东部平原地区最高气温达40℃以上。西北部山区冬季的平均气温为-30℃~-25℃，最低气温达-40℃；戈壁地区冬季平均气温为-30℃~-15℃，最低气温达-38℃。春季（5~6月）较短，气候温暖；夏季（7~8月）昼热夜凉，气候较为凉爽；秋季（9~10月）天气变幻无常，有可能突然变冷甚至下雪；冬季（11月至次年4月）漫长，气候寒冷。

蒙古国干旱少雨、冬季漫长、夏季短暂的温带大陆性气候特征，对畜牧业的发展影响较大。蒙古国年平均降水量为200~300毫米，北部多于南部，降水主要集中在夏季。尤其是近年来，蒙古国降雨量明显下降，使草原植被处于长期干旱缺水的状态，牧草生产量持续下降，草场逐渐退化，气候变化成为蒙古国草原荒漠化加剧的主要原因之一。此外，冬季严寒气候带来的雪灾，导致牲畜成群地被冻死，对畜牧业生产造成了严重损失。草原畜牧业作为蒙古国国民经济的支柱产业，面临严峻的挑战。

三、畜牧业资源富集，发展空间广阔

蒙古国可利用土地面积为15646.64万公顷。其中，草原面积占土地利用面积的76%，适宜种植业的面积占2%，水域面积占1%。森林面积为1530万公顷，森林覆盖率为10%，主要分布于肯特、库苏古尔、杭盖和阿尔泰等省区的山区地带。木材总蓄积量为12.7亿立方米，其中，落叶松占72%，雪松占11%，红松占6%。

森林中有大量的野生植物、药用植物和多种沙棘类型的灌木。蒙古国的土地上有各种毛皮类动物栖息和繁殖，有狩猎价值的动物包括旱獭、黄羊、鹿、麝等。

矿产资源有煤炭、石油、铜钼矿、金矿、萤石矿、磷矿等，储量非常丰富。其中，铜矿储量丰富，初步探明储量20亿多吨，居亚洲第一；发现含黄金矿区300多处，初步探明储量3400多吨；磷矿初步探明储量60亿吨，居亚洲第一，世界第五；铁矿储量丰富，初步探明储量为20亿多吨。从能源资源看，目前发现煤矿床250处，初步探明储量高达1500亿吨。石油储量初步估计在60万~80万桶，其中一半以上储量在与中国接壤的东、南、西部地区的13个较大的盆地。铀矿据初步勘测储量约为140万吨，居世界前十位。

由于全球性气温与蒸发量同步上升，导致蒙古国大量河流、湖泊干涸，土地荒漠化加速，许多动植物种群正在迅速减少，一些种群濒临灭绝。20世纪90年代开始蒙古国政府注重建立自然保护区，为保护野生动物特别是戈壁熊、野马和野骆驼等濒危野生动物创造了条件。辽阔的蒙古草原已成为野生动物的乐园，全世界共有黄羊100多万只，而生存在蒙古国的就达80多万只，被列入世界红皮书的野驴在蒙古国大量繁殖，蒙古国也是世界上拥有野马最多的国家。

蒙古国旅游资源丰富，较好地保存了游牧传统。除首都乌兰巴托外，其他主要旅游地点有哈尔和林古都、库苏古尔湖、特列尔吉旅游度假胜地、成吉思汗旅游点、南戈壁、东戈壁和阿尔泰狩猎区等。2017年，蒙古国共有49.93万人次外国旅客入境，中国公民进入蒙古国境内人数达20.34万人次，其中游客达14.25万人次，占比70%；俄罗斯游客达10.69万人次；韩国游客达7.49万人次；日本游客达2.25万人次。

2017年蒙古国公民出境人数达243.99万人次，其中73%为因私出境。旅游出境人数为10.41万人次，同2016年相比增加2.32万人次。"一带一路"倡议为蒙古国和中国、俄罗斯的经贸合作开辟了广阔的发展空间，蒙古国将大力发展游牧旅游业，力争将蒙古国打造成国际游牧旅游中心。

四、经济低迷对畜牧业发展的制约

20世纪90年代以后，蒙古国实行私有化改革，并于1997年1月加入世界贸易组织，蒙古国经济开始复苏并呈现较快增长态势。2005~2008年，蒙古国经济保持持续稳定增长。2009年受全球金融危机和矿产品价格大幅下跌影响，蒙古国经济呈现负增长；2010年，在国际市场矿产品价格不断升温的影响下，经济快速复苏，实现国内生产总值（GDP）增长6.1%；2011年，全球矿业进入繁荣期，蒙古国"矿业兴国"战略渐显成果，同时拉动了相关产业和基础设施建设发展，国内生产总值（GDP）同比增长17.3%，蒙古国经济出现了前所未有的迅猛发展势头。2011年，蒙古国对外贸易总额首次超过100亿美元，达到114.2亿美元。中国是蒙古国最大的投资国。据蒙古国外国投资局统计，1990~2012年，在蒙古国共登记来自世界110个国家和地区的直接投资98.26亿美元，设立外资企业11642家。其中，中资企业5737家，直接投资额34.84亿美元，投资领域涵盖贸易餐饮服务、建筑工程及建材生产、畜产品加工和食品生产等行业。

2012年6月4日蒙古国大呼拉尔通过了《战略领域外国投资协调法》，将矿产资源、金融、媒体通信三个领域列为关系国家安全的战略性领域，并对外国投资者，尤其是外国国有投资或含国有成分的投资者投资战略领域设置了更严格的投资限制。《战略领域外国投资协调法》生效后，严重影响外国投资者对蒙投资信心，导致大批外资公司撤出蒙古国，2013年，外资公司数量为390家，比2012年减少了384家（见表4-1）。2013年9月，蒙古国大呼拉尔通过新《投资法》，虽然修改后的《投资法》比较有利于吸引外资，但由于蒙古国法律法规的稳定性和连续性差，再加上税收政策的缺陷以及蒙古国部分政治家们的民粹主义行为影响了外国资金的流入。迄今为止，蒙古国吸引外资的状况仍没有明显改观，外商对蒙古国政策的不稳定性心存疑虑，投资者处于观望状态，外国投资增长缓慢，经济依然处于下行状态。2014年蒙古国的外国直接投资仅为5.8亿美元，同比下降74.6%。2015年上半年外国投资还出现了负增长，全年外国直接投资同比下降85%。2016年，在蒙古国的外资公司数量仅为157家。2010~2017年蒙古国的外国直接投资如图4-1所示。

表4-1 2008~2016年蒙古国外资公司数量

年份	2008	2009	2010	2011	2012	2013	2014	2015	2016
外资公司数量（家）	1551	613	769	933	774	390	335	157	157

资料来源：根据蒙古国中央银行公布数据编译制作。

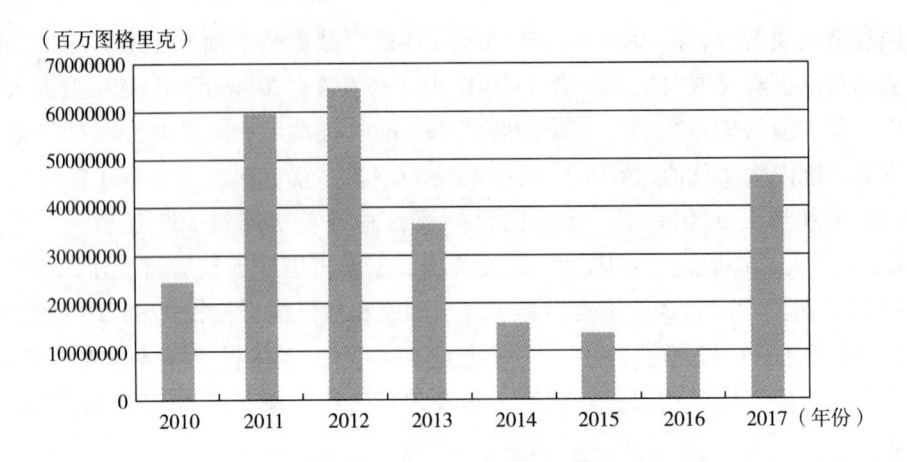

(百万图格里克)

图 4-1　2010~2017 年蒙古国的外国直接投资

随着新兴市场的需求放缓以及受到国际市场矿产品价格波动的影响，蒙古国出口陷入低迷，主要出口的煤炭、铁矿石、原油价格大幅下降，外贸逆差扩大。蒙古国经济增幅大幅下滑，2014 年，其经济增幅从连续三年两位数的高位增长跌至一位，同比增幅仅为 7.8%。2015 年继续下降至 2.3%，2016 年下跌至 1.4%，经济形势不容乐观，通胀率持续高位运行。到 2016 年 9 月，蒙古国的外汇储备只有 11 亿美元，并且背负着 5.8 亿美元的债务，另外，蒙古国政府债务占 GDP 之比也非常高。数据显示，从 2011 年开始，它的债务和 GDP 之比已经超过 50%，之后每年逐步攀升，2015 年已经接近 80%（见图 4-2）。

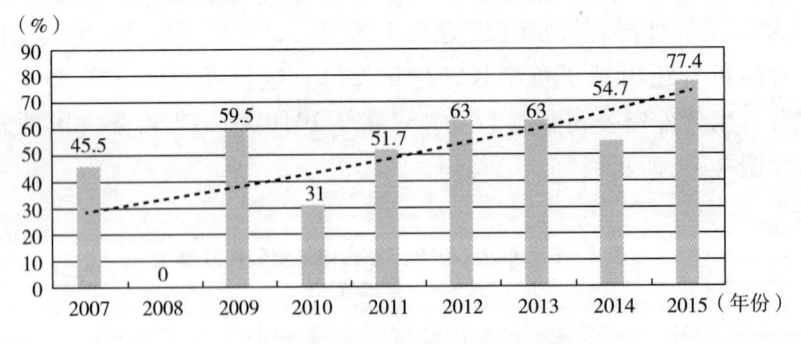

图 4-2　蒙古国政府债务占 GDP 百分比

蒙古国矿产资源丰富，煤、铜、萤石、铀等部分矿储量在国际上处于领先地位，外国对蒙古国投资的约 80% 投入矿产领域。2016 年以来，在矿产品国际市场需求与价格有所回升及世界银行提供优惠贷款等条件下,蒙古国的经济运行状况有所好转,2017年的国内生产总值同比增长5.1%。

自然资源丰富的蒙古国经济有着巨大的发展潜力,随着新政府出台的一系列经济政策的实施,将减少对采矿业的过度依赖,新兴的旅游业将成为蒙古国经济发展的新动力。然而国民经济的基础产业畜牧业借助草原丝绸之路的平台,将焕发新的活力,从而使蒙古国经济发展步入正常轨道。

第二节 蒙古国畜牧业发展概况

一、蒙古国畜牧业的发展轨迹

在1921年人民革命前,畜牧业是蒙古国经济的唯一产业,国民收入的90%是由畜牧业提供的。但是由于当时社会生产力仍然较低,以及受到严酷的自然环境、落后的医疗条件和各种自然灾害的影响,草原畜牧业处于缓慢发展阶段。1918年喀尔喀地区有64.75万人口,有964.56万头牲畜,但70%的人口是没有牲畜的穷人,牲畜绝大多数集中在王爷和寺院手中。这一时期畜牧业经济属于粗放经营,国家也没有出台相应在政策予以指导,其生产过程受自然环境的约束性较强,风险较大,不安定因素较多。

1921~1990年是蒙古国转型之前的发展阶段。1921年蒙古人民革命党领导的人民革命取得胜利,1921年7月建立君主立宪政府。1924年11月26日废除君主立宪,成立蒙古人民共和国。这一时期废除了封建牧奴制,草原畜牧业管理体制向合作经济、国营公有经济体制转变。国家明确提出大力发展农牧业生产、加速发展草原畜牧业的政策措施。不仅制定了发展草原畜牧业的远景规划,还加大了投资力度,包括重视牲畜棚圈的建设,在牧场建立供水点保障牲畜饮水,完善兽医服务设施,加快推进农牧业机械化,增加饲料的储备。全国各地纷纷出现了农牧业合作社、国营牧场和饲料场,1990年,农牧业合作社有255个,国营牧场有53个,饲料场有20个。草原畜牧业在国民经济中的重要基础地位得到巩固和加强,极大地调动了牧民的生产生活积极性,牲畜头数1924年为1378万头,1990年增加到2586万头,牲畜总数量有了较快的增长(见图4-3)。

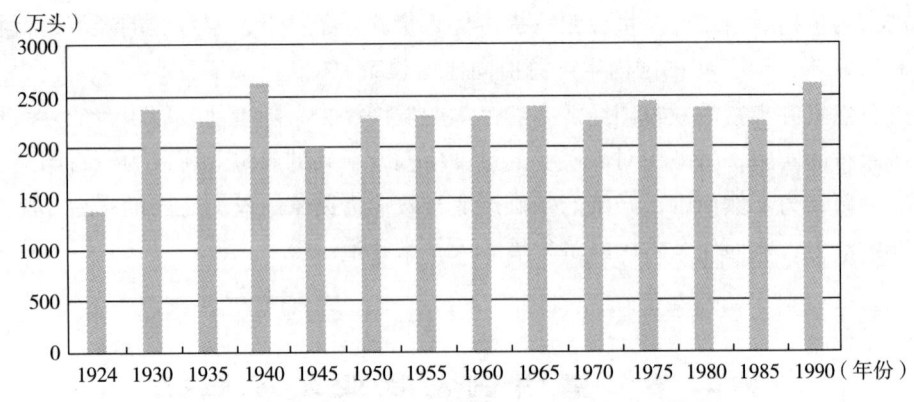

图 4-3　转型之前的发展阶段蒙古国牲畜头数的变化

1990~2011年是蒙古国的转型时期。20世纪90年代初，在国际国内特殊背景下，蒙古放弃了原有的社会主义制度，选择了以"根本的政治制度变革"为前提的东欧激进式改革模式。实行了多党制，改国名为"蒙古国"，步入了向市场经济体制转轨的转型国家行列。1991年蒙古国通过了《蒙古国财产私有化法》，开始了私有化改革，90%以上的牲畜成为牧民个人财产。至此，基本上完成了畜牧业的私有化，最终确立了牲畜个人私有、以家庭经营为主的畜牧业所有制形式。这对扩大畜牧业生产起到了推动作用，畜牧业生产力也得到了提高。牧户为提高牧业经营收入，增加饲养的牲畜数量，畜群规模总体呈现稳定增长趋势，1990年牲畜总头数是2586万头，2008年牲畜总头数达到4220万头，比1990年增长了63.19%。但也有短期波动的情况，2000~2002年，牲畜规模持续下降。转型时期畜牧业经营体制的不断完善，使蒙古国牧民的生产生活条件得到了改善，草原畜牧业持续快速发展，为蒙古国的国民经济发展做出了重要贡献（见图4-4）。

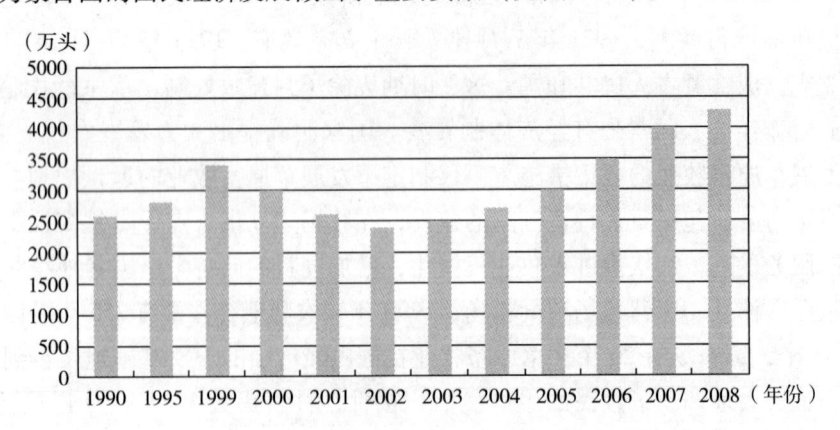

图 4-4　转型时期蒙古国牲畜头数的变化

二、蒙古国畜牧业经济发展现状分析

畜牧业是蒙古国的传统产业，是蒙古国国民经济的基础，也是蒙古国加工业和生活必需品的主要原料来源。转型以来畜牧业得到进一步发展，产生了巨大的社会效益和经济效益。但是蒙古国地广人稀，自然条件差、气候比较恶劣，目前蒙古国每年仍需要进口大量的肉、奶等畜产品来满足国内的需求。

（一）畜牧业产值持续增长

农牧业是蒙古国的经济基础，占经济总量的20%左右，2017年，蒙古国农牧业总产值为4.26万亿图格里克，其中畜牧业产值约占87.1%，占出口收入的2.6%。2010年，蒙古国畜牧业总产值为1353906.30百万图格里克，2011年，蒙古国畜牧业总产值为1585329.60百万图格里克，2012年，蒙古国畜牧业总产值为2114805.30百万图格里克，2013年，蒙古国畜牧业总产值为2937634.50百万图格里克，2014年，蒙古国畜牧业总产值为3468417.30百万图格里克，到2015年，蒙古国畜牧业总产值为3771509.30百万图格里克（见图4-5），同比增长12%，是唯一大幅增长的产业，占到农牧业产值的80%以上，占出口收入的7%左右。2017年，全国牲畜总头数增长到6621.90万头，同比增长7.1%，创历史最高水平。肉类、加工皮张、羊毛、羊绒、液态奶油等加工畜产品的产量指标均有较大幅度的增长，畜牧业发展态势良好。根据蒙古国食品轻工农牧业部发布的信息，到2020年蒙古国畜牧产业发展目标为：农业部门5年GDP的平均增长率达到15%，所有畜牧群中牛的占有率达到8%，工业方式生产储备肉10万吨，奶制品工业方式加工占有率达到30%等。

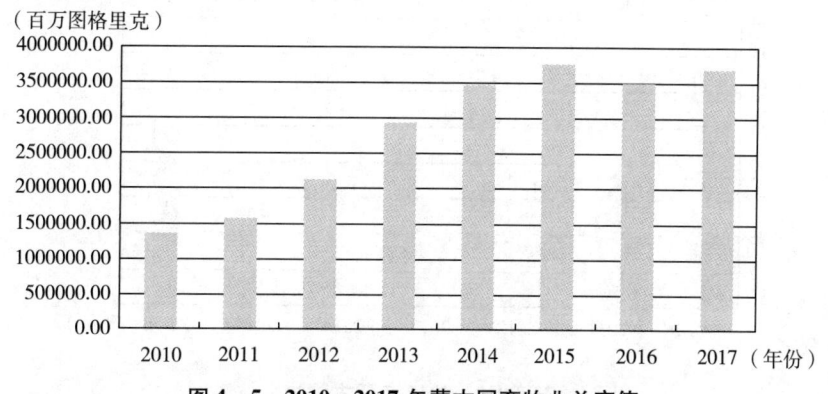

图4-5 2010~2017年蒙古国畜牧业总产值

(二) 牧户与牧民数量减少

蒙古国畜牧业私有化改革以来，蒙古国从事草原畜牧业的人口也逐渐增加，如1990年牧民人数为15.0万人，2000年增加到了41.77万人左右，增加了2.8倍，2000年牧户数达到19.15万户，比1990年增加了1.5倍。但是近些年来牧户数量和牧民人数却逐年减少，据蒙古国统计数据，2010~2012年，牧户数量和牧民人数一直都在减少，牧户数量从21.7万户减少到14.61万户，牧民人数从32.7万人减少到28.9万人。原因在于干旱、雪灾以及气候条件的变化，牲畜大量受损，极大地打击了牧民的生产积极性。此外，草原生态环境恶化，荒漠化面积不断增加，草场载畜量下降，牧民收入情况并不乐观。但2014年以来，牧户数量和牧民人数都有所增加，2016年，牧户数量为16.06万户，牧民人数为31.14万人（见图4-6和图4-7）。

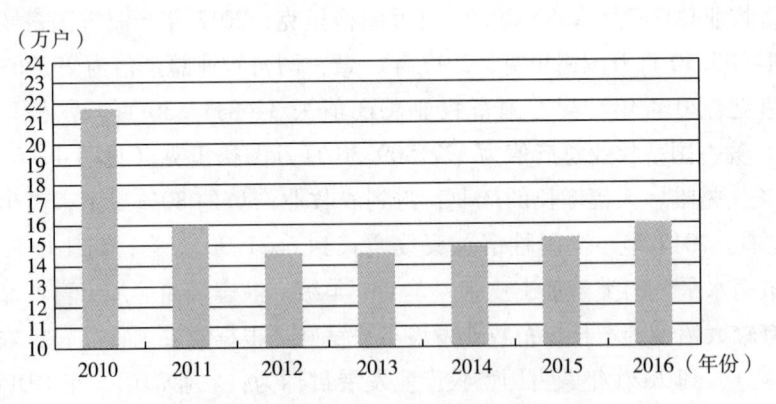

图4-6 2010~2016年蒙古国牧户数量

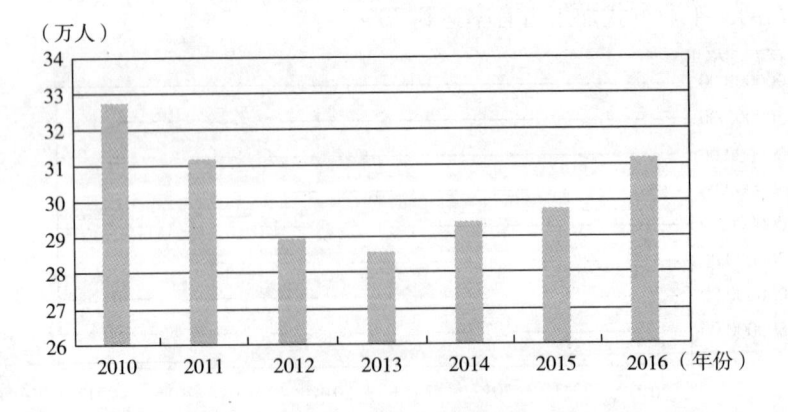

图4-7 2010~2016年蒙古国牧民数量

(三) 牲畜头数稳步增加

2015年以来，蒙古国政府确立了一系列支持农业部门的政策措施，包括提高畜牧业的生产规模和效益、增加肉类产品出口，促进畜牧业生产方式的变化、增强抗风险能力，提高地方畜牧育种和畜牧技术等，这对畜牧业发展以及肉类产品生产，起到一定推动作用。2016年，为提高出口肉类产品的贸易量，制定了"蒙古国肉类产品计划"，提高对中国出口肉类产品的数量和质量，以增加农牧民收入。随着蒙古国对畜牧业投入的增加，牲畜数量稳步增加，2010年牲畜头数为32729.5千头，到2017年增加到66219千头，同比增长了7.1%（见表4-2）。但因自然灾害，也有小幅的波动。蒙古国牧区基础设施建设还不完善，如科学预测雪灾信息、搭建冬季棚圈、牲畜防疫等方面较为落后，导致牧户抗灾能力较低，遇到极端恶劣天气和疫病，牲畜死亡惨重，给畜牧业生产带来了巨大损失。2009~2010年，因自然灾害牲畜头数大量减少，2009年损失牲畜1732.9千头，2010年损失牲畜10319.9千头（见表4-3）。2011~2017年，牲畜头数持续增长，这也间接反映了蒙古国畜牧业经营管理水平的提升。

表4-2　2010~2017年蒙古国牲畜头数

年份	2010	2011	2012	2013	2014	2015	2016	2017
总头数（千头）	32729.5	36355.78	40920.92	45144.32	51982.58	55979.78	61549.2	66219

表4-3　2009~2015年蒙古国自然灾害中损失的牲畜头数

年份	2009	2010	2011	2012	2013	2014	2015
总头数（千头）	1732.9	10319.9	651.3	405.5	792.5	401.4	625.6

(四) 畜种结构明显改变

蒙古国畜牧业经济以五畜为主，包括牛、马、绵羊、山羊、骆驼，草原自然环境的变化以及社会经济形势的变动，引起牲畜内部结构的明显改变。畜牧业收入是蒙古国牧户的主要收入来源，如活畜、畜牧业初级产品和简单加工的畜产品，而其他产业所获收入极少。畜牧业收入主要包括家畜销售收入和羊毛羊绒等畜产品收入，家畜销售收入主要来自于绵羊、山羊、牛和马的销售收入；畜产品收入来自于羊毛、羊绒、奶制品、皮类收入。2010年牧户饲养的大畜中，骆驼头数下降明显，为269.6千头，2011~2017年虽然有所上升，但增加头数不多，

2017年为434.1千头。牛和马的饲养数量在不断提高，这是因为饲养牛和马能够带来更多的经济收入。牧户饲养的小畜中，山羊所占比例逐年增加，2011年绵羊在牲畜总头数中所占比重为43.12%，山羊在牲畜总头数中所占比重为43.85%，这是饲养山羊和饲养绵羊的收益差距所导致，近几年山羊绒的价格维持在较高水平，而绵羊肉的收购价格始终保持在较低水平（见表4-4）。

表4-4 2010~2017年蒙古国牲畜头数

年份	总头数（千头/匹/只）	马（千匹）	牛（千头）	绵羊（千只）	山羊（千只）	骆驼（千头）
2010	32729.53	1920.3	176	14480.4	13883.2	269.6
2011	36355.78	2112.9	2339.7	15668.5	15934.6	280.1
2012	40920.92	2330.43	2584.62	18141.36	17558.67	305.835
2013	45144.32	2619.38	2909.46	20066.43	19227.58	321.48
2014	51982.58	2995.75	3413.85	23214.78	22008.90	349.299
2015	55979.78	3295.34	3780.40	24943.13	23592.92	367.944
2016	61549.2	3633.55	4080.9	27856.6	25574.9	401.3
2017	66219.0	3939.8	4388.5	30109.9	27346.7	434.1

第三节 蒙古国畜牧业可持续发展的政策选择

一、进行产权制度变革

蒙古国实行的是"草场公有、牲畜私有"的以家庭经营为主的畜牧业所有制形式，草牧场的所有权属于全民所有，国民可以自由选择居住地。畜牧业的发展来自对草地资源的索取，在牧民固有的观念和草地资源的产权制度下，认为使用具有公共物品属性的草地资源是不需要任何投入的，牧业生产者在经济利益驱动下对草地资源进行掠夺性的利用。加之国家缺乏对草牧场使用的制度安排和经营管理，牧民为提高家庭经营收入，会盲目扩大畜群规模，草原生态保护意识淡薄。许多牧户集中在交通便利的城市郊区的放牧场或水源条件较好的河流、湖泊周围的牧场，造成湖泊、交通干线、河流周围及中央区域牲畜超载严重，从而造成对草原的过度利用，加速了草原生态的恶化，局部地区出现了斑点状荒漠化现象；而偏远的基础设施落后的放牧场没有被充分利用，造成草地资源的放弃闲置。因此，蒙古国政府应积极着手进行草牧场的产权制度改革，草牧场的所有权是继续公有化还是私有化，或者部分公有、部分私有，应在尊重牧民的选择权、保障利益分配公平公正的前提下，结合当地的自然生态和社会经济条件，对传统畜牧业进行改革。可以学习借鉴中国内蒙古地区草原畜牧业的发展经验，选择符合蒙古国未来经济社会发展趋势的产权结构和形态，对草牧场进行有效的保护、开发、投入和合理利用，实现草原生态系统的良性循环，促进草原畜牧业的现代化发展。

二、发展绿色畜产业

蒙古国畜牧业依然采用传统的敞放饲养牲畜的方式，让马、牛、羊等牲畜成群结队在草原上自由采食，所提供的牛羊马肉等畜产品成为无污染的天然有机食品，肉质鲜美，营养价值高，具有较高的市场竞争力。但是，由于畜产品加工设备与技术落后，缺乏卫生检疫保障以及疫情等原因，直接影响了蒙古国畜产品的出口。蒙古国政府应通过制定相应的政策，充分发挥绿色畜产品的优势特色，提高畜产品附加值，延伸畜产品价值链。引进先进的畜产品加工设备与技术，构建规范的畜肉收购、运输和加工、检疫体系，使畜产品的质量符合国际市场的要求，实现出口畜产品的数量和价格有较大幅度的提高，取得明显的社会效益和经济效益。此外，应加强肉、奶、皮、毛、绒和其他副产品的现代化加工和生物技术的应用。

随着消费者对品牌畜产品的需求迅速增长，品牌效应愈加明显。品牌以更高的价格、更多的销售量带给生产经营者可观的市场收益，增强了生产者促销、竞争、扩张和获利的能力。因此，蒙古国畜产品应实施绿色品牌战略，使畜产品生产的资源优势和特定区域优势转化为畜产品的市场竞争优势。加强蒙古国绿色畜产品品牌的广告宣传与市场推广，综合运用广告、公关、促销和人员推销等一系列传播沟通手段，传递统一的、协调的品牌信息，提高蒙古国绿色畜产品品牌的认知度和美誉度，促进绿色畜产业的发展。

三、塑造游牧旅游文化

蒙古国地处蒙古高原，具有独具特色的自然生态资源，有的还处于未开发状态，还有源远流长的历史文化遗产，是目前较完整地保留着游牧生产方式和游牧文化的畜牧业国家，为发展旅游业提供了有利的条件。由于地理条件和其他各种原因，在历史的发展过程中，蒙古国牧民习惯于过着"靠天养畜，逐水草而居"的游牧生活。经济转轨以来蒙古国畜牧业仍然延续着千百年来传统的游牧生产方式，牧民通过季节游牧、倒场轮牧等方式对草场进行间歇利用，较好地保持了草原生态系统的平衡。蒙古国的畜牧业传承了草原游牧文明，保存了古老的草原游牧文化。草原游牧文化是依托草原资源，适应自然环境，以游牧经济为基础创造的独具特色的一种文化形态，包括"游而牧之"的生产方式、"逐水草而居"的生存方式、"肉体来自青草"的生活方式以及游牧民族的风俗习惯和民间艺术。

国际社会中旅游业成为发展最快的产业之一，旅游需求成为城市、地区和国家发展的助推剂，蒙古国旅游业也在国民经济发展中起到越来越重要的作用。蒙古国原始的自然景观和独特的游牧风俗旅游资源，吸引着世界各地的游客，为此，蒙古国可以把旅游业作为战略性产业加以重视和支持，一方面，建立完善的旅游产业发展规划和运行机制，满足国外消费者不断增长的旅游需求；另一方面，应充分发挥具有蒙古特色的旅游资源优势，培育独特的竞争力。游牧文化旅游将是蒙古国旅游业发展的目标，注重自然旅游资源与蒙古族民俗风情有机结合，挖掘游牧文化内涵，建设游牧文化旅游特色景区、旅游线路。增大公关广告的宣传力度，举办具有游牧文化特色的节庆活动，塑造游牧文化旅游品牌。加强同中国、俄罗斯的区域旅游合作，吸引中俄两国潜力巨大的客源市场，联合打造特色鲜明、内涵丰富的精品旅游线路，提高蒙古国在国际旅游市场上的吸引力和竞争力。

四、提升畜牧加工企业竞争力

蒙古国是畜牧业大国，拥有庞大的畜牧业资源。由于蒙古国人口规模小，国内市场非常狭窄，畜产品国内消费量有限。因此，畜产品出口成为蒙古国畜产品销售的有效途径，并且对于蒙古国来讲畜产品出口贸易有利于增加外汇和经济发展的资本积累。畜产品的品质是畜产品加工企业核心竞争力的重要体现，是企业得以持续经营的手段，出口产品在国际市场上的竞争已经由传统的价格竞争转向产品品质的竞争，这对出口畜产品的质量提出了更高的要求。因此，畜牧业加工企业应充分发挥特色资源优势，根据企业实际情况，优化加工工艺，改善产品品质，开展多种有效的营销活动，建立完善的市场开发和生产体系，开拓畜产品消费市场，推动畜产业快速发展。

一是建立精深加工技术体系。畜产品加工企业通过引进先进的畜产品加工技术和设备，进行吸收和转化，促进精深加工畜产品的生产，满足市场多样化的需求。利用现代加工技术，提供方便、快捷、营养丰富的畜产品，使其生产的畜产品在品质方面符合国际市场标准。

二是提高产品附加价值。通过分析消费者的消费习惯和生活方式等因素，进行技术创新，研发各种时尚的畜产品，开拓新的目标市场。改进产品包装，结合自然环境和文化背景，在包装上体现产品品质，充分传达产品的独特信息。

三是实施区域品牌战略。区域品牌与其特定产地有着十分密切的联系，具有地理特征、资源优势和悠久的人文历史内涵。蒙古国独特的自然条件，使其畜产品具有绿色天然的优良品质，这为畜产品加工企业建立区域品牌奠定了基础，而区域品牌的协同效应能够带动畜产品的销售，促进畜产业的发展。通过塑造具有民族特色、地域特色的蒙古国畜产品品牌，提高蒙古国畜产品在国际市场中的竞争力。

第五章
中蒙畜产品消费行为比较分析

第一节 研究基础

2014年9月以来，在"一带一路"倡议、"中蒙俄经济走廊"及"草原丝绸之路"建设背景下，中蒙贸易往来和战略合作凸显重要性，尤其是具有地缘优势和人文优势的内蒙古自治区与蒙古国的往来更为频繁，其发展对整个东北亚地区的经济繁荣都有不可小视的作用。畜牧业在蒙古国国民生产中有着十分重要的地位，截至2017年，蒙古国的农牧业产值占其GDP比重的10.6%，其中畜牧业占农牧业产值的87.1%，畜牧业出口收入占全部出口收入的2.6%。畜牧业也是内蒙古的传统产业，是其地方经济发展的基础，截至2018年，畜牧业产值达到1292.5亿元，占农牧业产值的43.2%。由此可见，畜牧业在蒙古国和内蒙古自治区的产业经济结构中具有同样重要的地位。

蒙古国是与我国接壤边界线最长的北方邻国。近年来，随着"一带一路"的逐步推进，蒙古国的战略地位和作用愈显重要，国内学者对中蒙经贸合作予以关注，且取得了丰硕的研究成果。

(1) 探讨中蒙次区域经济合作问题。例如，内蒙古自治区与蒙古国边境的贸易、投资、文化、科技教育、旅游合作，新疆维吾尔自治区与蒙古国的贸易合作，东北地区与蒙古国的国际经济合作，黑龙江省与蒙古国的经贸合作，等等。娜琳（2007）认为，在中蒙两国经贸合作中，内蒙古自治区进一步发挥地缘优势和资源互补优势以及文化相同优势，完善法律法规，加大口岸基础设施建设力度，开辟新的合作领域，鼓励民间合作交流，是两国经贸合作实现长期、健康、稳定发展的重要举措。欧德卡等（2015）指出，"中蒙俄经济走廊"建设是"一带一路"倡议的重要组成部分之一，是"以线带面"战略举措。因此，"中蒙俄经济走廊"建设不仅能够"稳疆兴疆"，促进北方边境地区的经济快速发展，还能推动东北亚地区区域经济一体化甚至欧亚地区经济一体化进程。

（2）分析贸易往来的合作领域。李鹤（2013）通过对中蒙两国商品的差异性、互补性及潜力性的分析，得出中蒙贸易未来的主要方向为巩固现在具有互补性商品的贸易等结论，并特别强调以内蒙古自治区作为中蒙贸易的重要平台，发展对蒙古国贸易有着便利的条件及重大意义，能够加快地区经济健康、协调发展；张宇薇（2014）认为，中蒙将按照"矿产开发、基础设施建设、金融合作三位一体、统筹推进"的思路，在矿产品深加工、新能源、电力、农牧业、环保、金融等领域开展全方位合作，实现互利共赢，推动双边关系长期稳定向前发展。孙维仁（2015）提出，我国"丝绸之路经济带"建设与蒙古国"草原之路"在理念和内容上高度契合，"一带一路"倡议将助推中蒙在政治互信、经贸合作、矿产资源开发、金融合作、人文交流五大领域的合作进一步深化。佟景洋（2019）认为，中蒙两国经贸合作必将呈现出贸易总额不断增长、合作项目不断增加、合作领域不断拓宽、互惠互利不断深化的大好局面，实现两国元首倡议的到2020年使双边贸易额达到100亿美元的预期目标指日可待。

（3）从中蒙农畜产品贸易合作的角度出发，宝音都仍、伊达木（2015）重点研究了蒙古国山羊绒、羊毛生产、蒙古国与内蒙古自治区边境贸易的商品、规模、速度及发展特点，认为蒙古国具有巨大的畜产品市场潜力可供应内蒙古乃至庞大的优质畜产品的消费市场。与此同时，内蒙古有畜产品加工产业、初级畜产品和要素市场需求，这将进一步推进中蒙两国在畜产品如山羊绒、羊毛、牛羊肉等方面的贸易。侯向阳和魏琦（2015）分析了加强中蒙草原科技合作的重要意义，特别提出推进中蒙草原畜牧业发展的对策。刘桂艳（2019）提出构建一个适应中蒙农畜产品贸易合作的跨境物流协同运作服务体系，要从中蒙物流网络系统的建设与合作、中蒙双语物流信息系统平台的开发两个方面着手，才能保证中蒙畜产品跨境物流的协同运作，同时要积极鼓励有实力的第三方物流企业积极参与跨境物流的合作。

近年来，关于中蒙经贸合作的研究成果主要集中在各领域的专题性研究，涉及贸易、科技、文化、能源、教育等各领域，还有一些学者在研究方法、研究视角方面进行了探索和创新，如运用贸易引力模型，对中蒙两国间的贸易潜力进行了预测。但对新形势下中蒙两国具有相同特色的畜产品贸易合作的研究具有局限性，缺少对畜产品消费行为、畜产品流通的比较研究，尤其自《内蒙古"十三五"发展规划纲要》及《内蒙古自治区深化与蒙古国全面合作规划纲要》实施以来，对蒙古国畜产品消费行为进行研究显得尤为重要。蒙古国的畜产品资源丰富，但是存在深加工技术创新薄弱、安全意识不强、营销理念不深入等问题，因此，对蒙古国畜产品消费行为的研究具有一定的现实价值。2016年4月，中蒙互市贸易区项目获内蒙古自治区批复，将进一步推动对蒙古国贸易的发展，尤其是畜产品双边贸易有更广泛的深入合作，此举对民族地区经济社会和谐发展，具有重要的战略意义。2013年10月国家"一带一路"倡议强调，相关各国要打造互利共赢的"利益共同体"和共同发展繁荣的"命运共同体"。本书通过对中蒙两国消费者进行实地调研并收集数据，分析消费者的畜产品消费意愿，通过建立二元Logistic模型，探讨消费者畜产品消费意愿的影响因素，并对中蒙两国消费者的消费行为进行对比分析，得出相关政策启示，为中蒙两国的畜产品贸易及畜产品消费提供借鉴，对内蒙古参与"丝绸之路经济带"建设起到促进作用。

一、消费者行为及其影响因素

关于消费者行为的含义，研究者们从不同角度与侧重点做了定义与解释。沃尔特斯和保罗（Walters and Paul, 1993）认为，消费者行为是人们在购买、使用产品或服务时相关的决策行为。恩格尔（Engel, 1986）指出，消费者行为是个人直接参与获取、使用、处置产品与服务的行为。美国市场营销学会（American Marketing Association，AMA）的定义是：消费者行为是指"感知、认知、行为以及环境因素之间的动态互动过程，是人类履行生活中交易职能的行为基础"。综上所述，消费者行为，是指消费者为满足自身需要而发生的购买和使用商品或劳务的行为活动，包括认知需求、收集信息、评价与选择、购买决策和购后评价五个阶段。在社会生活中，人类需要消耗一定的物质材料才能满足自身发展的需要，因此消费行为是人类社会中最基本的行为活动。本书研究的消费者行为是指消费者的购买行为。认识消费者的购买行为，从了解刺激—反应模式开始。消费者的消费行为受到来自外界的刺激，首先是企业采取的营销活动，具体表现为产品策略、价格策略、渠道策略和促销策略；其次是营销环境的刺激，包括政治、经济、文化和科技因素。营销和环境的刺激进入消费者的意识，消费者的个性和决策过程导致了一定的购买决策。由此可以看出消费者的购买行为受到诸多因素的影响，我们把它总结为消费者的内部因素（需要、动机、个性、态度、观念、习惯等）、社会的外部因素（文化、社会阶层、相关群体、经济环境等）和企业营销活动（产品、价格、渠道、促销、广告等）共同作用的结果。

二、畜产品消费行为的影响因素

（一）内部因素

内部因素在影响消费者购买行为的诸多因素中具有重要地位，它不仅能够在某种程度上决定消费者的购买决策，而且能够放大或抑制其他因素的影响作用。影响消费者购买行为的内部因素主要包括需要与动机和生活方式。

1. 需要与动机

德国心理学家勒温认为，个人与环境之间存在一定的平衡状态，如果这种平衡状态遭到破坏，就会引起一种紧张，产生需要或动机。需要越强烈，则动机越强烈。产生动机的外部条件是诱因的存在，即驱使有机体产生一定行为的外在刺激。当个体的需要达到一定强度，并且有诱因存在时，就会产生动机。

在涉及安全健康畜产品的购买时，健康风险意识会对消费者的购买行为产生很大的影响。如果消费者不关注自身健康或不了解畜产品消费与健康之间的关系，就不会产生安全健康畜产品的购买需要。因此，消费者的健康风险意识和对风险程度的认知决定了消费者对安全健康畜产品的需要程度。

安全和健康需要是影响消费者畜产品购买决策的重要因素。工业污染造成的有害物质在农畜产品中的沉积，农药、化肥等使用不合理造成的农畜产品有害物质超标、农产品生产经营过程中的非法行为引起的毒害等，使消费者对农畜产品安全性十分关注。消费者对农畜产品营养保健性的追求与当今世界健康化的生活潮流相符合，因此安全和健康需要成为畜产品为消费者提供的最主要需要，这种需要和动机影响着消费者对畜产品的购买行为。对每个消费者来说，起主导作用的需要可能不同，通常安全和健康需要是其中最重要的影响因素。

2. 生活方式

生活方式也会影响消费者对畜产品的购买行为。生活方式是通过人的活动、兴趣及观点表现出来的生活模式（菲利普，1997）。虽然有些人来自相同的亚文化群和社会阶层，但却可能具有不同的生活方式。生活方式会影响消费者对产品和品牌的选择，如消费者是否关注自身和家人的健康，养成了良好的饮食习惯，可能影响对畜产品的消费行为。此外，随着现代生活方式的变化、人口流动性增强以及技术的发展，方便性成为产品购买和消费过程中的一个长期趋势。因此，消费者的便利偏好也会影响消费者的购买行为，如购买地点是否邻近或易于到达、环境是否舒适、品种是否齐全、货架的排放是否整洁等都会对消费者的购买行为产生影响。

（二）外部因素

外部因素反映的是社会和文化因素对消费行为所产生的各种影响，影响消费者购买行为的外部因素主要包括文化与亚文化和社会阶层。

1. 文化与亚文化

文化因素对消费者的购买行为具有最广泛和最深远的影响，是人类欲望和行为最基本的决定因素。不同的文化价值观影响着消费者对产品的接受程度。任何文化都包含着能为其成员提供更为具体认同感和社会化的较小亚文化群体，其中影响购买行为最为显著的包括民族群体、宗教群体、种族群体和地理区域，每一个亚文化群体构成了重要的细分市场，影响着其成员的消费行为。文化与亚文化也会影响消费者的消费行为，文化背景不同会导致消费习惯、健康观念的差异，如畜产品的消费行为会受到地理背景的影响，不同的地理区域因饮食习惯的不同，对畜产品形式产生不同的需求。性别、年龄、婚姻状况等亚文化群体特征，也会产生不同的畜产品购买意愿和行为。

2. 社会阶层

消费者的购买行为不仅会受到广泛文化因素的影响，同时也会受到社会阶层因素的影响。社会阶层是由具有相似社会地位的人组成的一个开放群体。在一定程度上，每一阶层成员具有相似的价值观、行为方式和兴趣爱好。各社会阶层显示出不同的品牌偏好和产品偏好。因此，消费者的职业、收入、教育等因素反映出消费者所属的社会阶层，这也是影响消费者对畜产品购买意愿和行为的重要因素。

（三）企业的营销活动

针对目标市场需求特征设计的市场营销策略是影响消费者购买行为的重要因素，主要包括产品、价格、渠道和促销策略。企业根据畜产品市场的需求生产加工适销对路的产品，满足消费者安全健康的需求，会使畜产品拥有较高的美誉度和认可度，并促使消费者做出购买决策。价格作为十分敏感而又难以控制的因素，直接关系到消费者对畜产品的接受程度，且影响着消费者利益和企业利润。企业生产的畜产品只有通过一定的分销渠道，才能在适当的时间、地点，以适当的价格和方式供应给消费者，从而消除企业与消费者之间的矛盾。企业正确制定并合理运用促销策略，沟通企业与消费者之间的信息，引发、刺激消费者对畜产品的购买欲望，从而产生购买行为。

总的来说，消费者对畜产品的购买意愿和购买行为受到内部因素和外部因素的共同作用，前者主要包括健康观念、购买地点、便利偏好等，后者主要包括年龄、性别、婚姻、收入、学历和职业等。除此之外，企业的营销活动同样是具有实际影响的因素，包括产品、价格、渠道、促销和广告等。

第二节 中国消费者畜产品消费意愿的实证分析

一、消费行为特征的统计分析

笔者对1000名消费者进行了调查，以实地调查、当场回收的方式获取数据。共发放调查问卷1000份，获取有效问卷970份，问卷有效率达到97%。

（一）消费者的基本特征

被调查者中知道、了解并愿意购买畜产品的人数为201人，所占比例为53%；调查的年龄结构偏大，40岁以上的人员比例为71.9%。受教育程度大都是大专以上学历，占样本比例的86.44%。

家庭人口数多为三人或者四人，分别占比74.58%和17.56%。离中心城市距离在1公里及以下的比例达到50.83%，2~3公里（包括2公里和3公里在内）的占40.67%，可见大部分被调查人口居住在距离超市较近的地方。

被调查者的家庭收入大致有以下六个层次：2000元以下的占比为5.08%；2000~4000元的占比为10.17%；4001~6000元的占比为22.03%；6001~8000元的占比为16.95%；8001~10000元的占比为27.12%；10000元以上的占比为18.64%。被调查者中，家庭收入在80001~10000元的比重最大，家庭收入在2000元以下的最少。

(二) 消费行为的影响因素分析

1. 畜产品价格

被调查者对市场上畜产品价格的评价大致有以下五类：评价非常高的占比为 38.64%；评价比较高的占比为 14.95%；评价一般的占比为 40.51%；评价比较低的占比为 5.9%；评价非常低的占比为 0（见图 5-1）。被调查者中，对市场上畜产品价格的评价一般的最多，评价非常低的为 0。由此可知，消费者对畜产品价格比较敏感，这一因素对畜产品的生产、加工和营销活动都将产生重要影响，企业在生产经营过程中，要注重科技投入，制定灵活的价格策略，从而提高运营效率。

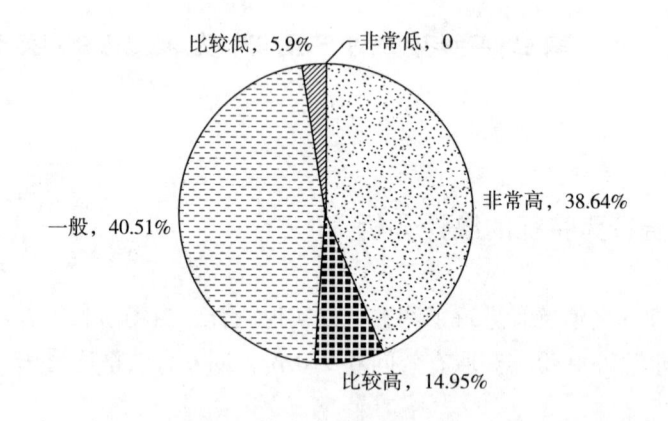

图 5-1 畜产品价格的评价

2. 畜产品质量安全

被调查者中对畜产品的兽药物残留、添加瘦肉精等问题关注程度大致有以下五个层次：根本不关注的占比为 0%；不太关注的占比为 10.17%；无所谓的占比为 0%；比较关注的占比为 59.32%；非常关注的占比为 30.51%。被调查者中，对畜产品的兽药物残留、添加瘦肉精等问题比较关注的人数较多（见图 5-2）。消费者认为畜产品质量对购买决策影响非常大的占比为 52.54%；影响较大的占比为 40.68%；影响一般的占比为 6.78%。由此可知，畜产品的质量安全对消费者购买决策的影响程度非常大。随着消费者生活水平的提高，他们更加关注饮食健康，对绿色食品、有机食品的消费意愿也增强了，因此畜产品安全将是影响畜产品消费的重要因素。

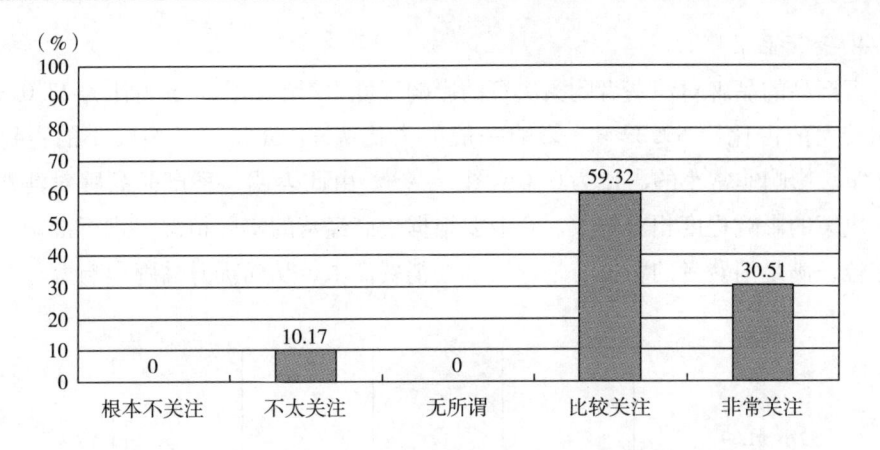

图 5-2 对畜产品的兽药物残留、添加瘦肉精等问题的态度

3. 畜产品促销

畜产品的促销活动对消费者购买决策的影响程度大致有以下五个层次：影响非常大的占比为 8%；影响较大的占比为 43%；影响一般的占比为 42%；影响较小的占比为 7%；影响非常小的占比为 0（见图 5-3）。畜产品的促销活动对消费者购买决策的影响程度相对比较大。因此畜产品的生产经营企业要注重畜产品促销，在充分调研市场的基础上，了解消费者的需求特点，开展符合目标市场消费者的促销活动，提高畜产品品牌的知名度、美誉度和认可度，促进畜产品销售。

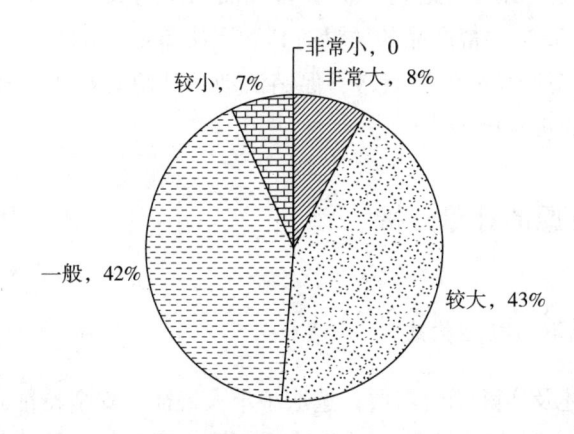

图 5-3 畜产品的促销活动对消费者购买决策的影响程度

4. 畜产品品牌

畜产品的品牌对消费者购买决策的影响程度为影响非常大的占比为22.03%、影响较大的占比为59.32%、影响一般的占比为17.56%、影响较小的占比为1.09%、影响非常小的占比为0（见图5-4）。由此表明，畜产品品牌对消费者购买决策的影响程度相对较大。企业要根据生产经营的实际情况，进行准确的品牌定位，满足消费者的精神、情感方面的消费需求，从而提升品牌影响力。

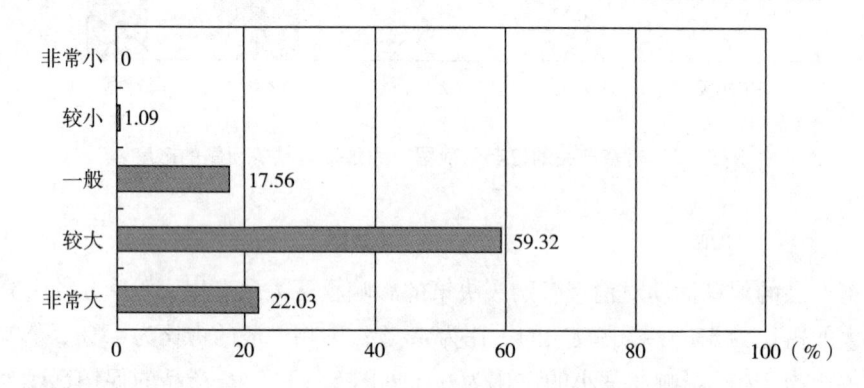

类别	百分比
非常小	0
较小	1.09
一般	17.56
较大	59.32
非常大	22.03

图5-4 畜产品品牌对消费者购买决策的影响程度

综上所述，在畜产品消费行为的影响因素中，消费者认为畜产品的销售价格对其购买决策的影响程度为较大以上的占53.59%，畜产品的促销活动对其购买决策的影响程度较大以上的达到51%，畜产品品牌对其购买决策的影响程度较大以上的占到81.35%，畜产品的质量对其购买决策的影响程度较大以上的占到93.22%。因此，畜产品的价格策略、促销活动、品牌影响力、质量安全是影响消费者购买决策的重要因素。

二、消费意愿的计量分析

（一）变量选取与模型构建

结合文献综述及实际调研需要，选取了个人特征、安全特征及营销特征作为解释变量，每个变量根据需要选取若干个可观测变量作为具体描述变量，把消费者购买畜产品的意愿作为被解释变量（见表5-1）。

表5-1　变量定义及说明

变量类型	变量名称	变量解释	预期方向
因变量 Dependent v	消费者是否愿意购买畜产品	愿意=1，不愿意=0	+/-
自变量 Independent v	文化程度（X_1）	上学年限	+
个体特征	户主年龄（X_2）	户主的年龄	+
	家庭人口（X_3）	每户常年居住在一起生活的人口数量	+
	每月家庭收入（X_4）	家庭平均每月总收入（元）	+
	家与大型超市的距离（X_{16}）	居住地与大型超市的距离（公里）	+
安全特征	对市场上畜产品价格的评价（X_5）	非常高=1，比较高=2，一般=3，比较低=4，非常低=5	+
	产品质量和安全程度对您购买畜产品有很大影响（X_6）	完全同意=1，基本同意=2，一般=3，不同意=4，无所谓=5	
	是否关注畜产品的兽药物残留、添加瘦肉精等问题（X_7）	根本不关注=1，不太关注=2，无所谓=3，比较关注=4，非常关注=5	+
	购买畜产品的频次（X_8）	消费者每月购买畜产品的次数	
营销特征	畜产品的包装对您购买决策的影响程度（X_9）	非常大=1，较大=2，一般=3，较小=4，非常小=5	+
	畜产品的促销活动对您购买决策的影响程度（X_{10}）	非常大=1，较大=2，一般=3，较小=4，非常小=5	-
	畜产品的价格对您购买决策的影响程度（X_{11}）	非常大=1，较大=2，一般=3，较小=4，非常小=5	
	畜产品的品牌对您购买决策的影响程度（X_{12}）	非常大=1，较大=2，一般=3，较小=4，非常小=5	+
	畜产品的质量对您购买决策的影响程度（X_{13}）	非常大=1，较大=2，一般=3，较小=4，非常小=5	+
	畜产品购买地点的便利对您购买决策的影响程度（X_{14}）	非常大=1，较大=2，一般=3，较小=4，非常小=5	-
	畜产品的产地对您购买决策的影响程度（X_{15}）	非常大=1，较大=2，一般=3，较小=4，非常小=5	+

本书研究的是消费者购买畜产品的意愿，结果就是两种情况，即愿意购买或

者不愿意购买。这一因变量是离散选择变量，因此分析这一问题需要采用概率模型（包括 Logistic 模型、Probit 模型）。我们可以根据这一基本特征选择二元 Logistic 回归分析模型详细研究消费者购买畜产品意愿的影响因素及影响程度。建立计量经济学模型：

$$y_i = f(x_i) + \mu_i \tag{5-1}$$

式中，μ_i 为随机变量，y_i 为消费者购买畜产品的意愿，y_i 取值为 1 时表示消费者愿意购买畜产品，取值为 0 时表示消费者不愿意购买畜产品，x_i 为对消费者是否愿意购买畜产品产生影响的解释变量，各变量编号用 i 表示（i = 1，2，3，…，16）。

Logistic 模型采用的是逻辑概率分布函数，其形式为：

$$P_i = F(Z_i) = F(\alpha + \beta x_i) = \frac{1}{1 + e^{-z_i}} = \frac{1}{1 + e^{-(\alpha + \beta x_i)}} \tag{5-2}$$

式中，P_i 为消费者愿意购买畜产品的概率，即

$$Z_i = \ln \frac{P_i}{1 - P_i} \quad Z_i \in (-\infty, +\infty) \tag{5-3}$$

由式（5-1）、式（5-2）、式（5-3）可得：

$$\text{Logit}(P_i) = \ln \frac{P_i}{1 - P_i} = \alpha + \beta x_i \tag{5-4}$$

式（5-4）中，β 为待估计参数。

由于本书选取的变量为二分变量，不能采用最小二乘估计（OLS），应采用最大似然法（Maxi-mum Likelihood）进行回归参数估计。

（二）模型回归检验

在回归之前，本书首先对模型可能存在的多重共线性问题进行了检验。检验结果显示，各变量的方差膨胀因子均满足设定条件，各变量之间不存在多重共线性问题。本书应用 STATA12.0 统计软件对模型进行回归，所得估计结果如表 5-2 所示。

从表 5-2 中可以看出，当原假设为 $\beta_i = 0$ 时，LR 统计量的值是 58.35，作用类似于线性回归模型中的 F 检验，P 值非常小，近似于零。因此，可以拒绝原假设，表明该 Logit 模型系数整体显著。Pseudo R^2 统计量的值为 0.1117，表明该模型有较好的拟合效果，可以使用该模型。

表 5-2　Logistic 模型回归结果

变量 y	系数 Coef.	标准误差 Std. Err.	Z 值 Z value	P>|z|	dy/dx
X_1	0.7030198	0.2624682	2.68	0.007***	0.175052
X_2	0.0204864	0.0178672	1.15	0.252	0.0051011
X_3	0.7387038	0.2260183	7.27	0.001***	0.1839373
X_4	0.0000186	0.0000123	1.51	0.130	4.63e-06
X_5	0.8920321	0.2368965	7.77	0.000***	0.2221161
X_6	0.1215722	0.2708719	0.45	0.654	0.0302715
X_7	0.5745699	0.1988995	2.89	0.004***	0.143068
X_8	0.0433983	0.116703	0.37	0.710	0.0108062
X_9	0.1163319	0.156107	0.75	0.456	0.0289667
X_{10}	-0.1255923	0.2207969	-0.57	0.569	-0.0312725
X_{11}	-0.7757419	0.2675705	-2.90	0.004***	-0.1931598
X_{12}	0.1701041	0.228951	0.74	0.457	0.0423559
X_{13}	0.0554929	0.2548728	0.22	0.828	0.0138177
X_{14}	-0.0690743	0.2171126	-0.32	0.750	-0.0171995
X_{15}	0.3313433	0.2184527	1.52	0.129	0.0825045
X_{16}	0.4944599	0.1375586	7.59	0.000***	0.1231206
Coef.	-12.00154	2.925436	-4.10	0.000	—
		LR chi^2 (16) =58.35			
		Prob > chi^2 =0.0000			
		Pseudo R^2 =0.1117			

注：*、**、*** 分别表示 10%、5%、1% 的显著性水平。

（1）文化程度对消费者购买畜产品的意愿有显著影响。该变量在 1% 水平上显著为正，即文化程度每增加一单位，增加消费者购买畜产品的意愿的概率为 17.5%，这一结果表现与预期一致。消费者的文化程度越高，购买畜产品的意愿就越强。因为消费者的文化程度越高，其对饮食健康的要求也就越高，更加注重营养均衡，也深知畜类产品对身体的重要性，因而文化程度越高的消费者购买畜产品的意愿越强。

（2）家庭人口对消费者购买畜产品的意愿有较为显著的影响。该变量在 1% 水平上显著为正，表明此变量越大，消费者购买畜产品的意愿越强；反之消费者愿意购买畜产品的概率越小。研究结果表明,家庭人口每增加一单位,消费者购买畜产品的意愿就增加18.4%的可能性,这一结果与预期相符。家庭人口增多对消费者购买畜产品的意愿影响表现在:一方面,由于家庭人口增多,家庭对畜产品的需求量也增大,为了满足家庭所有成员的营养需求,消费者必然要增加畜产品的购买。另一方面,家庭人口增多意味着家庭的劳动力也增加,家庭收入就会随之上升,家庭购买力增强,消费者有能力购买畜产品,购买畜产品的意愿也随之增强。

(3) 市场上畜产品价格的评价对消费者购买畜产品的意愿有影响。该变量在1%水平下显著为正,即对市场上畜产品价格的评价每增加一单位,消费者购买畜产品意愿的概率增加值为22.21%。消费者对市场上畜产品价格评价较高,说明他们对市场上畜产品的价格比较了解,同时对市场上畜产品的销售价格持认可态度。对于消费者来说,认为自己购买的产品物有所值,才会激发他们的购买欲望。所以,消费者对市场上畜产品价格的评价程度越高,说明这部分消费者认为购买畜产品所花的钱与购买到的畜产品的价格相当,因而他们购买畜产品的意愿越强。

(4) 是否关注畜产品的质量安全问题对消费者购买畜产品的意愿有显著影响。该变量在1%水平下显著为正,即消费者对畜产品的兽药物残留、添加瘦肉精等问题关注度越高,越愿意购买畜产品。对于经常关注畜产品质量安全的消费者来说,他们更加了解如何辨别畜产品中存在的安全隐患,因而在购买畜产品时他们对买到有质量安全问题的畜产品担心程度要比对畜产品质量安全关注程度低的消费者更加低。所以,对畜产品的质量安全问题关注度高的消费者购买畜产品的意愿更强。

(5) 畜产品价格对消费者购买决策的影响程度对消费者购买畜产品的意愿有影响。该变量在1%水平下显著为负,即畜产品的价格对消费者购买决策的影响程度越小,消费者越愿意购买畜产品;反之则反是。样本分析结果表明,畜产品的价格对消费者购买决策的影响程度每减少一单位,消费者购买畜产品的意愿增加的概率为19.3%。因为畜产品的生产成本比较高,生产过程比较复杂,因而畜产品的零售价格也相对比较高。畜产品的价格对消费者购买决策的影响程度较小,表明这部分消费者对价格的敏感程度较低,他们更容易接受价格比较高的畜产品。

(6) 消费者家与大型商超的距离对消费者购买畜产品的意愿有显著影响。该变量在1%水平下显著为正,即消费者家距大型商超越近,越愿意购买畜产品;反之则反是。分析结果表明,消费者家与大型商超的距离每增加一单位,消费者购买畜产品的概率增加12.31%,这一结果与实际调研相一致。消费者家与大型商超的距离越近,消费者购买畜产品越便利,减少了消费者的购买成本,消费者自然更加愿意购买。此外，从畜产品的新鲜程度来说，消费者家与大型商超的距离越近，消费者越愿意少量多次购买，以保证购买到新鲜的畜产品。

三、结论及政策建议

本书选取了个体特征、安全特征和营销特征三个方面16个二级特征变量，研究得出，消费者是否愿意购买畜产品，与上述三个方面的特征有关。在个人特征方面，文化程度越高，消费者愿意购买畜产品的概率就越大；消费者家庭人口越多，愿意购买畜产品的概率就越大；消费者家与大型商超的距离越近，消费者愿意购买畜产品的概率就越大。在安全特征方面，对市场上畜产品价格的评价越高，消费者购买畜产品的概率就越大；消费者对畜产品的兽药物残留、添加瘦肉精等问题关注程度越高，购买畜产品的概率越大。在营销特征方面，畜产品的价格对消费者购买决策的影响程度越低，消费者购买畜产品的意愿越强。

本书结论对于促进畜产品消费具有以下几个方面的政策启示：

首先，提高消费者的营养知识，尤其在西部地区，消费者总体受教育程度较低，对于这部分人群来说，购买畜产品主要是为了满足自己的饱腹欲望，对于畜产品的营养价值，以及如何加工这些畜产品才能使它的营养价值发挥到最大并不关心，因此在畜产品消费过程中，消费者的文化素质不容忽视。消费者文化程度的高低，直接影响畜产品营销的发展方向，消费者把畜产品作为满足饱腹欲望的一种食品，那畜产品只能是作为一类食品被消费者用来满足吃的欲望。但对于文化程度高的消费者来说，畜产品不仅仅是一种满足饱腹欲望的食品，它其中的营养价值才是他们真正追求的，畜产品消费就可以上升到更高一个层次，从而促使企业提高畜产品的附加价值，促进畜产业的发展。

其次，政府要完善畜产品可追溯体系建设，要把重点畜产品纳入可追溯体系中，在畜产品的生产环节保障绿色无污染，杜绝兽药物残留、添加瘦肉精等问题的出现。在销售环节要提供真实可信的追溯信息，培育消费者的信任度。在质量认证环节，注重技术标准的统一性和规范性，强化生产链采集信息的连续性，提高消费者对安全畜产品的消费意愿。

最后，提供完善的食品安全信息服务。通过各种营销传播的途径，引导消费者增加安全食品的消费，提供更多关于食品安全方面的知识。在监察有问题厂商的同时也让广大消费者获得识别商品优劣的技能，在保障消费者利益的同时也有利于促进畜产品行业的健康发展。

第三节 蒙古国消费者畜产品消费意愿分析

一、数据来源与样本分布

蒙古国总人口为317.79万人,首都乌兰巴托人口为146.30万人,占城镇人口的68.15%,因此选取乌兰巴托作为调查地区具有一定的代表性。本次调查共发放200份问卷,收回189份问卷,问卷的有效率为94.5%。

二、变量选取与模型构建

结合文献综述及实际调研需要,选取了个人特征、安全特征及营销特征作为解释变量,每个变量根据需要选取若干个可观测变量作为具体描述变量,把消费者购买畜产品的意愿作为被解释变量,具体如表5-3所示。

表5-3 变量定义及说明

变量类型	变量名称	变量解释	预期方向
因变量	消费者是否愿意购买畜产品（Y）	愿意=1,不愿意=0	+/-
自变量	文化程度（x_1）	上学年限	-
个体特征	户主年龄（x_2）	户主的年龄	+
	家庭人口（x_3）	每户常年居住在一起生活的人口数量	-
	家与大型超市的距离（x_{15}）	居住地距离大型超市的距离（公里）	-
安全特征	对市场上畜产品价格的评价（x_4）	非常高=1,比较高=2,一般=3,比较低=4,非常低=5	-
	产品质量和安全程度对您购买畜产品有很大影响（x_5）	完全同意=1,基本同意=2,一般=3,不同意=4,无所谓=5	-
	是否关注畜产品的兽药物残留、添加瘦肉精等问题（x_6）	根本不关注=1,不太关注=2,无所谓=3,比较关注=4,非常关注=5	+
	购买畜产品的频次（x_7）	消费者每月购买畜产品的次数	-

续表

变量类型	变量名称	变量解释	预期方向
营销特征	畜产品的包装对您购买决策的影响程度（x_8）	非常大 =1，较大 =2，一般 =3，较小 =4，非常小 =5	+
	畜产品的促销活动对您购买决策的影响程度（x_9）	非常大 =1，较大 =2，一般 =3，较小 =4，非常小 =5	-
	畜产品的价格对您购买决策的影响程度（x_{10}）	非常大 =1，较大 =2，一般 =3，较小 =4，非常小 =5	+
	畜产品的品牌对您购买决策的影响程度（x_{11}）	非常大 =1，较大 =2，一般 =3，较小 =4，非常小 =5	-
	畜产品的质量对您购买决策的影响程度（x_{12}）	非常大 =1，较大 =2，一般 =3，较小 =4，非常小 =5	+
	畜产品购买地点的便利对您购买决策的影响程度（x_{13}）	非常大 =1，较大 =2，一般 =3，较小 =4，非常小 =5	+
	畜产品的产地对您购买决策的影响程度（x_{14}）	非常大 =1，较大 =2，一般 =3，较小 =4，非常小 =5	-

本书中消费者畜产品消费意愿，有两种情况，即愿意购买或者不愿意购买。这一因变量是离散选择变量，因此分析这一问题需要采用概率模型（包括 Logistic 模型、Probit 模型），可以根据这一基本特征选择二元 Logistic 回归分析模型详细研究消费者购买畜产品意愿的影响因素及影响程度。

建立计量经济学模型：

$$y_i = f(x_i) + \mu_i \tag{5-5}$$

式中，μ_i 为随机变量，y_i 为消费者购买畜产品的意愿，y_i 取值为 1 时表示消费者愿意购买畜产品，取值为 0 时表示消费者不愿意购买畜产品，x_i 为对消费者是否愿意购买畜产品产生影响的解释变量，各变量编号用 i 表示（i =1，2，3，…，15）。

Logistic 模型采用的是逻辑概率分布函数，其形式为：

$$P_i = F(Z_i) = F(\alpha + \beta x_i) = \frac{1}{1 + e^{-z_i}} = \frac{1}{1 + e^{-(\alpha + \beta x_i)}} \tag{5-6}$$

式中，P_i 为消费者愿意购买畜产品的概率，即

$$Z_i = \ln \frac{P_i}{1 - P_i} \quad Z_i \in (-\infty, +\infty) \tag{5-7}$$

由式 (5-5)、式 (5-6)、式 (5-7) 可得：

$$\text{Logit}(P_i) = \ln \frac{P_i}{1-P_i} = \alpha + \beta x_i \qquad (5-8)$$

式中，β 为待估计参数。

由于本书选取的变量为二分变量，不能采用最小二乘估计（OLS），应采用最大似然法（Maxi-mum Likelihood）进行回归参数估计。

三、调查结果的描述性分析

（一）调查样本特点

1. 年龄结构

被调查者的年龄结构中，20~30 岁的比重为 26.92%，30~40 岁的比重为 53.85%，40~50 岁的比重为 19.23%（见图 5-5）。

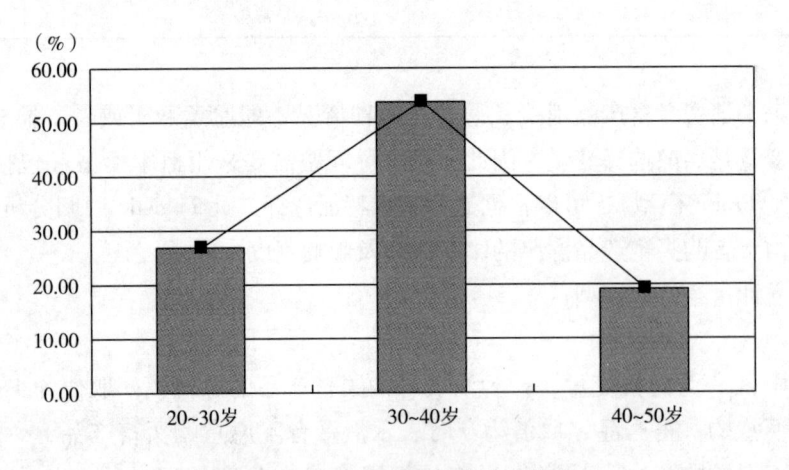

图 5-5 户主年龄特征值分布情况

2. 受教育程度

被调查者的受教育程度分为：小学、高中、中专、大专及以上四个阶段，各阶段的被调查者占比分别为 7.85%、11.54%、22.92%、57.69%。在被调查者中，受教育程度在大专及以上的人数最多，受教育程度为小学的最少。

3. 家庭收入

被调查者的家庭收入大致有以下五个层次：100 万图格里克以下的占比为

16.91%；100万~200万图格里克的占比为34.62%；200万~300万图格里克的占比为27.08%；300万~400万图格里克的占比为13.54%；400万图格里克以上的占比为7.85%。被调查者中，家庭收入在100万~200万图格里克的比重最大（见图5-6）。

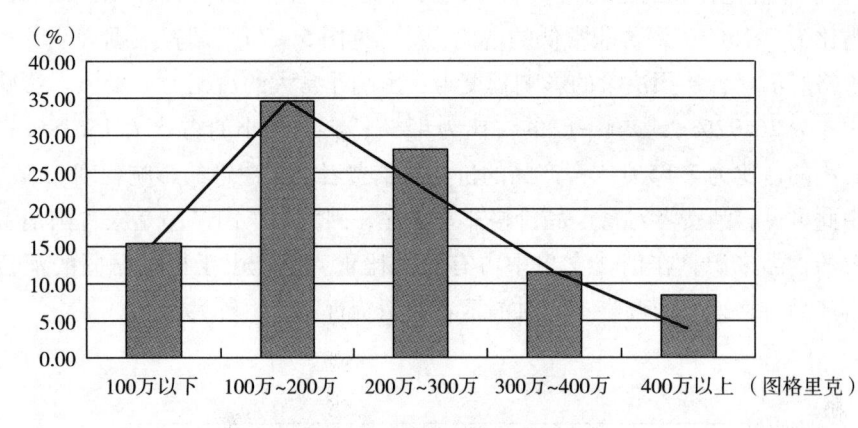

图5-6 家庭收入分布情况

4. 家庭人数

被调查者中，家庭人数为2人的占比为7.69%；3人的占比为57.54%；4人的占比为11.54%；5人的占比为15.38%；6人的占比为7.85%。被调查者中，家庭人数为3人的所占比重最大。样本变量的描述性统计如表5-4所示。

表5-4 样本变量描述性统计

		年龄	受教育程度	家庭结构	家庭农业收入	获取新技术难易情况	是否参加技术培训	离中心城市距离	畜产品销售渠道	畜产品品牌	产品附加值状况	谈判能力
N	有效	304	304	304	304	304	304	304	304	304	304	304
	遗漏	0	0	0	0	0	0	0	0	0	0	0
平均数		54.50	6.59	0.49	183477.68	1.61	0.14	38.86	2.78	2.54	7.57	7.01
标准误		0.54	0.19	0.01	7011.78	0.04	0.02	1.27	0.09	0.08	0.07	0.09
标准偏差		9.46	7.28	0.24	122254.61	0.65	0.40	22.14	1.52	1.43	1.14	1.50
最小值		30.00	0.00	0.00	30000.00	1.00	0.00	7.00	1.00	1.00	1.00	1.00
最大值		78.00	15.00	1.00	780000.00	2.00	2.00	96.00	5.00	5.00	5.00	5.00

(二) 畜产品消费意愿影响因素分析

1. 畜产品价格

被调查者对市场上畜产品价格的评价大致有以下五类：评价非常高的占比为27.08%；评价比较高的占比为45.94%；评价一般的占比为19.23%；评价比较低的占比为7.75%；评价非常低的占比为0（见图5-7）。调查数据表明，畜产品的价格对消费者购买决策的影响程度为：影响非常大的占比为7.85%；影响较大的占比为26.92%；影响一般的占比为42%；影响较小的占比为15.38%；影响非常小的占比为7.85%。畜产品的价格对消费者购买决策的影响程度一般。

由此可见，消费者对畜产品价格非常关注，因为牛羊肉产品是蒙古国消费者最主要的食品来源，在消费支出中占有较大比重。但是由于根深蒂固的消费习惯，畜产品价格策略的调整不会对消费者的消费行为产生较大影响。

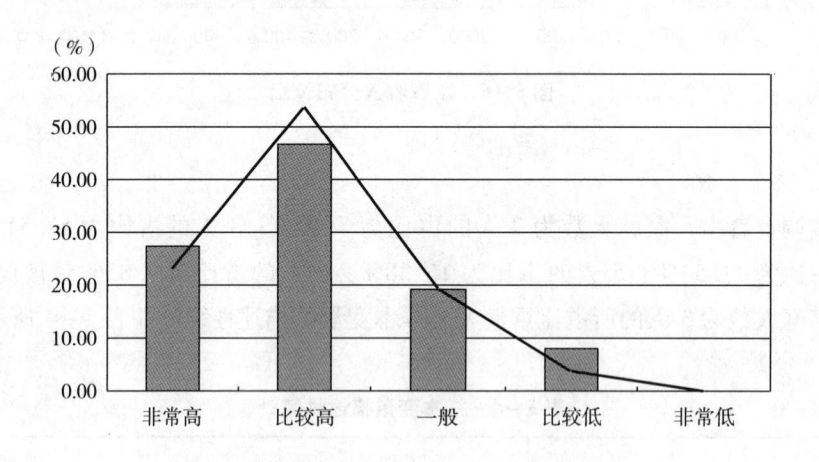

图5-7 对畜产品价格的评价

2. 畜产品质量安全

在被调查者中，对畜产品的兽药物残留、添加瘦肉精等问题关注程度大致为根本不关注的占比为7.69%、不太关注的占比为50%、无所谓的占比为26.93%、比较关注的占比为15.38%、非常关注的占比为0（见图5-8）。从表5-8中可以看出，在被调查者中，对畜产品的兽药物残留、添加瘦肉精等问题不太关注的人数居多，非常关注的则为0。调查结果显示，畜产品质量对消费者购买决策的影响程度为影响非常大的占比为7.85%、影响较大的占比为

15.38%、影响一般的占比为57.38%、影响较小的占比为11.54%、影响非常小的占比为7.85%（见图5-9）。可见畜产品的质量对消费者购买决策的影响程度一般。由于蒙古国畜产品的原料来自于纯净无污染的草原，以原始养殖方式为主，畜牧科技落后，因此兽药物残留非常少，更没有添加瘦肉精的问题。消费者对市场上销售的畜产品质量安全是认可和信任的。

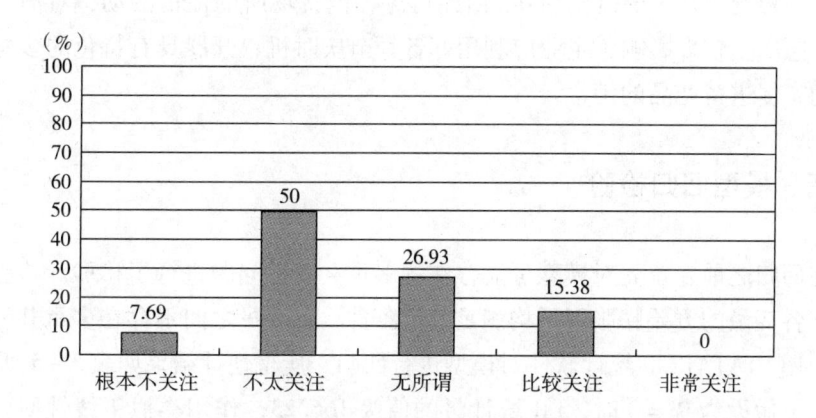

图5-8 是否关注畜产品的兽药物残留、添加瘦肉精等问题分布情况

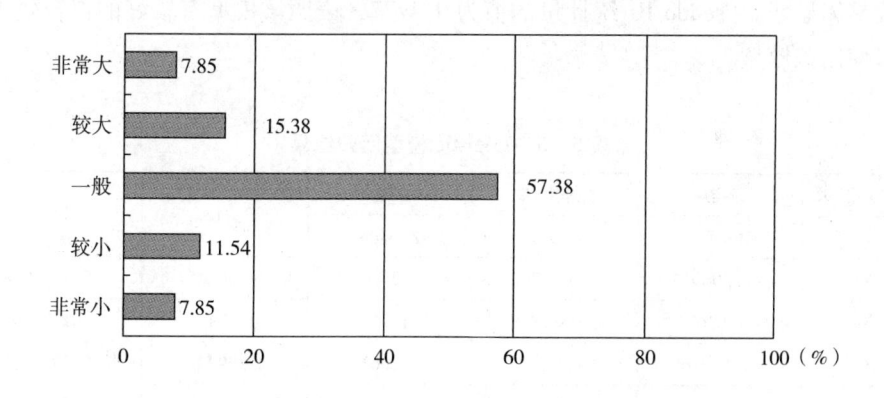

图5-9 畜产品质量对消费者购买决策的影响程度

3. 畜产品营销

首先，畜产品的促销活动对消费者购买决策的影响程度为影响非常大的占比为8.48%、影响较大的占比为40.06%、影响一般的占比为44.07%、影响较小的占比为7.39%、影响非常小的占比为0。可以看出，畜产品的促销活动对消费者购买决策的影响程度相对较大。其次，畜产品的品牌对消费者购买决策的影响

程度为影响非常大的占比为 7.85%、影响较大的占比为 11.54%、影响一般的占比为 45.68%、影响较小的占比为 27.08%、影响非常小的占比为 7.85%。可以看出，畜产品的品牌对消费者购买决策的影响程度一般。最后，畜产品广告对消费者购买决策的影响程度大致有以下五个层次：影响非常大的占比为 7.85%、影响较大的占比为 11.54%、影响一般的占比为 72.92%、影响较小的占比为 7.69%、影响非常小的占比为 0。由此可见，消费场所的促销活动，对消费者的消费意愿产生较大影响，企业应利用好各种节庆时机，开展具有特色的多样化促销活动，促进畜产品的销售。

四、模型回归检验

在回归之前，首先对模型可能存在的多重共线性问题进行了检验。检验结果显示，各变量的方差膨胀因子均满足设定条件，各变量之间不存在多重共线性问题。应用 STATA12.0 统计软件对模型进行回归，所得估计结果如表 5－5 所示。

当原假设为 $\beta_i = 0$ 时，LR 统计量的值为 166.23，作用类似于线性回归模型中的 F 检验，P 值非常小，近似于零。因此，可以拒绝原假设，表明 Logit 模型系数整体显著。Pseudo R^2 统计量的值为 0.4777，表明该模型有较好的拟合效果，可以使用该模型。

表 5－5　Logistic 模型回归结果

变量 y	系数 Coef.	标准误差 Std. Err.	Z 值 Z value	P>|z|	dy/dx
X_1	－2.296913	0.8333762	－2.76	0.006***	－0.5503948
X_2	0.1202675	0.0681828	1.76	0.078*	0.0288189
X_3	－1.660166	0.634275	－2.62	0.009***	－0.3978151
X_4	1.325356	1.300021	1.02	0.308	－0.3175867
X_5	－2.110397	1.256923	－1.68	0.093*	－0.5057012
X_6	1.721623	0.5445539	7.16	0.002***	0.4125416
X_7	－0.8307312	0.3667666	－2.27	0.024**	－0.1990629
X_8	0.9085919	0.502088	1.81	0.070*	0.2177201
X_9	－0.9567927	0.8043784	－1.19	0.234	－0.2292702
X_{10}	0.7235971	0.3783808	1.91	0.056*	0.173391

续表

变量 y	系数 Coef.	标准误差 Std. Err.	Z 值 Z value	P>|z|	dy/dx
X_{11}	-0.6473935	0.542374	-1.19	0.233	-0.1551308
X_{12}	4.767036	2.099048	2.27	0.023**	1.142295
X_{13}	0.7437797	0.6307486	1.18	0.238	0.1782272
X_{14}	-1.924698	0.5649553	-7.41	0.001***	-0.4612032
X_{15}	-1.23158	0.6121448	-2.01	0.044**	-0.2951157
Coef.	5.319811	7.709835	1.43	0.152	—
		LR chi^2 (15) =166.23			
		Prob > chi^2 = 0.0000			
		Pseudo R^2 = 0.4777			

注：*、**、***分别表示10%、5%、1%的显著性水平。

（1）文化程度对消费者购买畜产品的意愿有显著影响。该变量在1%水平下显著为负，即文化程度每减少一单位，增加消费者购买畜产品的意愿的概率为55.04%，这一结果与预期一致。因为在蒙古国，畜产品充裕，是消费者的主要食品，而对于文化程度较低的消费者来说，他们主要追求饮食上的满足，不讲究营养均衡，因而购买畜产品的意愿较强。

（2）户主年龄对消费者购买畜产品的意愿有显著影响。该变量在10%水平下显著为正，即户主年龄每增加一单位，增加消费者购买畜产品的意愿的概率为2.88%，这一结果与预期一致。从调查结果可以看出，接受调查的消费者户主年龄集中在30~40岁，这个年龄段的户主一般都有较长时间的工作经历，收入比较稳定，且有一定的消费能力。因此，购买畜产品的意愿也比较强。

（3）家庭人口对消费者购买畜产品的意愿有较为显著的影响。该变量在1%水平下显著为负，表明此变量越小，消费者购买畜产品的意愿越强；反之消费者愿意购买畜产品的概率越小。研究结果表明，家庭人口每减少一单位，消费者购买畜产品的意愿就增加39.78%的可能性，这一结果与预期相符。在蒙古国，劳动力大多都是男性，也就是说，家庭收入的主要来源是男性赚取的，那么人口较多和人口较少的家庭总收入相差较小。在收入相同的前提下，家庭人口较少的家庭支出也较少，因此人口较少的家庭购买力更强，购买畜产品的意愿也更强。

（4）是否关注畜产品的兽药物残留、添加瘦肉精等问题对消费者购买畜产品的意愿有显著影响。该变量在1%水平下显著为正，即消费者对畜产品的兽药物残留、添加瘦肉精等问题关注度越高，越愿意购买畜产品；反之则反是。对于经常关注畜产品的兽药物残留、添加瘦肉精等问题的消费者来说，他们更加了解如何辨别畜产品中是否存在兽药物残留、添加瘦肉精等问题，因而在购买畜产品时，他们对买到有兽药物残留、添加瘦肉精等问题的畜产品担心程度要低于对畜产品兽药物残留、添加瘦肉精关注程度低的消费者。所以，对畜产品的兽药物残留、添加瘦肉精等问题关注度高的消费者购买畜产品的意愿较强。

（5）购买畜产品的频次对消费者购买畜产品的意愿有影响。该变量在5%水平下显著为负，即购买畜产品的频次每减少一单位，增加消费者购买畜产品的意愿的概率为19.91%。对于购买畜产品频次较小的消费者来说，他们希望一次性购买足够的畜产品，以维持一定时间的需求，因而他们在每一次采购畜产品时，购买意愿都比较强。因此，消费者购买畜产品的频次越小，购买畜产品的意愿就越强。

（6）畜产品的包装对消费者购买决策的影响程度对消费者购买畜产品的意愿有影响。该变量在10%水平下显著为正，即畜产品的包装对消费者购买决策的影响程度越大，消费者越愿意购买畜产品；反之则反是。对于消费者来说，产品的包装对于他们的购买决策有很大影响，同样的商品，相对于包装简单的产品，消费者比较倾向于购买包装精美的产品。因而畜产品的包装对消费者购买决策的影响程度越大，消费者越愿意购买畜产品。

（7）畜产品的价格对消费者购买决策的影响程度对消费者购买畜产品的意愿有影响。该变量在10%水平下显著为正，即畜产品的价格对消费者购买决策的影响程度越大，对消费者的购买意愿影响程度也就越大，增加的概率为17.34%；反之则反是。对于消费者来说，产品的价格往往是影响其购买决策的重要因素，价格越高，对消费者购买决策的影响程度就越大。此外，畜产品的价格相对较高，因此价格的波动对消费者的购买决策影响程度相对较大，对消费者的购买意愿的影响程度也较大。

（8）畜产品的质量对消费者购买决策的影响程度对消费者购买畜产品的意愿有影响。该变量在5%水平下显著为正，即畜产品的质量对消费者购买决策的影响程度越大，消费者越愿意购买畜产品；反之则反是。样本分析结果表明，畜产品的质量对消费者购买决策的影响程度每增加一单位，消费者购买畜产品的意愿增加的概率为114.23%。蒙古国的畜产品大多都是消费者自己生产，且由于蒙古国有优越的地域条件，因而蒙古国的畜产品质量基本可以得到保证。对于蒙古国的消费者来说，他们深知自己国家的优势，也相信自己国家的畜产品质量，因而他们更加愿意放心购买畜产品。因此，畜产品的质量对消费者购买决策的影响程度越大，消费者越愿意购买畜产品。

（9）畜产品的产地对消费者购买决策的影响程度对消费者购买畜产品的意愿有显著影响。该变量在1%水平下显著为负，即畜产品的产地对消费者购买决策的影响程度越小，越愿意购买畜产品；反之则反是。分析结果表明，畜产品的产地对消费者购买决策的影响程度每减少一单位，消费者购买畜产品的概率为46.12%，这一结果与实地调研一致。在蒙古国，畜产品是当地人的主要消费品，而人们大多也都自己生产畜产品，因而他们对于畜产品的产地并不关心，也就是说，畜产品的产地对消费者的购买决策影响程度很小。

（10）家与大型商超的距离对消费者购买畜产品的意愿有显著影响。该变量在5%水平下显著为负，即家与大型商超的距离越短，越愿意购买畜产品；反之则反是。分析结果表明，家与大型商超的距离每减少一单位，消费者购买畜产品的概率增加29.51%，这一结果与实地调研一致。消费者家与大型商超的距离越近，消费者购买畜产品越便利，减少了消费者的购买成本，消费者自然更加愿意购买。此外，从畜产品的新鲜程度来说，消费者家与大型商超的距离越近，购买畜产品的频率就越高，以保证畜产品的新鲜度。

五、结论与政策启示

以蒙古国乌兰巴托市为研究区域，选取了个体特征、安全特征和营销特征三个方面16个二级特征变量，研究得出，在个人特征方面，文化程度越低，消费者愿意购买畜产品的概率就越大；消费者家庭人口越少，愿意购买畜产品的概率就越大；消费者家与大型商超的距离越近，消费者愿意购买畜产品的概率就越大。在安全特征方面，消费者购买畜产品的频次越低，消费者购买畜产品的概率就越大；消费者对畜产品的兽药物残留、添加瘦肉精等问题关注程度越高，购买畜产品的概率越大。在营销特征方面，畜产品质量对消费者购买决策的影响程度越低，消费者购买畜产品的意愿越强；畜产品产地对消费者购买决策的影响程度越低，越愿意购买畜产品；畜产品包装对购买决策的影响程度越高，消费者购买意愿越强；畜产品价格对购买决策的影响程度越低，消费者的购买意愿越强。

本书结论对于促进蒙古国畜产品消费具有以下三个方面的政策启示：

一是提供绿色安全的畜产品。蒙古国畜产品生产企业要利用绿色、天然、无污染的资源优势，从畜产品的源头保障其优良的品质。如果出现质量安全问题，消费者就会对整个畜产品行业产生质疑，对畜产品消费带来负面影响。因此，政府要加强对食品安全的监管力度，加大对畜牧科技的投入力度，既可以保证畜产品安全，又可以保护消费者的利益，也有利于畜牧业产业的发展。

二是营造便利的消费环境。畜产品销售企业可以在消费者聚集的区域开设便利超市，降低消费者购买的时间和精力成本，只有消费者购买畜产品的成本减少，才能进一步激发消费者的消费意愿。

三是规范畜产品的包装。在产品规格、品牌标识、价格标签等方面严格管理，畜产品在进入便利超市进行销售时就要求包装达到规定的标准，此外，干净、整洁、环保的包装既节约销售成本，又能促进消费。

第四节 中蒙畜产品消费行为的比较

一、畜产品消费影响因素的差异

中国与蒙古国畜产品消费行为影响因素显著性比较显示，二者既有相同之处又有所区别。

（1）中国与蒙古国在家庭人口、文化程度以及是否关注畜产品的兽药物残留、添加瘦肉精等问题方面均在1%水平下显著；而畜产品的包装对购买决策的影响程度、畜产品的促销活动对购买决策的影响程度、畜产品的品牌对购买决策的影响程度、畜产品的购买地点的便利对购买决策的影响程度方面显著性都不明显。

（2）畜产品的价格对购买决策的影响程度，中国与蒙古国都是显著的，但是显著程度有所不同。畜产品价格对中国消费者购买决策的影响程度在1%水平下显著为负，对蒙古国消费者购买决策的影响程度在10%水平下显著为正。这说明中蒙两国畜产品消费环境、消费水平、消费习惯存在一定的差异。对中国消费者而言，畜产品价格将对消费行为产生较大影响，如果畜产品价格上涨，消费者会转而购买其他替代品，这也体现了中国消费市场供给的丰富性和多元化，使消费者可以有更多的购买选择。对蒙古国消费者来说，畜产品价格对其消费行为产生的影响不大，即使畜产品价格上涨，消费者也会正常购买，这是因为畜产品是其生活必需品，是消费习惯的必然选择，同时也说明蒙古国消费市场供给的有限性，消费者没有太多替代品的选择。

(3) 文化程度对中蒙两国消费者的消费行为具有不同的影响，对中国消费者购买决策的影响程度在10%水平下显著为正，对蒙古国消费者购买决策的影响程度在1%水平下显著为负。随着生活水平的提高，中国消费者在畜产品消费方面，文化程度越高的消费者越注重营养价值，购买牛羊肉产品的意愿越高；而蒙古国消费者随着文化程度的提高，逐渐减少牛羊肉产品的消费，注重食物消费的多样化和营养搭配。

(4) 家庭人口对中蒙两国消费者的消费行为具有不同的影响，对中国消费者购买决策的影响程度在5%水平下显著为正，对蒙古国消费者购买决策的影响程度在1%水平下显著为负，这也说明中蒙两国经济发展存在巨大差距，且对消费者消费意愿产生显著影响。中国经济的快速发展，使居民收入稳步提升，消费意愿增强；而蒙古国经济发展处于落后状态，居民收入较低，抑制了消费者的消费意愿。

(5) 对于中国的消费者来说，户主年龄、产品质量和安全程度、购买畜产品的频次、畜产品的质量、畜产品的产地等对消费行为的影响均不显著。相反，对于蒙古国的消费者来说，其对消费行为均有不同程度的影响。

二、畜产品消费行为特点的差异

(一) 中国消费者畜产品消费行为特点

(1) 对市场上畜产品价格的评价。对于中国的消费者来说，更愿意积极主动地去了解畜产品的市场情况，对市场上畜产品的价格也有自己的评价，当他们觉得市场上畜产品的价格是合理的，与产品本身的价值是吻合的，那么这部分消费者的消费意愿也就比较强，同时也更容易做出消费决策。

(2) 畜产品的价格对购买决策的影响程度。畜产品作为人们日常饮食消费的一部分，由于自身生产成本较高，售价也较一般食品高，因而价格成为了影响消费者购买决策的重要因素。因此，畜产品的价格为消费者主要关心的要素，对于畜产品行业来说，应该灵活运用价格策略，满足消费者多元化的需求。

(二) 蒙古国畜产品消费行为的特点

对于蒙古国的消费者来说，畜产品是他们的主要消费品，除去价格外，质量安全则是影响消费行为的较为重要的因素。产品的质量以及其安全程度是消费者在对畜产品做出购买决策时最关注的因素，因为畜产品本身就是蒙古国消费者日常饮食的主要来源，消费量比较大。因此，出于对饮食安全和健康的考虑，消费者最关注的就是畜产品的质量和安全保障，畜产品的质量是否达到各项标准，是消费者最终做出购买决策的主要因素。由此可见，蒙古国畜产品营销更应该注重畜产品的优良品质，满足消费者的饮食安全需求。

三、政策及营销建议

(一) 对中国畜产业发展的营销建议

对畜产品价格的评价对消费者购买畜产品的意愿有显著影响，也就是说，消费者对于市场上畜产品的价格认可度越高，他们购买畜产品的意愿越强烈，这说明合理的定价以及灵活的价格策略能够对畜产品消费行为产生积极的促进作用。与之相关联的畜产品的价格对消费者购买决策的影响程度对消费者购买意愿也有显著影响，由于畜产品本身的生产成本较高，因而价格相对偏高，认为畜产品价格对购买决策影响程度较小的消费者更容易接受价格偏高的畜产品，他们认为价格与质量成正比，价格越高，畜产品的质量越高，因而购买意愿越强。

一是政府相关部门要对地方特色畜产业在技术研发、金融投入、人才支撑、市场开发等方面予以政策扶持，以产业化运作带动地方经济发展。加大对畜产品价格的监督管理，制定相关的价格标准，阻止部分不良商家以次充好、哄抬物价的行为，预防市场上畜产品质量与价格不对等的现象出现，从而使市场上畜产品的价格更加合理化、平民化。

二是畜产品生产加工企业要积极开展和农牧业科研单位、高等院校的技术交流与合作，改进传统的加工技术，提高畜产品效益。积极研究利用新兴养殖技术，采用先进设备和技术进行畜产品的加工，降低畜产品生产加工成本。在保证企业正常运营的前提下，最大限度地让利于消费者，从而促进消费者的购买意愿，最终促进企业的长远发展。

三是注重畜产品品牌建设，在保证优良品质的前提下，开展整合营销传播，提高畜产品品牌的知名度和美誉度。畜产品加工企业要成功塑造和提升品牌形象，除了在产品质量、服务过程等方面进行提升以外，要进行营销传播活动的整合，综合运用广告、公关、促销和人员推销等传播沟通手段，向消费者传递协调一致的产品信息。可以借助政府组织举办的各种展销会、信息发布会等，广泛宣传畜产品信息。运用网络信息平台、会议等传播渠道，展示品牌形象。积极参与社会公益事业，承担社会责任，运用公共关系活动营造有利的外部营销环境。

（二）对蒙古国畜产业发展的建议

畜产品的兽药残留、添加瘦肉精等问题对消费者购买意愿有显著影响，对于消费者来说，食品安全问题是消费者最关注的问题。对于重视畜产品安全的消费者而言，他们了解并掌握安全食品的相关知识，买到有问题畜产品的概率较低。因此，食品安全知识丰富的消费者对买到有兽药物残留、添加瘦肉精等问题的畜产品担心程度较低。由此可以看出，消费者在购买畜产品的过程中，更加重视绿色天然、无污染的属性，对畜产品品质的关注程度不同，购买畜产品的意愿也就不同。

一是加强畜产品质量标准和检测体系建设，加大对畜牧养殖、疫病防治等技术的投入，注重产品质量的监督，制定相关产品的质量标准，并严格实施。规范不符合质量标准的生产厂家，更好地保障畜产品的品质。通过引导畜产品生产经营者进行标准化的生产，既可以保证畜产品质量安全，也可以保护消费者的利益，从而促进畜牧业产业的发展。

二是完善市场体系，扩大有效需求。完善的市场体系和良好的市场环境是畜牧业产业化发展的前提，消费者的需求是畜产业发展的动力。为此，政府应加强安全、优质畜产品的宣传，从而激励畜产品的生产和消费。

三是建立市场信息系统，通过各种渠道及时发布畜产品市场供求信息，并对数据与信息进行有效管理，有利于畜产品生产经营者之间进行信息交流，掌握畜产业发展动向。

四是进行流通网络建设，拓宽畜产品的流通渠道。在畜产品主产区建立展销、批发和配送中心，逐步形成辐射范围广泛的畜产品市场营销网络和现代物流体系，开发新市场，提高畜产品市场占有率。

五是有效利用游牧文化开拓国际市场。蒙古民族的游牧文化是重要的世界民族文化遗产，是一种成功的草地生态畜牧业管理方式。蒙古国虽然气候寒冷干燥，境内多山，但是天然草地保护尚好，草原依然具有较高的生产力，这与蒙古国畜牧业基本保持传统游牧方式有关。这种生产方式既有利于生态环境的保护和恢复，也使草原文化得以延续发展。游牧文化中处处渗透着人与自然和谐相处的"天人合一"的思想，有着深厚的历史积淀。蒙古国畜牧业的可持续发展，要通过对游牧文化的深入研究，在畜牧业产业化发展和市场化运作中，对游牧文化中朴素的生态价值观进行宣传，使消费者领略到独具地域特色的草原游牧文化，从而带动畜产品消费，增强蒙古国畜产品在国际市场的竞争力。

第六章
中国畜产品流通及蒙古国对外贸易

第一节 中国畜产品流通现状分析

一、研究的理论基础

(一) 畜产品流通的概念及特点

1. 畜产品流通的概念

畜产品流通，从马克思主义政治经济学理论角度来说，通过表明畜产品是具备经济价值和交换价值的商品并从生产地最终转向消费者的过程，在这个过程中双方以货币作为价值衡量以实现整个商品的价值转移过程。可见，畜产品流通不仅涉及畜产品生产者、供应者、配送者和消费者，还将以商品的形式在整个社会经济中通过等价交换实现其应有的经济价值和交换价值。

2. 畜产品流通的特点

畜产品不同于工业制品，其最特殊的性质之一就是保存时间有限，容易受到气候环境以及地理位置的影响，其质量和新鲜度会随着时间、气候条件的改变而改变，相应的价值也会在畜产品流通过程中减损。一方面，畜产品往往是经过挑选宰杀之后的新鲜类产品，如鸡、鸭、鱼肉等，因此畜产品在运输或储存过程中往往会经过特殊的冷鲜处理。另一方面，畜产品由于生产地大多数在距离市区较远的地方，具有地域分散性、季节性以及流通环节的多重性，且在畜产品的装运过程中由于其特定的新鲜特性，其单位耗费的成本比一般工业制品大。

（二）畜产品流通效率相关理论分析

1. 投入产出理论

最初的投入产出理论是由美国著名经济学家里昂惕夫提出的，他在《美国经济结构》一书中对投入产出的有关理论进行了详细的介绍，而畜品流通效率在应用投入产出理论时具有较高的可行性。投入产出理论分析的主要是特定的经济环境或者经济系统内对某种事物的投入量与产出量之间的关系，主要通过编制相关的投入产出图表来实现数据分析。其中这类投入产出表是以实物表或者价值表来展现的。故而，这个理论的经济实质是通过建立有关投入产出的量化关系来测度商品或者服务的经济价值。

当前，投入产出理论的应用范围极其广泛，涉及社会经济运行的方方面面，多数理论都希望从工资和物价、需求与供给等变量之间找到某种关系来揭示社会的物质运行情况和存在的问题，经济学家们也习惯于用物价、利率和工资等简单资料作为分析依据，但在现实经济社会里，这些数据的关系并不是简单的一对一的关系。一项供给的变动和它对应的需求变动是通过一系列错综复杂的实实在在的商品或服务的交换实现的，即便是单个交易，由于数量繁多的关系，真实的商品市场是没有办法独立观察和分析的。但是投入产出理论却具象地把每个交易分类或聚集再形成某种秩序，这一点与真实的交易情形有出入。该理论的实质是想利用经济各部门之间相对稳定形态的商品和服务流量，把整个体系的统计事实置于可控和可研究范围内。

2. 规模效应理论

规模效应理论的主体思想是通过投入更多的生产要素来获得比以往更多更有效的产出，并且其相关比例以更大的数值上升时则表明企业形成了相应的规模经济，反之则表明企业并未形成规模经济。规模经济主要涉及的是边际成本与边际收入，当两者相等时通常表明利润满足最大化的条件；当边际收入大于边际成本时，则表明企业会有相当的利润进账；反之，则意味着企业可能面临亏损的风险。

在实际运用该理论分析一个企业是否实现规模经济时，经济学家通常在一个坐标图中描绘出该企业的生产成本曲线和销售收入曲线，用坐标数据和图形直观反映收入、成本、产量和利润的复杂关系。当企业每多生产一件商品所增加的收入大于生产该单位商品所投入的成本时，企业会加大投入扩大生产，使产量增加，在完全竞争市场中商品生产供给增加，价格就会下降，这样导致该产品边际收入下降，边际成本上升，当两者相等时，企业将不会再通过增加成本来扩大生产。

3. 供应链及核心企业理论

供应链的概念最早来源于彼得·德鲁克提出的"经济链"。在20世纪90年代之后，管理学家认为供应链是用最经济的方式实现产品从原料到生产再到消费者的活动，是一个网络组织结构，这个网络由供应商、生产商、分销商和消费者组成，这些组织成员对这个网络的健康运作起着至关重要的作用。供应链包括产品从供应者到消费者的所有环节，是一个具有高度竞争力和满足消费者需求的供应系统，是一个通过供应商、生产商、批发商、零售商和最终消费者之间前馈和反馈的物质流和信息流连接的结构模式。有关数据显示，有效的供应链管理可以缩短节点企业间的订货生产周期，提高准时交货率，提高节点企业生产效率。

4. 专业分工理论

产品之所以要流通是因为有了分工，有了分工才导致人们不得不通过商品的流通来满足自身的需求，地区间和国家间的分工更是让产品流通得以快速发展。比较有代表性的分工理论主要有绝对优势理论、新贸易理论、比较优势理论、要素禀赋理论及其扩展等。

绝对优势理论是亚当·斯密分工原则的基础，一种商品的流通是因为生产这种商品的生产成本在流入地与流出地是有差异的，也就是说，商品流入地在生产流通产品时生产成本较流出地高，自己生产不如从流出地购买，流入地再生产该种商品具有劣势，而流出地再生产该商品时具有绝对优势。这种流通对于提高地区和国家的福利和经济是有帮助的。然而事实上，许多流出地的流出商品并不全是具有绝对优势的产品。因此，大卫·李嘉图在亚当·斯密的理论基础上提出了比较优势理论，他认为分工不仅限于生产成本的绝对差异，只要在一个区域内不同产品的生产成本存在差别，就可以使各地区在不同产品的生产上具有比较优势。比较优势使分工的范围更为广泛，可以更大范围地实现资源的有效利用。新贸易理论认为对消费者来说商品种类越多效用水平越高，而对于生产者来说，生产单一的产品更容易实现规模经济和利润最大化，因此生产者的规模经济与消费者的多样化需求之间就产生了冲突，这种冲突的解决方法是使资源和人口规模增加。新贸易理论认为国家之间的自由贸易正好具有这样的特点，即使两国不存在李嘉图的比较优势，只要有规模经济，就可以生产不同的产品进行国际商品流通。

二、畜产品流通现状及存在的问题

（一）畜产品质量与认证标准不完善

近年来，政府部门对畜产品的发展给予了很大的支持，投入了大量的资金，同时在畜产品市场管理方面也逐渐制度化和法制化。在中国畜产品销往蒙古国的过程中，对于畜产品这个庞大的市场来说，产品种类多、经营模式各不相同的畜产品销往蒙古国的过程亦困难重重，而政府目前的扶持还只是在整体上的，针对性不强，没有根据畜产品市场的实际情况，结合蒙古国的市场需求给予不同的扶持政策。此外，畜产品质量标准与认证标准的完善度皆有所缺失，故而加快畜产品标准化进程，建立完善的质量与认证标准是促使畜产品流通效率进一步提高的重要保证。政府在这个标准化进程中有着不可替代的重要职能，包括强化监督职能、维护畜产品交易市场秩序的职能等。

（二）流通组织化程度低

目前对于畜牧业地区的牧民来说，畜产品的销售主要以分散、零散形式进入市场并进行交易，难以形成规模性、组织性的商品交易模式。流通组织化程度低致使牧民缺乏市场竞争力，畜产品以零散的状态进入市场，使牧民很容易受到利益集团的侵害，加之牧民缺乏自我保护意识，常常导致恶意降价、强买强卖等不正当的竞争。同时，畜产品流通组织化程度低导致牧民销售效率低，畜产品保质期较短、不能及时销售导致畜产品的损耗成本过高。

畜产品流通组织从某种程度上来说是指畜产品在生产的前端和消费的终端过程中各个流通环节所涉及的基地、市场以及企业的结构形式。近年来受到西方发达国家对于现代畜产品流通组织的影响，我国逐渐采取畜产品连锁超市的形式以及提升物流技术手段来试图构建新型畜产品流通组织形式，这种介于畜产品生产与畜产品消费的形式，极大地克服了传统畜产品流通组织的弊端。但是基于我国畜产品市场的特点，更加倡导以畜村合作社的形式与外部供应商、分销商以及零售商进行合作。这种方式既打破了传统畜产品流通中"高产难卖"的情形，又增加了畜产品销售的灵活性与经济效应。

此外，畜产品流通体制的改革呼声由来已久，其主要原因在于较高的机会成本、交易费用以及企业在进行畜产品管理时所产生的管理成本，削弱了畜产品经济增值的潜力，影响了整个畜产品流通的效率。由此可见，畜产品流通体制从宏观层次来看是影响畜产品流通效率的一个重要因素。我国自实施社会主义市场经济体制以来，以高度自由的市场机制自动调节畜产品市场经济并没有很快实现，由传统的计划体制所带来的畜村家庭散户销售仍然占据着畜产品销售流通的最大比例，其交易结构仍然落后于市场需求，地域差异仍是造成畜产品流通困难的重大阻碍，而这背后的一大重要缺失就是畜产品流通体制的改革进展较为缓慢，无法及时应对现有畜产品市场的供给状态。因此，有诸多国内学者提出以国家政府宏观调控为前提，以市场自主配置为核心，完善畜产品流通基础设施，加大畜产品流通多元化主体，使牧户或生产基地、供应商、分销商、零售商以及消费者之间形成有机有序的联系，最终建立起以信息平台为导向的大型畜产品集贸市场，实现集团化、一体化和现代化。

（三）物流基础设施薄弱

首先，畜产品商业化处理程度较低，畜产品商业化处理是畜产品流通中的重要环节之一，其是指对于畜产品从生产地运送到下一环节之前所要进行的挑选、分类、清洗、包装以及必要的保鲜处理等过程。可见畜产品商业化是提高畜产品商业度与畜产品品质、降低不必要损耗的重要措施之一，与此同时，畜产品商业化和规格化后更便于装运与销售。但是，有相当大比例的畜产品都没有经过如此精细的挑选而直接进行装运销售，其直接原因是机械化设施不足，科技转化为实际的畜业生产力较低，而手工劳作势必加大成本损耗，从而最终导致畜产品商业化处理程度低下。目前，较为精细的商业化处理的畜产品供应不足，而以初始畜产品形态（即未经过加工分类挑选等过程）直接进行销售的散装畜产品占据畜产品市场的大部分份额。简言之，畜产品商品化的提升空间极大，在包装、运输、机械化处理等方面还有待进一步加强。

其次，畜产品流通环节繁多，各环节水平不匹配。事实上，畜产品流通是一个包括畜产品生产、加工、货运、存储、配送以及销售在内的各个紧密相连环节的集众过程，这个过程中每个环节的完成都需要快捷的物流渠道进行配送，但是畜产品流通的基础设施、物流技术相对落后，延长了各个环节的流通时间，畜产品存货周转速度滞缓，削弱了整个畜产品的流通效率。最终畜产品在销往蒙古国的过程中往往因为路途遥远、基础设施不完善而导致损失严重，大大增加了畜产品的流通成本。畜产品流通成本主要体现在运输损耗,储存加工保鲜成本、运输成本、物流中介费。畜产品的自然属性对运输、包装、加工等提出了很高的要求,而畜产品包装运输的机械化、自动化水平较低,畜产品在流通过程中缺乏先进的保鲜设备,加之由公路运输导致的流通速度慢、途中损耗率高以及较高的流通费用等原因,使得畜产品的采购量与实际销售量之间存在较大的差距,增加了畜产品的流通费用。

(四) 畜产品流通效率较低

一方面,畜产品标准体系尚未建成,质量认证尚未规范化,内蒙古作为对外开放的重要省区之一,畜产品生产的区域面积较广,由于各种历史及政策原因,畜产品在规范化、标准化的生产、包装、销售方面尚未建立统一的标准,质量认证体系还不规范,这使得消费者在挑选畜产品时难辨优劣、真假。畜产品市场信息失真现象时有发生,这大大降低了畜产品国内市场占有率以及进入国际市场的竞争力。目前在全国范围内,并没有一个统一的基于市场机制的畜产品流通标准,畜产品流通市场存在着随意性与主观性的交易,从而无法实现畜产品在流通过程中的标准化操作和现代化的结算。畜产品流通业标准化的缺失直接导致了畜产品流通时间的加长,进而引起了单位畜产品流通成本的增加,削弱了流通效率的提升空间。

另一方面,畜产品流通缺乏有效的营销管理,畜产品流通效率过低,没有形成较大的规模效应和经济效益,大多数畜产品以单一的形式出售,缺乏适当的包装和宣传,从而降低了畜产品的附加价值。营销管理对于畜产品流通效率的提高主要体现在销售环节,包括畜产品生产者将畜产品销售给中间商或者畜产品生产者直接将畜产品销售给消费者。大多数畜产品是由分散的牧业生产者进行生产,其营销管理意识较差,难以有效地进行畜产品销售规划。从内蒙古畜产品市场发展现状来看,市场的需求量比较大,市场发展空间广阔,但是畜产品的销售模式和市场需求的差距较大。牧民生产的产品同质化问题较严重,而且牧民往往是被动地坐等购买者购买,而不是主动地去选择有利的市场时机进行销售,在市场中成为了被动者。从营销方面来说,牧民的广告意识淡薄,导致对畜产品的宣传力度不够,畜产品的知名度一度处于较低水平。此外,牧民缺乏品牌意识,不懂得使用品牌,很难给消费者留下深刻印象,二次购买的可能性比较小,即使消费者觉得这个畜产品不错,想要再次购买到同样的畜产品也很困难。销往蒙古国的畜产品往往种类较多,品牌混杂,不利于消费者快速做出决策,从而影响畜产品的销售。

三、畜产品流通效率的实证分析

（一）测度指标体系的建立

畜产品的流通一般指畜产品从生产地向使用地的实体流动中，将畜产品生产、收购、运输、储存、加工、包装、配送、分销、信息处理、市场反馈等功能相互结合、优化管理来满足消费者的需求，并实现畜产品价值增值的过程。关于畜产品的流通，很难直接通过畜产品流通过程中的各个环节的产出比率来衡量，但是可以通过一些相关的指标来间接衡量畜产品的流通效率。本书选择了畜产品的流通速度、畜产品企业的规模和畜产品企业的效益三个指标来测量畜产品流通效率，主要通过总资产周转率、批发零售业畜产品流动资产周转率、批发零售业畜产品固定资产周转率、批发零售业存货周转率、畜产品生产率、人均畜产品消费额来反映畜产品的流通速度；通过批发零售业销售利润率反映畜产品企业的流通效率；通过批发零售业货物周转量、批发零售业购销率和批发零售业集中度来反映畜产品企业的规模。畜产品流通效率测量的指标体系如表6-1所示。

表6-1 畜产品流通效率测量的指标体系

测量指标	变量	指标含义
总资产周转率	X_1	批发零售业畜产品主营业务收入/平均总资产
批发零售业畜产品流动资产周转率	X_2	批发零售业畜产品主营业务收入/平均流动资产
批发零售业畜产品固定资产周转率	X_3	批发零售业畜产品主营业务收入/平均固定资产
批发零售业存货周转率	X_4	批发零售业畜产品主营业务收入/平均存货
批发零售业销售利润率	X_5	批发零售业畜产品企业主营业务利润/主营业务收入
批发零售业购销率	X_6	批发零售业畜产品购入额/销售额
畜产品生产率	X_7	畜产品产值/草场面积
批发零售业集中度	X_8	批发零售业畜产品销售额/全社会消费品零售额
人均畜产品消费额	X_9	畜产品销售额/总人口
批发零售业货物周转量	X_{10}	实际运送货物吨数×货物平均运距

（二）数据来源

本书建立的指标体系中的数据主要来源于《中国统计年鉴》（2008~2014）。畜产品流通效率测量指标的具体计算数据如表6-2所示。

表6-2 畜产品流通效率测量指标

年份	2008	2009	2010	2011	2012	2013	2014
X_1	2.97	4.24	16.07	21.09	12.02	9.37	10.63
X_2	4.79	5.65	22.72	29.86	22.33	20.5	20.32
X_3	19.88	20.52	60.02	84.69	56.69	42.39	48.51
X_4	0.94	0.58	0.23	0.27	0.29	0.29	0.21
X_5	6.70	31.20	40.76	18	17.18	13.40	12.99
X_6	10.17	7.27	2.61	2.23	2.85	2.79	1.88
X_7	1026.16	1058.15	1206.25	464.23	1645.38	1777.18	1773.02
X_8	7.42	9.4	30.45	35.91	27.49	27.62	35.37
X_9	7.47	10.92	42	57.76	50.48	56.55	79.9
X_{10}	3548.36	3963.12	3949.24	5138.15	5582	4514.15	4550.29

（三）畜产品流通效率的实证分析

如表6-3所示，Bartlett 的球形度检验 Sig. 值为 0.000，KMO 值为 0.866，由此可以认为各变量之间存在显著的相关关系，与相关矩阵得出的结论相符，说明该问题可以很好地用因子分析来解释。

表6-3 KMO 和 Bartlett 的球形度检验

取样足够量的 Ksiser – Meyer – Olkin 度量		0.866
Bartlett 的球形度检验	近似卡方	29.6
	df	123.5
	Sig.	0.000

1. 因子分析

为了得出畜产品流通效率，运用 SPSS17.0 软件，对表6-2中的数据进行因子分析，因子分析的结果如表6-4所示。

表6-4 因子分析总方差解释表

成分	初始特征值			提取平方和载入		
	合计	方差百分比（%）	累计百分比（%）	合计	方差百分比（%）	累计百分比（%）
1	7.271	72.711	72.711	7.271	72.711	72.711

续表

成分	初始特征值			提取平方和载入		
	合计	方差百分比（%）	累计百分比（%）	合计	方差百分比（%）	累计百分比（%）
2	1.575	15.751	88.462	1.575	15.751	88.462
3	0.715	7.147	95.609	—	—	—
4	0.393	3.930	99.539	—	—	—
5	0.042	0.423	99.963	—	—	—
6	0.004	0.037	100.000	—	—	—
7	2.706E−16	2.706E−15	100.000	—	—	—
8	1.645E−16	1.645E−15	100.000	—	—	—
9	−2.232E−17	−2.232E−16	100.000	—	—	—
10	−1.969E−16	−1.969E−15	100.000	—	—	—

注：提取方法为主成分分析法。

（1）提取公因子。如表6–4所示，两个公因子的特征值分别为7.271、1.575，由于两者都大于1，且这两个公因子的累计方差贡献率为88.462%，说明在这十个公因子中提取两个公因子，就可以涵盖全部变量的数据特征。

（2）运算两个公因子的负荷系数。运用方差最大化正交旋转方法计算提取的两个公因子的负荷系数，如表6–5所示。

表6–5　成分矩阵

	成分	
	1	2
X_1	0.860	0.378
X_2	0.972	0.108
X_3	0.894	0.245
X_4	−0.932	−0.143
X_5	0.071	0.922
X_6	−0.972	−0.056
X_7	0.772	−0.573
X_8	0.979	0.013
X_9	0.908	−0.291
X_{10}	0.768	−0.271

注：提取方法为主成分分析法。

因子 1 对 X_1、X_2、X_3、X_4、X_6、X_7、X_8、X_9、X_{10} 有绝对值较大的负荷系数，因子 2 对 X_5 有绝对值较大的负荷系数。

（3）提取两个因子的最终分值。因子得分信息如表 6-6 所示。

表 6-6　因子得分信息

F1	F2
0.64095	-0.90709
0.30632	-0.84842
0.54368	-0.51795
1.01478	0.38827
0.31048	1.79711
-1.17563	0.67842
-1.64057	-0.59033

2. 畜产品流通效率测量

根据以上因子分析的过程，计算出各个因子的权重：

F1 的权重 P1 = 72.711/88.462 = 0.82

F2 的权重 P2 = 15.751/88.462 = 0.18

再根据各个公因子的权重计算出畜产品流通效率值。

畜产品的流通效率值 E = P1 × F1 + P2 × F2，根据以上分析，即可得出 2008~2014 年畜产品流通效率值 E，具体分析数据如表 6-7 所示。

表 6-7　2008~2014 年畜产品流通效率值

年份	流通效率值 E
2014	0.361
2013	0.098
2012	0.353
2011	0.902
2010	0.578
2009	-0.842
2008	-1.452

根据表6-7的数据可以绘制出2008~2014年畜产品流通效率的趋势图,如图6-1所示。

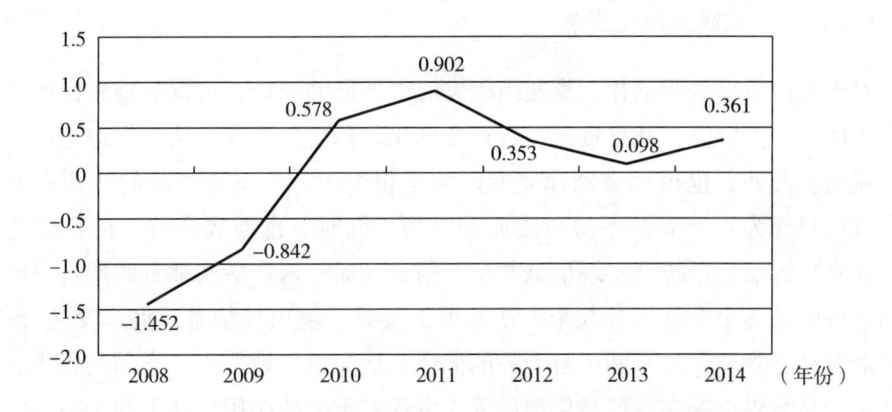

图6-1 2008~2014年畜产品流通效率的发展趋势

3. 数据结果分析

根据以上分析,可以很明显地看出,2008~2011年,畜产品流通效率一直呈上升趋势,且在2010年突破了零,并在2011年达到了最大值,2011年以后开始呈下降趋势,2014年又有所增长,但增值不大。虽然2010~2014年畜产品流通效率一直大于零,但总体来看,畜产品流通效率依旧处于较低水平(见图6-1)。

四、构建高效的畜产品流通体系

(一)强化政策支持力度

面对畜产品流通效率较低的现实,需要政府在资金支持和基础设施建设方面加大投入力度,强化监督职能,维护畜产品交易市场秩序。与此同时,完善畜产品质量标准与认证体系,保障畜产品的质量安全,以"优胜劣汰"的原则实施畜产品市场准入制度,严格规范畜产品流通秩序。针对蒙古国的消费市场,政府应该有针对性地出台一系列贸易政策,以促进与蒙古国的贸易往来。此外,政府也可以对销往蒙古国的畜产品生产商给予一定的政策性补贴和资金支持。政府应当对牧区嘎查至城镇之间的畜产品流通网络进行重建及完善,如加大对批发市场、零售市场以及畜产品零售点的设施投资,并结合不同地域的实际情况做出因地制宜、因时制宜的规划决策，这样既有利于畜产品流通市场的发展，也有利于扩大与蒙古国之间的经贸合作。

(二) 促进流通组织化发展

对于畜产品市场零散化、流通组织发展水平低的现象，可以鼓励牧民组成一个合作体，共担风险、共享资源，进行合理化、制度化管理，从而促进畜产品的有效流通。此外，也可以鼓励建立专门的销售组织，负责畜产品的物流以及销售，牧民只作为生产者，不参与流通和销售。同时，也要提高牧区的信息化水平，建立物流信息系统，实现信息共享、信息互通。这些措施都有效地将畜产品流通过程中的各个个体集合起来，使其可以及时了解市场信息，促进交流合作，这样既有利于管理，又有利于畜产品的流通，从而更好地促进畜产品的销售。传统的畜产品零售市场在畜产品供销过程中发挥着重要的作用，其不同于国外发达国家畜牧业的高度机械自动化和人工智能化，畜牧业市场在经营规模、畜产品品种、包装冷鲜、信息交换以及安保措施方面都远落后于国外。因而，需要对传统畜牧业市场进行信息化和基础设施上的功能升级，重视畜产品信息网络平台的建设，倡导实施新型畜产品流通渠道，加强政府监管，降低违法买卖行为如强买强卖、以次充好等投机违法行为，为畜产品市场的公平、有序交易创造有利条件，实现畜产品流通效率的进一步提升。

(三) 加强物流基础设施建设

首先，在畜产品生产集中的牧区周边建立交通枢纽，修建与蒙古国往来的交通道路，来进一步完善交通运输体系，保障畜产品的快速流通。需要采用先进的畜产品运输设备，因为畜产品季节性强、保质期短，普通的运输方式和设备会加快畜产品的变质和腐烂，导致畜产品的大量损耗，先进的运输设备具有保鲜功能，能大幅度降低运输成本。加强畜产品的储存及运输体系，在加强运送途中的制冷体系建设的同时，要形成畜产品生产者和销售者互相衔接、互相服务，共担风险的产业链，从而更好地为畜产品的流通保驾护航。其次，要进行人才培养，注重培养具备畜产品知识储备的优秀人才，这是畜产品基础设施建设的重要组成部分。最后，加快畜产品新模式"畜超对接"以及批发市场扩建的进程，这是提高畜产品流通基础设施建设水平的重要方式。

畜产品流通过程中的人工智能化、机械化以及水陆空建设畜产品流通基础设施，很大一块在于畜产品运输路线的水陆空道路建设、物流技术的提高以及冷藏保鲜技术的改进，即在加强畜产品流通路线建设的同时也要注重加大畜产品加工、冷藏、保鲜技术的支持和使用力度，并逐渐实现畜产品在加工、包装等诸多流通环节的人工智能化和机械自动化，从而减少流通过程中不必要的人工成本和耗费，以此提高畜产品流通效率。在这个过程中，政府承担着核心的职能，并对相关的资金调度以及财政补贴等方面进行监督和指导。

（四）注重畜产品营销管理

不管是畜产品的生产者还是销售者，营销意识都是不可或缺的，不论是从品牌还是从广告来说，营销是提高竞争力的有效手段。应该加大营销知识的宣传力度，培养牧民的营销意识，鼓励牧民对自己的产品进行商标注册，树立品牌意识。同时也可以在牧区开设营销课堂，让牧民进一步了解市场，学习营销知识，具备营销理念，着重培养牧户的经营意识、市场意识以及营销意识，而对于生产基地主管人员来说要着重锻炼其营销能力。对于畜产品生产经营者要强化营销意识，一方面，要有目的、有针对性地丰富与完善畜产品营销相关的理论知识；另一方面，把畜产品市场流通的实际经验与理论相结合，总结出适合畜产品营销的方式方法，最终达到提升畜产品流通效率、增收创收的目的。

第二节　蒙古国对外贸易现状

一、蒙古国对外贸易的发展

2017 年，蒙古国与世界 135 个国家开展对外贸易，外贸总额达 105.38 亿美元，同比增长 22.63 亿美元，其中出口 62.01 亿美元，同比增长 12.85 亿美元；进口 43.37 亿美元，同比增长 9.79 亿美元（见表 6-8）。2017 年是蒙古国近年来连续四年外贸顺差年，顺差达 18.64 亿美元。在蒙古国对外贸易中，出口的主要产品有矿产品、纺织品以及生熟皮毛及其制品等，在与蒙古国贸易频繁的国家（按照交易份额）中中国居第一位，蒙古国向中国出口的产品总量为 53.07 亿美元，与 2016 年相比出口上升 26.5%，由中国进口 14.28 亿美元，进口增加 25.6%；其次是俄罗斯、英国、日本、韩国等。中蒙 1951 年建立贸易关系，

2008年签署《经济贸易合作中期发展纲要》，未来中蒙经贸合作的目标是2020年双边贸易额达100亿美元。截至目前，中国已经连续15年保持蒙古国第一大投资来源国地位，其中占出口额90%以上的主要是矿产品、纺织品、牲畜皮毛制品等，畜产品是除了矿产品之外比较多的出口产品。蒙古国的畜产品出口市场主要以中国、俄罗斯、英国为主，蒙古国出口中国的畜产品中70%是绒类产品，出口俄罗斯的畜产品中98.9%是肉类产品。2015年，蒙古国畜产品出口中对中国出口所占的比重最大，占全国畜产品出口额的比重为83.5%。

表6-8 2015~2017年蒙古国对外贸易情况

分类\年份	2015 额度（亿美元）	增速（%）	2016 额度（亿美元）	增速（%）	2017 额度（亿美元）
进出口总额	84.668	-33.1	82.745	-2.3	105.38
出口额	46.693	-19.1	49.163	5.0	62.01
进口额	37.975	-27.5	33.581	-13.1	43.37
差额	8.718	62.2	15.582	18.1	18.64

资料来源：蒙古国国家统计局、蒙古国海关公布的资料。

2014年和2015年，在蒙古国出口的主要产品中，包含的动物及畜产品分别是1651.35万美元、2638.95万美元；而进口额中的动物及畜产品分别是6721.54万美元、4097.08万美元，在出口产品中，畜产品虽然未占据主要地位，但却是其传统特色的优势产品（见表6-9）。

表6-9 2014~2015年蒙古国主要产品进出口情况

产品种类	出口 2014年	出口 2015年	进口 2014年	进口 2015年
动物及畜产品（万美元）	1651.35	2638.95	6721.54	4097.08
植物产品（万美元）	2231.51	3784.0	8803.79	7860.72
动植物类油脂（万美元）	1.18	7.17	3153.22	2736.39
食品类（万美元）	1158.88	1566.93	38255.66	32947.40
矿产品矿物制品（万美元）	479148.17	367838.13	146394.51	93641.86
化工产品（万美元）	64.53	65.68	30890.01	27034.50
塑料橡胶制品（万美元）	216.76	242.88	20415.41	14026.50

续表

产品种类	出口 2014年	出口 2015年	进口 2014年	进口 2015年
皮革及皮毛制品（万美元）	3580.05	3380.56	691.45	542.35
木制品（万美元）	63.60	42.54	5835.85	4101.83
纸制品及硬纸板（万美元）	5.54	10.57	5524.05	4595.73
纺织、针织品（万美元）	38875.16	30265.45	6702.74	5718.82
鞋帽服装类（万美元）	135.85	143.39	1514.28	1320.00
石材制品（万美元）	9.40	9.90	14185.06	10629.66
珠宝、半宝石、贵金属、装饰品、钱币（万美元）	40557.77	42138.50	275.36	114.69
基本金属及制品（万美元）	4770.30	7227.90	53883.75	37198.70
机器、机械设备、电器及其配件（万美元）	5829.68	5421.84	98470.00	78551.09
交通工具及配件（万美元）	3506.75	1718.85	61582.66	36811.63
光学仪器、医疗仪器、照相机、计量器、钟表、乐器（万美元）	360.98	271.95	9250.31	8572.28
武器弹药及配件（万美元）	0.02	0.0	101.97	92.56
工业产品（万美元）	253.69	168.51	10719.16	8750.48
美术工艺品、收藏品、文物品（万美元）	11.93	2.86	295.97	342.15
总计（万美元）	577433.09	466946.97	523666.74	379716.45

资料来源：蒙古国国家统计局、蒙古国海关公布的资料。

二、中蒙贸易合作概况

自20世纪80年代中期中国与蒙古国开展边境贸易以来，双边贸易额一直占中蒙两国贸易总额的一半以上。尤其是中国内蒙古与蒙古国的贸易互补性比较突出，中国进口以煤炭、铜精粉、原油、铁矿砂、锌矿粉和畜产品等资源性产品为主，出口以建材、钢材、纺织品、日用百货、水果蔬菜等为主。中国已连续15年成为蒙古国最大贸易伙伴国和外资来源国。2015年蒙古国对华贸易总额为52.578亿美元，同比下降22.7%，占蒙古国外贸总额的62.1%。其中，出口38.975亿美元，同比下降23.1%，占其出口总额的83.5%；进口13.603亿美元，同比下降21.4%，占其进口总额的35.8%。蒙古国对华贸易实现顺差

25.372亿美元。蒙古国对华贸易额占其亚洲地区贸易额的85.3%，是对俄贸易额的4.8倍。

截至2015年末，蒙古国牲畜存栏头数达5597.98万头只，创历史新高。根据蒙古国政府制定的肉类出口计划，2015年冬和2016年春计划出口12.5万吨肉类，以增加贸易出口额10亿美元。从牲畜存栏数量来看，蒙古国可以完成12.5万吨肉类出口计划任务。但2015年蒙古国出口肉类只有4743.54吨，占肉类出口计划的3.8%。其中，出口马肉3856.89吨、冻牛肉847.65吨、羊肉39吨。山羊无毛绒、山羊原绒、羊毛、洗净驼毛、家畜动物鬃毛、山羊羔皮革、绵羊羔皮革、牛马皮革和牛鲜湿皮、马鲜湿皮及马肉等畜产品的主要出口国均为中国（见表6-10）。蒙古国出口的19种畜产品中，主要出口到中国的有14种，占比73.7%，可见中国是蒙古国的最大畜产品出口国。从外贸结构来看，近年来蒙古国对华出口产品中矿产品依然占有较高的份额，一直在80%~90%之间浮动。2015年，蒙古国对华出口畜产品的总量为7025.61万吨，总货币值为2.128亿美元，占对华贸易总额的5.5%，畜产品对华出口的份额较少（见表6-11）。由于中国是世界上羊毛、羊绒等加工品的最大消费国，因此中国也是蒙古国羊绒产品的最大出口国，蒙古国出口到中国的畜产品中70%都是绒类产品，并且羊绒产品的比重逐渐增长。

表6-10 2015年蒙古国肉类及主要畜产品出口情况

产品名称	总出口量	货值（万美元）	主要出口国及出口量	货值（万美元）
冻牛肉	847.65吨	262.19	俄罗斯840吨	259.81
羊肉	39吨	11.70	哈萨克斯坦35吨	10.5
马肉	3856.89吨	731.85	中国2224吨	387.17
羊肠衣	424.9吨	885.15	德国180.9吨	350.93
马鬃	665.28吨	192.83	中国665.28吨	192.83
马尾	309吨	94.04	中国309吨	94.04
牛马生皮	117850张	179.94	中国117850张	179.94
牛鲜湿皮	111650张	172.50	中国111650张	172.50
马鲜湿皮	6200张	7.44	中国6200张	7.44
牛马皮革	69.549万m^2	828.46	中国37.426m^2	437.75
绵羊羔皮革	147.75万m^2	1227.43	中国135.793m^2	1165.16
山羊羔皮革	122.269万m^2	1025.68	中国62.305m^2	567.82

续表

产品名称	总出口量	货值（万美元）	主要出口国及出口量	货值（万美元）
家畜动物鬃毛	7047.7 吨	21292	中国 7025.61 吨	21284
洗净驼毛	484.9 吨	160	中国 462 吨	152.15
羊毛	11450.3 吨	1394.55	中国 10261 吨	1227
山羊原绒	4988.2 吨	19718	中国 4988.2 吨	19718
山羊无毛绒	558.91 吨	40711.2	中国 30.142 吨	206.03
马	8923 匹	298.68	—	—
牛	97 头	2.19	—	—

资料来源：蒙古国海关公布的资料。

表 6-11　2015 年蒙古国对华贸易出口情况

出口产品	出口量（万吨）	货值（亿美元）
铁矿石	453.14	2.069
铜矿粉	146.733	22.581
煤炭	1396.580	5.323
原油	813.52	3.872
畜产品	7025.61	2.128
其他产品	—	3.002
对华出口总额	38.975 亿美元	

资料来源：蒙古国海关公布的资料。

三、中蒙贸易合作前景展望

近年来，随着蒙古国越来越重视对外贸易的发展，中蒙双边贸易前景非常乐观。中国国家主席习近平在 2014 年 8 月访蒙期间，与蒙古国总统签署《中华人民共和国和蒙古国关于建立和发展全面战略伙伴关系的联合宣言》（以下简称《宣言》），同时签署了 30 多项合作文件，涵盖经贸、电力、金融等多个领域，预示双方将展开全方位互利合作。《宣言》中提出，到 2020 年努力实现双边贸易额达到 100 亿美元的目标。此外，在《宣言》中还描述了中蒙双方将在铁路、公路、口岸、矿产、化工、制造和房地产等产业方面广泛开展投资合作，同时积极推进金融改革，促进本币互换规模不断扩大，倡导本币贸易结算方式，加大商业贷款力度，加强项目融资等。在蒙古国的对外贸易伙伴中，中国是最大的贸易伙伴国，截至目前，中国已经连续12年保持蒙古国第一大投资来源国地位，中蒙贸易往来是草原丝绸之路、"一带一路"实施过程中的重要内容。内蒙古作为我国与蒙古国交流合作的"桥头堡"，在对接"一带一路""向北开放"中区位优势得天独厚，全区共有9个边境口岸承担着中蒙贸易95%的进出口份额。2012年3月和2014年6月，国务院先后批准满洲里市、二连浩特市为国家级重点开发开放实验区，并明确二连浩特市为"丝绸之路经济带"的重要节点。"一带一路"倡议使中蒙经贸合作驶入快速发展的时代，中国要在提高贸易便利化水平、支持新型业态发展、支持园区经济和重点行业发展、优化贸易环境方面采取切实可行的措施，来推进矿产资源开发、基础设施建设和金融领域"三位一体"合作，进一步提升经贸合作层次，提高产业合作水平。中蒙两国应扩大在农产品贸易、农业投资和农业技术合作等领域的合作，这样既有利于中国充分利用蒙古国农业资源，又有利于中国剩余劳动力和农机设备向蒙古国转移。随着蒙古国畜牧业发展趋于进一步的市场化，蒙古国畜产品出口贸易所占的比重将会不断上升，这也是未来蒙古国出口贸易发展的必然趋势。中国和蒙古国在畜牧饲养领域应展开全方位的合作，拓展畜产品的市场需求空间，提升畜产品的国际竞争力，促进畜牧业产业化发展。

第七章
牧户生产意愿影响因素的实证分析

第一节 中国牧户生产意愿分析

一、研究基础

牧民作为牧区生产经营行为的主体,他们在牧区经济活动和生活中进行的各种选择决策影响着畜牧业的结构变动和畜产品的稳定供给,其行为也成为草地资源可持续利用的内因与微观基础。

牧户生产行为是牧户在利益驱动下,根据自身条件以及经济、自然和社会环境条件进行的生产性投资选择活动。根据计划行为理论,牧户种粮行为主要受到行为态度、主观规范和对外界感知行为控制等因素的影响,这些因素包括户主个人特征、家庭综合特征、村集体因素、政府因素、社会经济因素和自然条件等。从总体看,影响牧户生产意愿和生产投入决策的因素众多。赵雪雁等(2009)通过对甘南牧区牧民生产经营行为的研究发现,牧民的投资以生活性投资为主,其生产经营信息来源有限,牧民之间缺乏在生产销售活动方面的合作,牧民收入与牧民投资行为、生产行为高度相关,但与牧民市场交易行为存在较弱的相关关系。杨伊侬(2009)通过对内蒙古牧区牧民人均纯收入的调查研究,提出人均牧业产值和人均家庭经营费用支出对牧户人均纯收入有着极强的作用,要提高人均牧业收入,可从两个方面考虑:一是提高牧业产品的产量;二是提高产出品的价格或降低经营费用支出,主要是饲料的价格。苗红萍等(2013)以新疆传统牧区牧民为研究对象,认为牧民生产行为目标具有多元化特征,而且受到自身因素、区域社会经济发展水平及制度等因素的影响，牧民对不同目标具有不同的偏好，其首要生产行为目标是"尽可能增加家庭收入"。

以上关于牧民生产行为影响因素的研究主要是从家庭的支出与牧业收入、牧民生产行为目标等方面做了深入研究，事实上还有其他因素影响着牧民生产行为。本章从牧民的自身因素、家庭状况、牧业生产的环境因素以及畜产品销售的市场环境入手，分析这些因素与牧民生产行为之间的互动关系。

二、研究方法及数据来源

（一）研究方法

本书选取 Logistic 模型对影响牧民生产行为因素进行实证分析，假设：牧民生产行为由 2016 年比 2015 年规模 U 是否扩大决定，而 U 又取决于解释变量 Xi（影响牧民生产行为的因素）。根据牧民经营牧业的情况，选取相关解释变量为年龄、文化程度、家庭劳动力、牧业收入、羊肉价格、使用草场面积、牧业费用支出、用于牧业生产的贷款、养殖方式、载畜量、对自有草场的评价、获取市场信息的难易程度、是否参加过科技培训、是否参与牧民合作组织。

（二）数据来源

2016 年 1~3 月对内蒙古自治区牧区牧民生产行为的相关情况进行问卷调查，调研地区包括呼伦贝尔市的新巴尔虎左旗、鄂温克自治旗，赤峰市的巴林左旗、翁牛特旗、阿鲁科尔沁旗，锡林郭勒盟的阿巴嘎旗、东乌旗，乌兰察布市的四子王旗，巴彦淖尔市的乌拉特中旗。调研方法主要采用随机抽样，入户问卷调查。调研过程中共发放问卷 180 份，有效问卷为 172 份，有效率达到 95.6%。问卷调查内容主要包括牧民的家庭基本情况、生产经营情况、草原生态建设和市场环境方面的情况。

三、样本牧户的基本特征描述

（一）家庭基本情况

在 172 份有效问卷中，纯牧户 162 户，占 94.19%，兼业户 7 户，占 4.06%，有 3 户是其他类型户，占 1.74%（见表 7-1）。

表 7-1 样本牧户户别

	户数	比例（%）
纯牧户	162	94.19
兼业户	7	4.06
其他	3	1.74
合计	172	100

户主以男性为主：在 172 份有效问卷中，户主为男性的有 167 份，女性的有 5 份，男性所占比重为 97.07%，女性所占的比重为 2.9%（见表 7-2）。可见所调查的样本牧户户主以男性为主，男性仍然是牧区家庭的主要劳动力。

户主以中年人居多。户主年龄在 30 岁及以下的样本牧户为 14 户。31~40 岁、51~60 岁的样本农户分别有 41 户和 35 户，所占比重分别为 23.84% 和 20.35%。户主年龄主要集中在 41~50 岁的年龄段，有 82 个样本牧户，所占比重为 47.67%（见表 7-2）。由此可见，样本牧户的户主以中青年人为主，基本符合牧区的现实情况。因为受教育程度的限制，语言沟通的困难，以及传统游牧观念的影响，牧区的大多数中青年人依然留在牧区从事牧业生产。在调查中也发现，更多的年轻人向往城市现代化的生活，不满足于牧区单调落后的生活环境，他们不愿意从事祖辈的草原牧业生产，并认为生产效率较低，承担的自然风险较大，收入也不高，而是愿意选择外出打工以改善生活条件。因此，对作为牧区主要劳动力的中青年人，政府应该有针对性地进行技术培训，使牧民能够掌握现代养殖、人工种草、加工增值等技术，提高家庭牧业收入，使他们选择继续留在牧区从事牧业生产，这将有利于畜牧业的可持续发展。

调查结果表明，牧民受教育年限偏低。样本牧户户主中文盲有 5 户，所占比重为 2.90%。受教育程度为小学的有 67 户，所占比重为 38.95%；受教育程度为初中的有 66 户，所占比重为 38.37%，这两项加总共有 133 户，其比重达到了 77.32%，说明牧户中以小学和初中文化程度的居多。受教育程度为高中的有 34 户，所占比重为 19.77%；而受教育程度为中专、大专及以上的牧户为 0，这表明牧区受过高等教育的年轻人没有返回牧区从事牧业生产的意愿（见表 7-2）。

牧户购买生产保险的意识不强。调查发现，牧户购买保险的比例较高，其中，购买医疗保险的牧户有 104 户，所占比重为 60.46%；购买人寿保险的牧户有 26 户,所占比重为 15.12%;购买生产保险的牧户有 21 户,所占比重为 12.21%。只有 21 户牧户没有购买保险,所占比重为 12.21%(见表 7-2)。由此表明,大多数牧户愿意购买保险,并且更多地注重在医疗、养老、基本生活保障方面的投入,对于购买牧业生产保险的积极性不高,这对于受自然天气影响较大的牧业生产来说,缺乏生产条件保障,不利于牧业生产规模的扩大。

表 7-2 样本牧户户主的基本情况

统计特征	分类指标	人数(人)	比例(%)
性别	男性	167	97.07
	女性	5	2.9
年龄	30 岁及以下	14	8.14
	31~40 岁	41	23.84
	41~50 岁	82	47.67
	51~60 岁	35	20.35
受教育程度	文盲	5	2.90
	小学	67	38.95
	初中	66	38.37
	高中	34	19.77
	中专、大专及以上	0	0
牧户购买保险	购买医疗保险	104	60.46
	购买人寿保险	26	15.12
	购买生产保险	21	12.21
	没有购买	21	12.21

(二)牧户的生产经营情况

在被调查的牧户中,2015 年牧户使用草场面积 10000 亩以上的有 5 户,所占比重为 2.91%;使用草场面积 8001~10000 亩的有 12 户,所占比重为 6.98%;使用草场面积 5001~8000 亩的有 33 户,所占比重为 19.19%;使用草场面积 1000~5000 亩的有 46 户,所占比重为 26.74%;使用草场面积 1000 亩以下的有 76 户,所占比重为 44.19%(见图 7-1)。由此可见,大部分牧户的草场使用面积还没有实现规模化的经营,这也是制约牧业收入提高的因素之一。其中,有 139 户是自有草场经营,所占比重为 80.81%,只有 33 户是租赁草场经营,所占比重为19.19%，说明牧户租赁草场进行牧业生产的积极性不高。在调查中发现，牧户扩大牧业经营规模的意愿不强，原因是牧业经营受到自然灾害的影响较大、家中劳动力紧缺、没有掌握先进的养殖技术导致生产效率较低等使牧业收入不稳定。

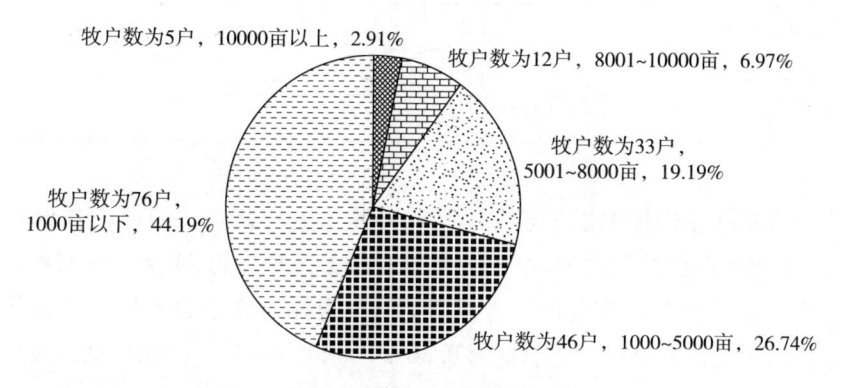

图7-1 牧户草场经营面积

牧业收入是家庭收入的主要来源。被调查的172户牧户家庭年平均收入为8.87万元，其中牧业经营年平均收入为7.07万元，所占比重达到了79.71%；打工年平均收入为0.56万元，所占比重为6.31%；农业经营年平均收入为0.65万元，所占比重达到了7.33%；其他经营年平均收入为0.59万元，所占比重达到了6.65%（见图7-2和表7-3）。调查表明，牧户主要依靠牧业经营来获取收入，因此提高牧户的生产经营水平，是促进畜牧业发展的主要措施。目前，国家的农牧业补贴政策对牧户的生产经营起到了积极的推动作用。

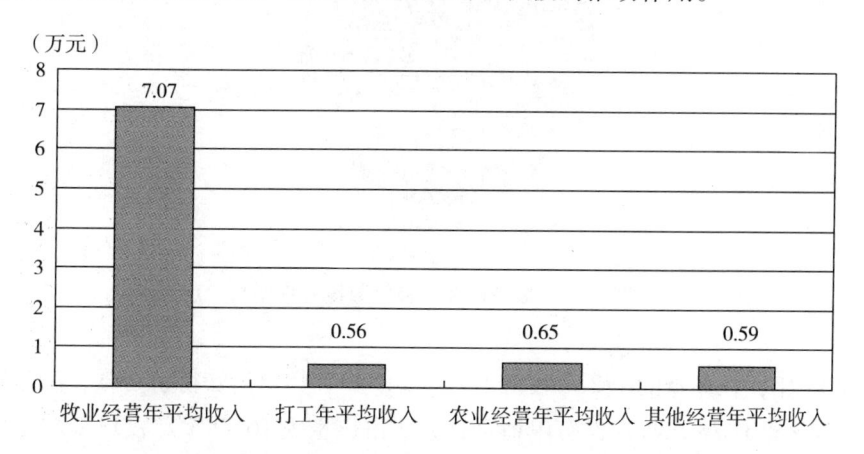

图7-2 牧户家庭年平均收入情况

表7-3 牧户户均收入构成

户场收入来源	收入（万元）	占比（％）
打工收入	0.56	6.31
牧业收入	7.07	79.71
农业收入	0.65	7.33
其他经营收入	0.59	6.65
合计	8.87	100

牧户的家畜存栏种类以羊、牛、马、骆驼为主，其中羊的存栏数量户均为246只，占家畜存栏总量的88.49%；牛的存栏数量户均为24头，占家畜存栏总量的8.63%；马的存栏数量户均为7匹，占家畜存栏总量的2.52%；骆驼的存栏数量户均1头，占家畜存栏总量的0.36%（见图7-3）。由此可见，牧户的家畜存栏数量最多的是羊，牧户牧业收入的来源主要是出售羊肉，而羊肉的市场价格是影响牧户牧业收入的最重要因素，牧户只有通过有效的途径及时获取市场信息，才能保障稳定的牧业收入。

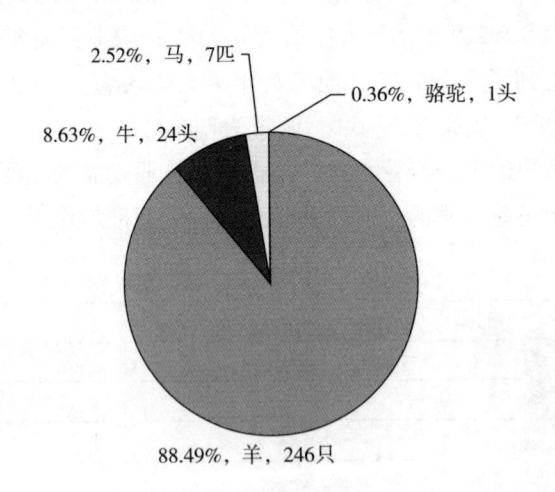

图7-3 牧户的家畜存栏数量（户均）

2015年，在调查的172户牧户中，有144户牧户申请获得了贷款，所占比重为83.72%；有28户牧户没有申请贷款，所占比重为16.28%。牧户贷款主要是为了改善生活、用于子女的教育支出、进行牧业生产经营投入。贷款中用于牧业生产的比重为 61.45%，主要用来购买家畜、饲草料以及舍饲棚圈和网围栏的建设。

牧户的养殖方式包括舍饲圈养、自由放牧、半舍饲圈养和划区轮牧。在调查的牧户中，舍饲圈养的有 15 户，所占比重为 8.72%；自由放牧的有 41 户，所占比重为 23.84%；半舍饲圈养的有 91 户，所占比重为 52.90%；划区轮牧的有 25 户，所占比重为 14.53%（见图 7－4）。由于国家退牧还草政策的实施，牧户的养殖方式以半舍饲圈养方式为主，这需要加大对舍饲棚圈和网围栏的建设投入力度，而国家的补贴措施会对牧户的养殖方式选择起到积极的引导作用。

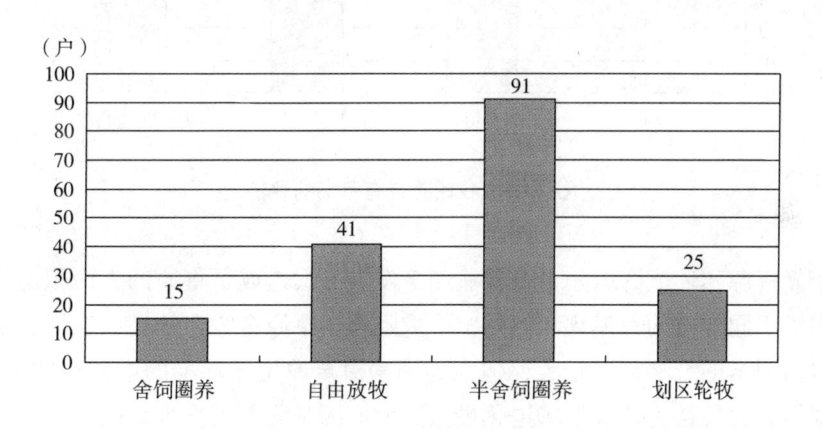

图 7－4　牧户的养殖方式

四、牧民对草原生态建设的认知与生产决策

随着经济快速发展，牧区的草原生态环境也面临着更大的压力，作为承载着牧区畜牧业发展的草地资源，面临着草原面积退化和荒漠化的现状。虽然国家致力于改变牧区生态环境恶化的状况，实施了退牧还草等一系列生态环境政策，但是牧区的生态建设仍然面临诸多困难。牧户作为牧业生产经营的主体，他们对草原生态建设的认识和评价是遏制草原生态环境持续恶化的关键要素。在被调查的牧户中，对自有草场评价认为健康的只有 5 户，所占比重为 2.87%；对自有草场评价认为有些退化的有 77 户，所占比重为 44.25%；对自有草场评价认为中度退化的有 52 户，所占比重为 29.89%；对自有草场评价为退化得很厉害的有 40 户，所占比重为 22.99%（见图 7－5）。牧民对草场退化也表示无奈和忧虑，且感到

束手无策，一方面需要依赖草场维持生计或提高收入，另一方面还要保护草原的生态环境，实现可持续利用。

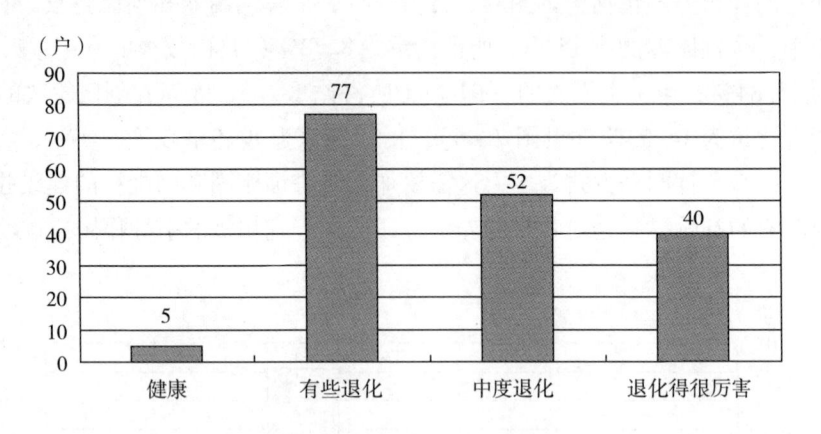

图 7-5　牧民对自有草场的评价

依靠资源和环境的内蒙古畜牧业经济发展方式造成了草原的大面积退化，甚至出现了不同程度的荒漠化和沙化，严重阻碍了草原畜牧业的健康发展。草原资源受自然因素的影响程度较大，但人为因素对草原生态环境的影响也非常显著。调查显示，牧民认为造成草场退化最主要的原因是降雨减少带来的干旱气候导致牧草产量下降，持这一看法的牧民所占比重为 88.57%；认为不重视草场维护造成草场退化的牧民所占比重为 58.57%；认为草场上放牧牲畜数量过多、牧民过度放牧、开垦草原等原因造成草场退化的牧民所占比重分别为 24.29%、37.14%、15.71%（见图 7-6）。在草原生态保护实施主体方面，牧民认为政府和牧民应该共同进行草原保护，制定惠及从事畜牧业生产的广大牧民的政策措施，政府部门管理监督实施草原生态建设。牧民更多的是倾向于采取划区轮牧、种草的方式来保护草原，继续传统的游牧生产生活。

在实际的调查中发现，牧区牧户对草地资源的使用普遍存在超载过牧现象，单位面积牧草地所能承受的牲畜量已经达到了极限，造成草场的严重退化和草原生态环境的破坏，草地承载能力下降，致使肉、奶、毛等畜牧业产品产量下降，影响了牧民收入的增加和生活质量的改善，从而形成恶性循环。对牧户的调查结果显示，有 59 户认为现在的养殖规模小于规定的载畜量，所占比重为 34.30%；有 71 户认为现在的养殖规模等于规定的载畜量，所占比重为 41.28%；有 42 户认为现在的养殖规模大于规定的载畜量，所占比重为 24.42%（见图 7-7）。基于来自牧户保守的调查结果，可以认为养殖规模大于规定载畜量的比重已经超过了70%，牧民是通过对草地资源掠夺性利用来获取更高收入的，这对草场的休养生息极为不利。

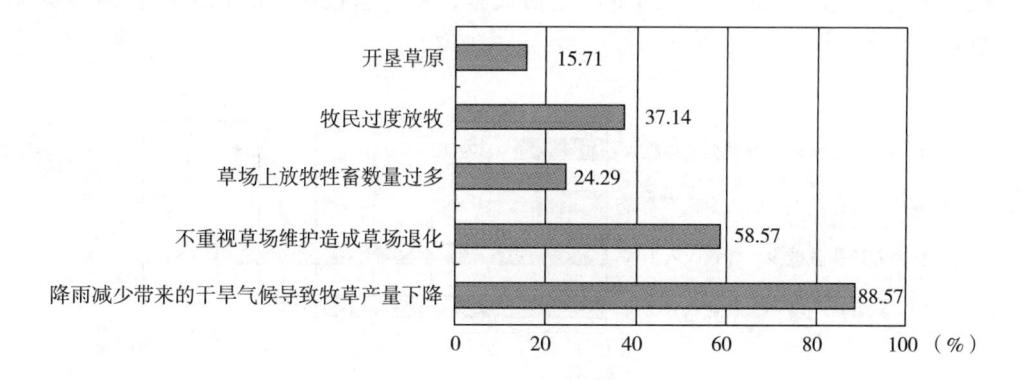

图7-6 草场退化原因

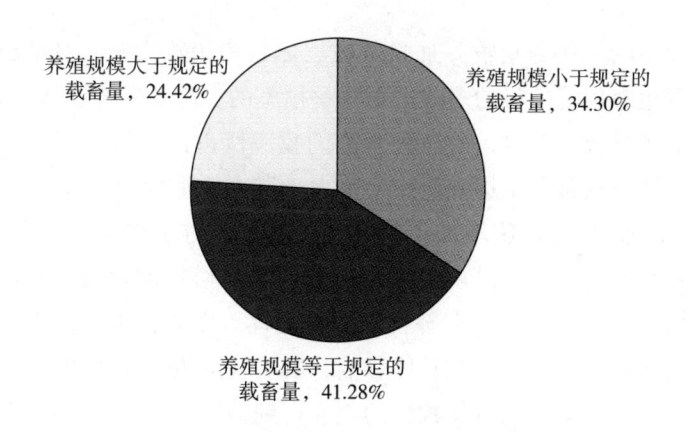

图7-7 养殖规模与规定载畜量相比

内蒙古从2002年开始实施退牧还草工程，改善了草地质量，增加了牧草产量，有效抑制了荒漠化现象，推进了牧区城镇化的进程，取得了明显的生态效益、经济效益和社会效益。在退牧还草政策对牧民生产生活的影响方面，调查显示，有84户牧民认为饲养成本增加，牧业收入下降，所占比重为48.57%；有108户牧民认为牲畜养殖头数减少，导致收入下降，所占比重为68.86%；有32户牧民认为饲养成本变化不大，收入变化不明显，所占比重为18.57%；只有27户牧民认为有利于草场恢复，将来会提高收入，所占比重为15.71%（见图7-8）。

退牧还草工程的实施，使牧民的自由放牧方式转变为舍饲半舍饲养殖模式，需要建设牲畜棚圈、水利设施、饲草料基地等一系列配套设施。但由于退牧还草工程实施过程中存在各种各样的问题，如基础设施投资资金支持力度不够、生态补偿机制不完善等，增加了牧民的生产生活成本，牧民退牧还草的积极性受到一定影响。

项目	比例(%)
有利于草场恢复，将来会提高收入	15.71
饲养成本变化不大，收入变化不明显	18.57
牲畜养殖头数减少，导致收入下降	68.86
饲养成本增加，牧业收入下降	48.57

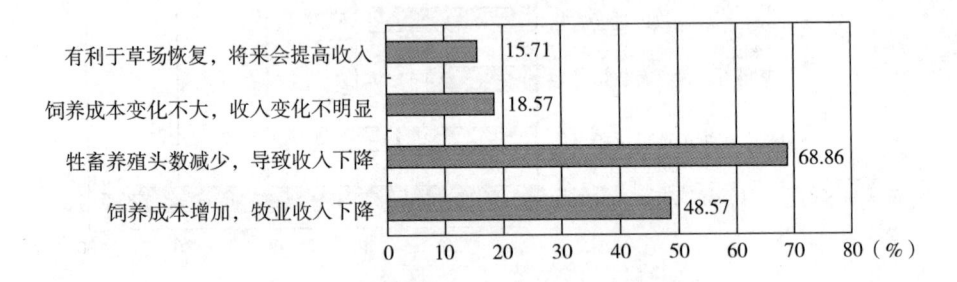

图 7-8 退牧还草政策对牧民生产生活的影响

生态政策中的"围封禁牧"通过禁牧、休牧和轮牧措施，对草场加以保护，达到逐步恢复生态环境的目的。牧民对这一措施的实施效果普遍认可，认为有利于草场恢复，提高牧草产量，持这种观点的牧民所占比重为55.71%，但也有牧民认为禁牧、休牧政策对草场恢复作用不大，所占比重为28.57%，有40%的牧民则认为"围封禁牧"措施增加了牧民生产成本，对于牧民收入产生了负面影响（见图7-9）。同时，牧民认为禁牧、休牧的补偿标准较低，补偿额度不足，牧民还没有成为真正意义上生态补偿的受益主体。因此，生态保护政策的实施，要充分考虑政策对于牧民收入的具体影响，解决政策执行存在相应配套措施不完善和工作不到位等问题。只有使牧民的收入得到提高，牧民才有足够的动力主动去推行政策的实施，从而实现牧民收入变化和环境政策实施效果之间的良性互动。

随着国家围封转移和退牧还草以及禁牧、休牧、轮牧政策的深入实施，牧民的生产生活方式发生了转变，由游牧生活向定居和半定居生活转移，为此，牧民在生产方面需要政府提供政策资金的投入支持，主要是牧民向其他产业转移所需要配套设施的建设。在被调查的172户牧户中，有145户认为政府应在饲草料补贴和保障方面增加投入，所占比重为84.29%；有135户认为政府应在畜棚暖圈建设方面给予更多的资金支持，所占比重为78.57%；有118户认为政府应在牧民贷款方面给予优惠和便利服务，所占比重为68.57%；有81户认为政府应加强

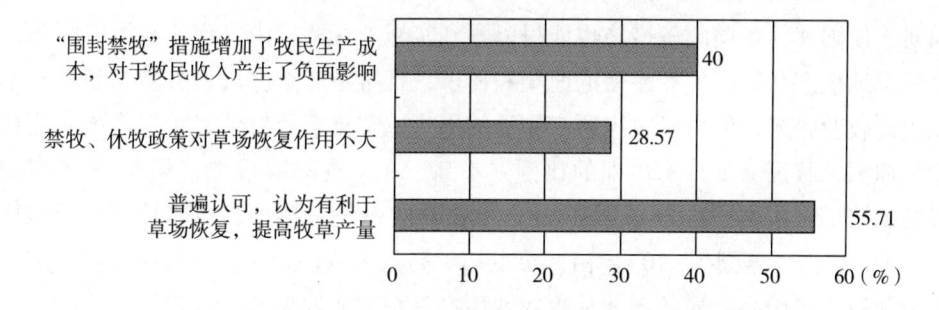

第七章　牧户生产意愿影响因素的实证分析

图7-9　牧民对禁牧、休牧政策的评价

水利设施配套方面的建设，所占比重为47.14%。此外，牧民需要政府在网围栏、青贮窖建设、市场信息服务、技术培训方面投入的意愿分别占到22.86%、21.43%、28.57%和30%（见表7-4）。草原生态保护能带来生态、资源、畜牧业发展等方面巨大的长期利益，牧民作为草原生态保护的主要参与者，还应该是生态补偿的受益主体，政府生态政策的制定和实施应充分考虑到牧民的实际需要，使牧民在为保护草原而减少经营性收入的同时，获得足够的转移性收入；使牧民能够主动参与到生态保护项目中，且还能继续从事牧业生产。

表7-4　牧民需要政府投入的生产设施

牧民需要政府投入的生产设施	占比（%）
政府应在饲草料补贴和保障方面增加投入	84.29
政府应在畜棚暖圈建设方面给予更多的资金支持	78.57
政府应在牧民贷款方面给予优惠和便利服务	68.57
政府应加强水利设施配套方面的建设	47.14
政府增加网围栏投入	22.86
青贮窖建设	21.43
市场信息服务	28.57
技术培训方面	30

新形势下畜牧业的可持续发展需要高文化素质、懂经营管理的新型牧民，尤其是具有较高科技素养的牧民从事牧业生产活动，在提高生产效率和牧业收入的

同时，使国家的各项政策措施也能得以顺利实施。在调查中发现，牧民有强烈的改善草地生态和提高生产能力的愿望和需求，且希望能掌握现代养殖、种植技术以提高牧业收入，但由于牧民语言沟通的困难、文化素质较低、难以掌握实用技术等原因，牧民参加技术培训的比例并不高。在调查的牧户中，只有20户参加过技术培训，所占比重为11.63%；有152户牧户没有参加过技术培训，所占比重为88.37%（见图7-10）。由此可见，提高牧区劳动力的文化技能素质，培育新型牧民、吸引高素质的人才从事牧业生产是畜牧业发展的关键要素。

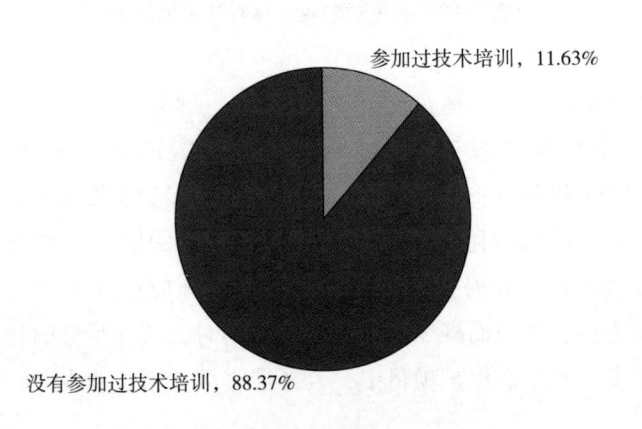

图7-10 是否参加过新型农牧民科技培训

五、市场环境对牧民生产决策的影响

随着牧区基础设施逐渐改善，牧户获取市场信息的渠道也在增加，牧户主要通过政府组织的宣传、手机及电视广播获得有关市场环境方面的信息，有67.14%的牧民认为获取市场信息比较容易，但由于受教育文化程度的制约，有32.86%的牧民认为获取市场信息比较难。在调查的牧户中，绝大部分牧户没有参加过任何形式的牧业合作组织，其中有52户在牧区有牧业合作组织的情况下也没有参加，所占比重为30.23%；有76户是因为没有牧业合作组织所以没参加，所占比重为44.19%；只有25.58%的牧户参加了牧业合作组织（见图7-11）。牧户在市场交易中处于弱势地位，在市场上被动地销售畜产品，而合作组织作为牧民利益主体的代表，应该通过广泛宣传和切实可行的措施，引导牧民加入，且增强牧业合作组织在资金借贷、产品销售、生产技术培训等方面的功能，保障入社牧户的经济效益，提升牧民的市场议价能力，发挥牧业合作组织的市场主体作用。

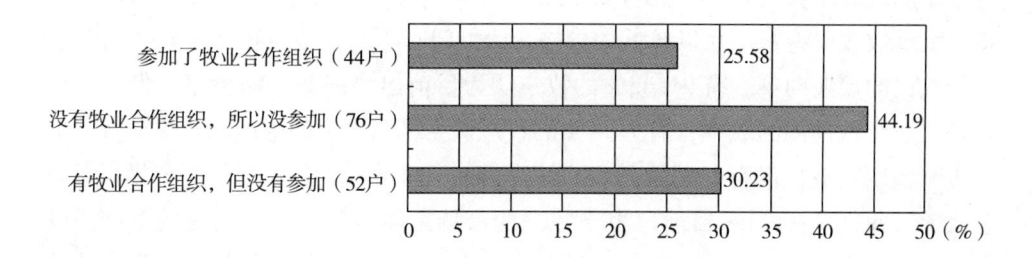

图 7-11 牧民参加合作组织

参加了牧业合作组织（44户） 25.58
没有牧业合作组织，所以没参加（76户） 44.19
有牧业合作组织，但没有参加（52户） 30.23

调查发现，在牧户出售的畜产品中最普遍的是肉牛、羊、羊毛、羊绒，而牧户畜产品的销售渠道是否顺畅，影响着牧业收入的高低。目前，牧户销售畜产品的渠道较为单一，由于交通受限、缺乏市场信息等因素大多数通过上门收购的商贩进行销售，选择这种销售渠道的牧户有 135 户，所占比重为 78.49%；选择自己到就近市场出售的牧户有 29 户，所占比重为 16.86%；由合作社统一收购进行销售的牧户只有 8 户，所占比重为 4.65%。没有牧户通过加工企业上门收购的销售渠道进行畜产品销售（见图 7-12）。因此，完善畜产品销售渠道为牧户提供了更多便利和选择，有助于提高畜产品的市场价值。

由合作社统一收购进行销售，4.65%
自己到就近的市场出售，16.86%
上门收购，78.49%

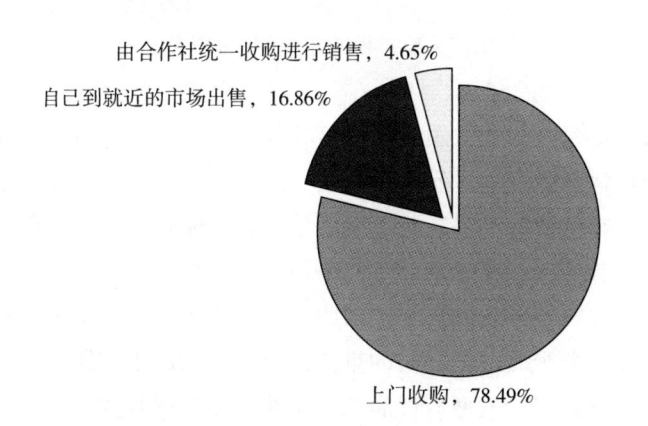

图 7-12 牧户畜产品销售渠道

畜产品的销售是牧户收入的主要来源，调查户中有 88 户优先考虑在家庭需要资金时出售畜产品,所占比重为51.16%;有79户牧民会优先选择市场价格比较高的时候出售畜产品,所占比重为45.93%;只有2.91%的牧户优先选择饲草料不足的时候出售畜产品。由于牧民不能及时有效地获取由政府提供的市场信息,大多数牧民将畜产品以较低的价格卖给上门收购的商贩,牧业经营收入没有达到牧民的预期期望。有91.43%的牧户认为目前出售的畜产品价格较低,不能弥补牧业经营投入的成本;有7.14%的牧户认为目前出售的畜产品价格适合,能够带来预期收益;仅有1.43%的牧户认为目前出售的畜产品价格较高,提高了牧业收入(见图7-13)。目前,由于牧户的市场主体地位较低,出售的畜产品缺乏市场竞争力,牧业收入也较低,只有通过牧户合作经济组织等形式,提高牧业经营的规模化程度,降低牧业经营成本费用,为牧户创造提升牧业利润的空间,在市场上为维护牧户的利益充分发挥其作用,才能在一定程度上提升畜产品的价格,从而提高牧民收入。

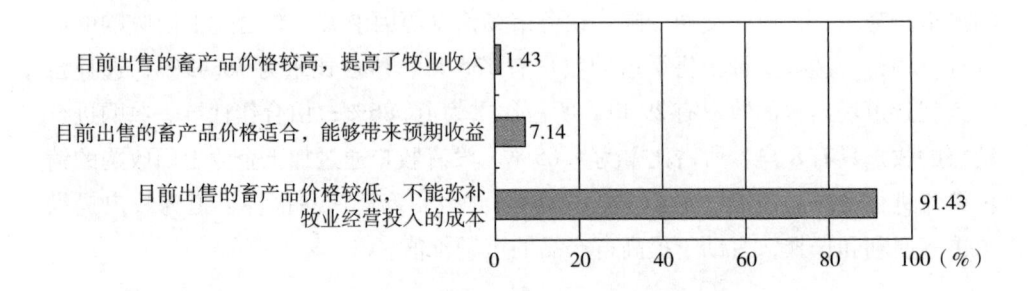

图7-13 牧民畜产品销售情况

牧业产品既是牧民的生活用品,也是其收入来源,牧民迫切希望改变牧区收入水平较低的现状。调查结果显示,有82.86%的牧民认为及时有效的市场信息是牧业产品卖出好价钱的主要影响因素,希望政府能够提供便捷的信息渠道;有72.86%的牧民认为牧区绿色畜产品的产品品质是提高市场价格的有效途径。目前,牧区大部分牧民经营规模较小,因此,通过牧民合作组织或者与加工企业签订合同出售是提升畜产品市场价格的重要途径,但是由于牧民合作组织和牧民的利益联结机制还不完善、大型畜产品加工企业还需发展壮大等原因,牧民优先选择合作组织以及与加工企业签订合同出售畜产品的比重并不高,分别为30%和31.43%(见图7-14)。

通过其他途径出售畜产品，38.57%　　通过合作组织出售畜产品，30%

通过与加工企业签订合同出售畜产品，31.43%

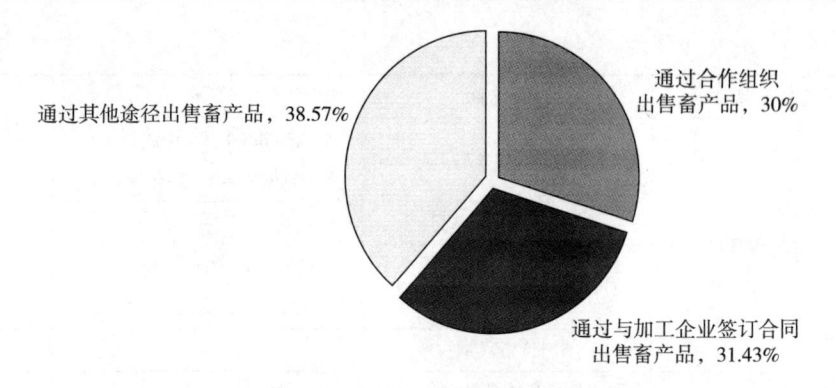

图 7-14　牧业产品卖出好价钱的途径

六、牧户生产意愿影响因素的计量分析

（一）变量的选取及解释

根据牧民经营牧业的情况，本书将牧户生产意愿的影响因素分为个人因素、家庭特征、一般环境和市场环境四组解释变量。其中，每一组变量分别选取若干具体可测度的变量作为描述变量，共确定了 14 个可测度变量，变量的选取及解释如表 7-5 所示。

表 7-5　变量选取及解释

变量类型		变量名称	变量解释	预期方向
因变量		牧户是否扩大养殖规模（Y）	愿意 =1，不愿意 =0	
自变量	个人因素变量	年龄（X_1）	—	-
		文化程度（X_2）	—	+
		是否参加过技术培训（X_{11}）	是 =1，否 =0	+
	家庭特征变量	牧业劳动力（X_3）	—	+
		牧业收入（X_4）	—	+
		使用草场面积（X_5）	—	+
		牧业费用支出（X_6）	—	-
		用于牧业生产的贷款（X_7）	—	+

续表

变量类型		变量名称	变量解释	预期方向
自变量	一般环境变量	养殖方式（X_8）	舍饲圈养=1，自由放牧=2，半舍饲圈养=3，划区轮牧=4	?
		草场载畜量（X_9）	—	+
		对自有草场的评价（X_{10}）	健康=1，有些退化=2，中度退化=3，退化得很厉害=4	-
		羊肉价格（X_{14}）	—	+
	市场环境变量	获取市场信息的难易程度（X_{12}）	困难=1，容易=2	+
		是否参与牧民合作组织（X_{13}）	有合作组织，参加了=1，有合作组织，没有参加=2，没有合作组织=3	-

注：变量中带*者表示虚拟变量。

第一组，个人因素变量。牧户的人口特征和户主的能力特征直接影响到牧户从事牧业生产的收入和成本，主要包括年龄、文化程度、是否参加过技术培训。本书认为，在牧业生产过程中，随着年龄的增长，牧民积累了更多的牧业养殖管理经验，更有利于降低生产经营风险，使投入的费用减少，获得较高的收入，但同时年龄增大将会导致从事牧业生产的精力、体力下降。总体而言，随着牧民年龄的增加，其扩大牧业生产的意愿就会减弱。文化程度越高的牧民，越容易接受先进的养殖技术和管理理念，并会有强烈的扩大牧业生产规模的意愿。参加过技术培训的牧民，对牧业生产的发展前景充满期望，愿意把技术手段应用到生产实践中，提高生产效率，因此有着积极从事牧业生产的意愿。

第二组，家庭特征变量。包括牧业劳动力、牧业收入、使用草场面积、牧业费用支出和用于牧业生产的贷款。本书认为，能够从事牧业生产的家庭劳动力越多，牧户扩大养殖规模的意愿就越强。牧业收入是影响牧民生产行为的最重要因素，牧业收入的变化会左右牧民养殖规模的选择。牧户使用的草场面积包括自有草场和租赁草场共有的面积，草场面积越多的牧户越有能力进行规模化生产，因此也愿意扩大养殖规模。随着国家退牧还草工程、禁牧和休牧政策的实施，牧民用于牧业生产的基础设施投入增加，导致牧业生产成本提高，这对于牧民的生产意愿会产生消极的影响。牧民投入牧业生产的资金需要借助于贷款的扶持，用于牧业生产的贷款数额越多，意味着牧民越有扩大养殖规模的积极意愿。

第三组，一般环境变量。一般环境因素指对牧户牧业生产有直接或者间接影响的外部因素，包括养殖方式、草场载畜量、对自有草场的评价、羊肉价格。养殖方式包括舍饲圈养、自由放牧、半舍饲圈养和划区轮牧，不同的养殖方式会产生不同的投入产出效益，影响牧户的养殖规模。由于天然草场的产草量不断下降，承载牲畜的数量在不断减少，为了保护草原生态和减少天然草原的压力，国家出台了《草畜平衡管理办法》，草场的载畜量多少关系着牧民原有生产规模的扩大与否。牧户的天然草场存在着不同程度的退化，牧民的生产行为会受到很大限制，使扩大牲畜规模变得困难。由于牧户养殖的牲畜中以羊居多，所以羊肉价格的高低会直接影响牧业收入。

第四组，市场环境变量。包括获取市场信息的难易程度和是否参与牧民合作组织。本书认为，市场环境越优越，牧户作为理性的经济人，也越能依据市场需求安排牧业生产活动，牧户扩大养殖的意愿也越强。牧民合作组织的功能由基础的生产领域，逐渐向资金借贷、生产技术培训等方面扩展，参与合作组织的牧户以合作社为平台进行畜产品的销售，或者以"企业+牧户"的方式进行产品订购，一定程度上提高了畜产品的销售价格。此外，牧区很多牧户都需要进行资金借贷用于投入牧业生产，牧民合作组织就成为他们获取资金借贷的一个重要途径，可以保障牧业生产经营的长期可持续发展。因此，参与牧民合作组织对牧民的牧业生产行为有积极的影响。

（二）模型估计结果分析

通过 SPSS 软件对 172 个有效牧户样本数据进行 Logistic 回归处理，从估计结果来看，LR 统计量的值为 82.03，Pseudo R^2 统计量的值为 0.2297，说明该模型整体拟合程度较好，方程整体效果显著（见表 7-6）。

表 7-6 牧户养殖意愿的 Logistic 模型回归结果

变量	系数	标准误差	Z 值	P>｜z｜	dy/dx
X_1	-0.0318408	0.0167701	-1.90	0.058*	-0.0073682
X_2	0.418438	0.240587	1.74	0.082*	0.0968291
X_3	-1.478631	0.3280886	-4.51	0.000***	-0.3421641
X_4	0.0000138	3.25e-06	4.25	0.000***	3.20e-06
X_5	1.67e-06	0.0000638	0.03	0.979	3.86e-07
X_6	-0.0000183	6.10e-06	-3.00	0.003***	-4.24e-06

续表

变量	系数	标准误差	Z 值	P>|z|	dy/dx
X_7	4.75e-06	5.72e-06	0.83	0.406	1.10e-06
X_8	0.5225333	0.2025171	2.58	0.010**	0.1209174
X_9	0.4117086	0.2451898	1.68	0.093*	0.0952719
X_{10}	-0.3833052	0.1980248	-1.94	0.053*	-0.0886991
X_{11}	2.385602	0.7105396	3.36	0.001***	0.5520428
X_{12}	0.0576554	0.3821043	0.15	0.880	0.0133418
X_{13}	0.5008517	0.2410002	2.08	0.038**	0.1159001
X_{14}	0.0881418	0.0343576	2.57	0.010**	0.0203966
_cons	-5.945465	2.520237	-2.36	0.018	—
LR chi² (14)			82.03		
Prob > chi²			0		
Pseudo R²			0.2297		

注：*、**、***分别表示10%、5%、1%的显著性水平。

在显著的影响因素中，文化程度、牧业收入、养殖方式、草场载畜量、是否参加过技术培训、参与牧民合作组织、羊肉价格对牧民现有养殖规模扩大产生正向影响。年龄、牧业劳动力、牧业费用支出、对自有草场的评价与牧民扩大现有养殖规模的意愿之间呈负相关关系。

（1）通过模型运行的结果，自变量年龄在10%的水平上显著，且系数符号为负，即年龄对牧民生产行为有显著影响。随着年龄的增长，牧民从事牧业生产的体力和精力不足，对于扩大现有养殖规模的意愿减弱，更愿意维持现状，保障当前基本收入来源即可。牧民希望自己的下一代通过继承牲畜、草场的方式将草原畜牧业传承下去，实现可持续性发展。

（2）模型运行结果显示，文化程度在10%的水平上显著，并与牧民扩大现有养殖规模的意愿之间呈正相关关系。随着牧民文化素养的提高，其比较容易接受新技术和新观念，更愿意利用现代的通信工具进行沟通，了解市场信息，通过掌握先进的养殖技术，扩大养殖规模，促进牧业生产，提高牧业收入和生活水平。

（3）通过 Logistic 模型结果得出，牧业劳动力对牧民的生产行为影响十分显著并呈负相关。虽然牧民希望草原畜牧业能作为一种职业得到传承，但是由于牧业生产面临的自然灾害风险较大，同时又受到来自于市场风险的威胁，导致牧业收入的不稳定。牧户家庭中从事牧业生产的劳动力越多,牧民越希望分散风险,通过家庭中的劳动力从事农业生产或者打工的方式来获取其他收入,其实质也是为了寻求更多的生计安全保障。

(4)牧业收入对牧民生产行为的影响在1%的水平上十分显著,并呈正相关。对于研究区域的牧民来说,他们把收入的最大化作为从事畜牧业生产最重要的目标。由于牧民生产生活方式均以畜牧业为核心,牧业收入是牧民收入的主要来源,因此牧业收入的增加能够提高牧民的养殖积极性,从而实现养殖规模的最大化。

(5)牧业费用支出在1%的统计检验水平上显著,且系数符号为负。这说明牧业费用支出对牧民生产行为有重要影响,随着牧民家庭牧业支出的增加,愿意扩大养殖规模的意愿就减弱。因此,政府应在草场维护、畜棚暖圈、围栏建设等方面进行投入,减少牧民的生产成本,使其在增加家庭收入目标下的行为选择之一是扩大牲畜规模。

(6)养殖方式对牧民的生产行为有着较大的影响。从模型计量结果来看,养殖方式这一指标在5%的统计检验水平上显著,且系数符号为正。采用舍饲圈养的牧民愿意扩大养殖规模的概率要高出12.09%。这说明在其他条件不变的情况下,舍饲圈养要比自由放牧、半舍饲圈养、划区轮牧等养殖方式更符合牧民的实际需要,且能够实现向规模化、标准化、现代化养殖方向的转变。

(7)草场载畜量对牧民的生产行为有显著的正向影响。从模型结果看,如果牧民现有的养殖规模小于规定的载畜量,则扩大养殖规模的意愿就较强。为了恢复草原生态,政府针对天然草场实施的禁牧、休牧、轮牧的政策,在一定程度上限制了天然草场的使用,那么人工草场对牧民扩大养殖规模与否就起到了重要作用。

(8)通过模型运行的结果,对自有草场的评价在10%的水平上显著,且系数符号为负,即草场的健康状况对牧民生产行为有显著的影响。草场的退化程度对牧民扩大现有养殖规模有显著的负向影响。牧民的自有草场退化越严重,扩大牲畜规模的意愿越弱。由于长期超载放牧导致草场出现不同程度的退化,草场载畜量不断下降,限制了草原畜牧业的可持续发展。

(9)技术培训对牧民生产行为具有十分显著的正向影响。从模型结果看,参加过农牧业实用技术培训的牧民,其扩大养殖规模的意愿要提高55.2%。这说明面对草原退化、草畜矛盾突出、生产效率低下的经营现状,科技培训能够提高牧民的生产能力和经营管理水平,科学合理地利用草场资源,从而推动畜牧业生产方式的转变，使畜牧业走向现代化。

（10）合作组织对牧民扩大养殖规模有着重要的影响。模型的运行结果显示，参加合作组织的牧民愿意扩大养殖规模的比率要比没有参加合作组织的牧民高出11.59%。随着牧民受教育程度的提高，其更愿意加入新的组织形式，以此带来较多的经济收入。

（11）模型运行结果显示，羊肉价格在5%的水平上显著，并与牧民扩大现有养殖规模的意愿之间呈正相关关系。近年来，随着牧民定居政策的推行和市场经济的发展，牧民的生产与生活也越来越多地体现出市场化的特点，经常面临着家庭货币支出的压力，包括用于生产的投入、子女的教育成本以及社会化的人情交往支出。牧民增加家庭收入的行为选择就是通过多种渠道使畜产品能够卖出更高的价格，再尽可能饲养更多的牲畜。可见，畜产品市场价格的高低和稳定运行对于牧民养殖意愿的选择产生了较大影响。

七、结论及政策建议

（一）结论

通过对牧民生产行为影响因素的分析发现，牧户家庭在牧业上的收入支出和牧民的科技素质成为牧户是否扩大养殖规模的重要影响因素。基于对内蒙古自治区牧民生产行为影响因素的实证研究，我们认为牧业收入、牧业费用支出、养殖方式、草场载畜量、对自有草场的评价、科技培训、牧民合作组织以及畜产品价格对牧民扩大养殖规模意愿有着显著的影响。

（二）政策建议

一是提升牧民在草原畜牧业产业链中的地位。草原畜牧业产业链是以牧户、畜产品加工企业、畜产品经销商等相关联的主体组成的产业集群，产业链各主体的紧密协作对产业链的整体效率和绩效的发挥具有举足轻重的作用。畜牧业龙头企业、畜产品销售成为畜牧业产业链构建的重要环节，而作为畜牧业供给、养殖环节的牧民却容易受到忽略，且牧民在产业链中的主体地位低，导致利益分配的不均衡，牧民增收困难。应通过牧业合作组织的建立，使牧民在牧业产业链中的地位提升，通过政府的帮扶完善牧业合作组织的各项服务功能，从而提高入社牧户的经济效益。

二是对牧民实施精准的科技培训，提高生产能力。以家庭畜牧业为生计的牧民面临着草场载畜量下降、极端天气灾害、无法适应市场变化的难题，他们有强烈的改善草地生态和提高生产能力的愿望和需求。政府应了解牧区牧户生产中迫切需要解决的实际问题，主要面向牧区的实用技术的精准推广，广泛运用互联网媒介对牧民进行科技培训，使牧民能够掌握现代养殖技术、人工饲草地种植技术、绿色畜产品加工增值技术等，来提高牧业收入。

三是探索新型养殖模式，降低牧民的经营风险。随着国家草畜平衡政策和禁牧舍饲制度的执行，牧户的养殖规模出现萎缩下滑的态势。畜产品价格的不稳定导致的"增产减收"对牧民的养殖信心打击很大。落后的经营管理使牧户处于高风险经营之中。政府通过应用先进的畜牧业技术，改变传统的经营方式，在保护草原生态环境的前提下，挖掘草原畜牧业的内部增收潜力，探索推广生态高效的养殖模式，使牧民的养殖成本降低，提高抗风险能力。

四是健全牧区金融服务设施，鼓励牧民增加生产性投资。牧民有改善目前生产状况的迫切愿望，但却面临着金融机构担保要求高、贷款难度大的困境。政府应积极引导金融机构降低贷款门槛，改革抵押形式，简化业务操作流程，开发适合牧户需求的金融产品，满足牧户日益增加的借贷需求，调动牧民对生产投资的积极性。

第二节 蒙古国牧户生产意愿分析

一、研究基础

草原畜牧业是蒙古国传统的基础产业，也是国民经济发展的支柱产业。2014年，由于国际政治经济环境的不利影响和国内政策的失误，蒙古国经济增幅大幅下滑，经济形势较为严峻。2015年以来，经济发展依然处于低谷，各项产业的增长率放缓，经济规模进一步萎缩。蒙古国提出的"草原之路"计划，将会带来更多投资机会并带动产业升级，使能源和矿产行业提升到新的水平。蒙古国"草原之路"倡议与中国"一带一路"倡议高度契合，可以充分发挥蒙古国自身的比较优势，尤其是开拓传统畜牧业资源的潜力，使畜牧产业得到长足发展，对蒙古国经济增长起到推动作用。

　　蒙古国畜牧业以游牧生产方式为主，是"人—畜—草"协调发展的传统草原畜牧业。近年来，关于蒙古国草原畜牧业经济的研究成果逐渐增多。蒙古国国内的研究主要有 M. 特木尔扎布的《蒙古国草原畜牧业》、D. 詹德希拉布的《蒙古国草原畜牧业经验》、D. 都林苏楞和 M. 敖兰巴雅尔的《蒙古国牧场经营管理实践》等研究成果，他们认为应该对传统畜牧业进行改革，并主张草原畜牧业应以市场需求为导向，使草原畜牧业经济生产具有商业价值。一种观点认为对牧场畜牧业实行定居化，这一过程将为蒙古国草原畜牧业带来新的变化和转机。另一种观点认为要游牧和定居化相结合，这样不仅可以继承传统游牧方式，而且可以促进蒙古国草原畜牧业的现代化发展。瑟日革琳在《蒙古草原畜牧业经济研究》中认为，蒙古国的草原畜牧业要获得较快的发展，必须改变长期形成的敞放饲养方式为圈舍饲养。合理调整和改革牧区生产资料所有制，切实采取有效措施，进一步完善牧区畜草承包的生产责任制，建立以畜牧业为基础，多产业结合，多层次、多手段联合经营的"大牧业"战略。

　　我国的研究学者娜仁（2008）指出，要建立和完善有层次的、专业化的、具有组织的草原畜牧业产前、产中、产后服务体系，各级初级市场、各级集散市场、中心市场组成完善的市场体系，通过多渠道经营服务，保证畜产品迅速进入流通领域及消费领域。王富强（2009）认为，实现蒙古国草原畜牧业现代化，其基本途径是改变粗放经营的生产方式、依靠建设养畜科技兴牧、将各种生产要素优化组合、合理配置，走集约化经营的路子。杜富林和鬼木俊次（2015）通过对中国内蒙古与蒙古若干畜牧业生产指标的对比，明确了在畜牧业经营中草地牧户承包使用的效果，且认为实行草地承包经营制度有利于实现共有草地的集约化生产。对牧户个人承包草地来说，有必要监督放牧强度。麦拉苏和乌日陶克套胡（2015）指出，坚持游牧生产方式、完善牧区市场化服务体系、提高牧民的组织化程度、培育新型的市场主体是蒙古国传统畜牧业走出困境的主要途径。

　　全面放开的市场经济给处于自然经济状态的蒙古国传统畜牧业带来前所未有的冲击和挑战。在新形势下，蒙古国传统的草原畜牧业经济将如何发展成为专家学者所关注的问题，其中畜产业是促进蒙古国草原畜牧业可持续发展的重要条件，但是相关的研究成果很少。草原畜牧业的生产性收入是蒙古国牧民的主要经济来源，通过研究蒙古国牧民的生产行为，了解保障畜产品稳定供给、促进牧区市场化程度提升的影响因素，提高牧区牧业生产效率，实现草原畜牧业的可持续发展。

二、牧户调查数据的统计分析

（一）数据来源及样本分布

研究数据来源于对蒙古国牧区牧户进行的调查，采用随机调研的方法，调查地区包括后杭爱省、肯特省、中戈壁省。由于蒙古国地广人稀，牧民主要以季节轮牧为主，牧户居住较为分散，各个牧户之间空间跨越度较大，因此对入户调研造成了一定的困难。为了使调查对象覆盖更广泛的区域，尽可能地了解到不同牧区牧户的生产经营情况，选择了蒙古国东部、中部、西部共3个省的8个苏木，每个苏木随机调研4户牧民。调查共发放问卷32份，问卷有效率为100%。

为了全面了解牧户的生产经营情况，调查内容主要包括家庭基本情况、2015年度牧业生产经营情况、草原生态建设情况、畜产品销售情况、政策因素和社会经济条件等。牧户家庭基本情况主要包括户主性别、年龄、受教育程度、家庭人口、家庭劳动力、参加保险的情况。牧业生产经营方面主要包括使用草场面积、畜牧业收入、家畜存栏数量及种类、牧业费用支出、养殖方式等。草原生态建设情况包括对自有草场的评价、对草原生态保护的认识、草场载畜量等。畜产品销售情况包括主要销售畜产品的种类、畜产品的销售渠道、出售牧业产品的价格等。政策因素包括对国家草原保护政策评价、需要政府投入的生产设施、养殖技术培训、所在地区对动物防疫及病虫害防控的措施等。社会经济条件包括牧民合作组织、离最近公路的距离、获取市场信息的程度等。

（二）样本特征描述

1. 样本牧户户主的基本情况

以男性为主：在32份有效问卷中，户主为男性的有26份，女性的有6份，男性所占比重为81.25%，女性所占比重为18.75%（见表7-7）。可见所调查的样本农户户主以男性为主，男性仍然是牧区牧户家庭的主要劳动力。

中老年人居多：户主年龄在40岁以下的样本牧户为10户，所占比重为31.25%；41~60岁的样本牧户有20户，所占比重为62.50%；60岁以上的样本牧户有2户，所占比重为6.25%（见表7-7）。由此可见，样本牧户的户主以中老年人为主，这基本符合牧区的现实情况。在调查中发现，中老年牧民往往习惯生活在牧区，而且受到教育程度、身体条件或劳动技能的限制，也无法从事其他的职业，因而其选择继续从事畜牧业生产劳动。然而年青一代的牧民已经不习惯于牧区生活，并且认为牧业生产的收入较低，纷纷进城发展。年轻劳动力的减少将会影响蒙古国牧区经济的持续发展。

受教育程度低：调查结果表明，牧民受教育年限偏低。样本牧户户主中文盲有10户，所占比重为31.25%；小学文化程度的有6户，所占比重为18.75%；两者加总共有16户，其比重达到了50%，说明牧户中以小学及以下文化程度的居多，这也是制约牧民收入提高的重要因素。初中文化程度的有6户，所占比重为18.75%；高中及以上文化程度的牧户总共只有10户，所占比重为31.25%（见表7-7）。由于牧民文化素质低、没有劳动技能，获取其他收入的途径较少，进城之后找工作比较困难，因此，很多牧民都面临着失业，生活处于贫困状态。

表7-7 样本牧户户主的基本情况

统计特征	分类指标	人数（人）	占比（%）
性别	男性	26	81.25
	女性	6	18.75
年龄	40岁以下	10	31.25
	41~60岁	20	62.50
	60岁以上	2	6.25
受教育程度	文盲	10	31.25
	小学	6	18.75
	初中	6	18.75
	高中	4	12.50
	中专	4	12.50
	大专以上	2	6.25

2. 样本牧户的家庭情况

牧业劳动力占家庭人数的比例较高：在调查的样本牧户中，牧业劳动力占家庭人数的比例50%以下的只有6户，所占比重为18.75%；牧业劳动力占家庭人数的比例50%的有8户，所占比重为25%；牧业劳动力占家庭人数的比例50%以上的有18户，所占比重为56.25%（见图7-15）。近年来，蒙古国的牧民数和牧户数一直都在减少，但绝大多数的人口依然生活在牧区，畜牧业是蒙古国的支柱产业，从事畜牧业的劳动力比例较高。

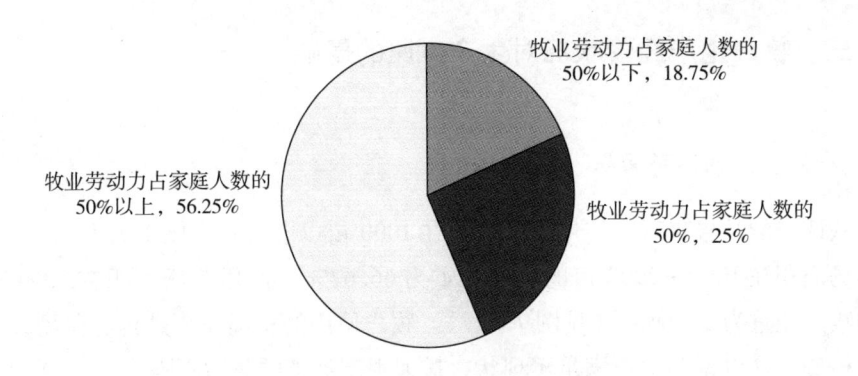

图 7-15 牧业劳动力占家庭人数的比重

购买保险的牧户很少：在 32 户样本牧户中，购买保险的牧户只有 8 户，所占比重为 25%，其中购买生产保险和人寿保险的牧户各占到 12.5%；没有购买保险的牧户有 24 户，所占比重为 75%（见图 7-16）。牧民购买保险的意愿不强是因为牧业收入水平低，大部分收入用于生活消费支出，用于储蓄的很少，没有能力购买保险。此外，由于牧区基础设施建设较差、交通不便、通信工具落后等，导致牧民信息闭塞，不了解社会保险。蒙古国的社会服务体系还不完善，牧民的社会保障制度不健全，特别是缺少来自于政府提供的金融服务产品，不利于牧民增加对畜牧业的资本投入，导致牧民生活水平难以提高。蒙古国政府应加大宣传力度，提高牧民的参保率，以保障畜牧业的稳定发展。

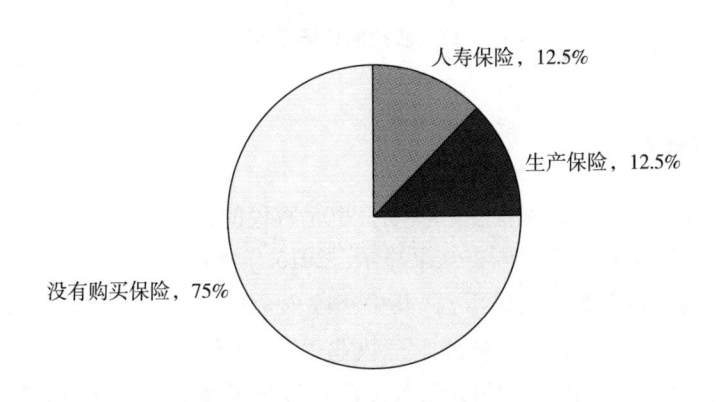

图 7-16 购买保险的牧户比重

三、牧户生产经营状况对生产意愿的影响

（一）使用的草场面积

从调查的结果来看，使用草场面积在 1000 亩以下的牧户比重为 16.67%，使用草场面积在 1000~2000 亩的牧户比重为 66.67%，使用草场面积在 2000 亩以上的牧户比重为 16.66%（见图 7-17）。牧户使用的草场完全是自有草场，没有进行租赁。这也说明牧户满足于现状，扩大生产规模的意愿不强。

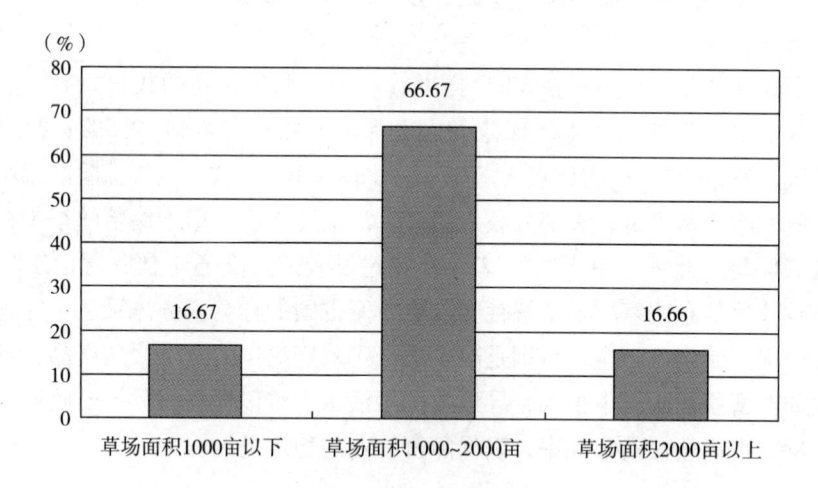

图 7-17　牧户的草场使用面积

（二）畜牧业收入

草原畜牧业是牧民的主要生产活动，也是牧民的主要收入来源，牧户的收入几乎都来源于畜牧业生产。调查结果显示，2015 年牧户的年均收入为 21632.4 万图格里克（约为 60595 元人民币），其中年收入全部来源于畜牧业生产的牧户比重为 87.50%，年收入的一半来源于畜牧业生产的牧户比重为 12.50%。年收入在 1000 万图格里克（约为 28011 元人民币）以下的牧户比重为 33.33%，年收入在 1000 万图格里克（约为 28011 元人民币）以上的牧户比重为 66.67%（见图 7-18）。2015 年牧户得到国家给予的补贴收入主要是农业补助、畜牧业补助、动物防疫及病虫害补助，占补贴收入的比重分别为 18.75%、75%、

6.25%，没有牧区生态保护补助和牧民培训补助（见图7-19）。

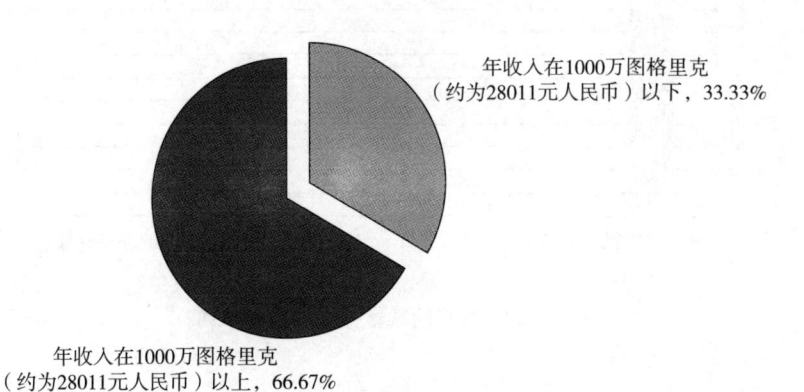

图7-18　2015年牧户年收入

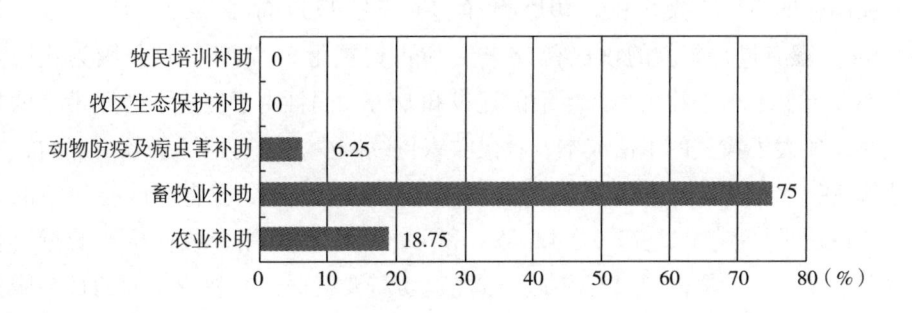

图7-19　2015年牧户的补贴收入

（三）家畜存栏数量

从调研牧户畜牧业养殖结构来看，牧户的家畜存栏总数为1287头（只），其中绵羊山羊数量所占比例较大，羊的存栏数量户均为1197只，占家畜存栏总量的93%；牛的存栏数量户均为65头，占家畜存栏总量的5.05%；马的存栏数量户均为23匹，占家畜存栏总量的1.79%；骆驼的存栏数量户均为2头，占家畜存栏总量的0.16%（见图7-20）。牧户的各项生产生活支出来源都要依靠出售羊来获得，畜牧业生产收入是牧民最主要的收入，是牧民的主要生活保障。

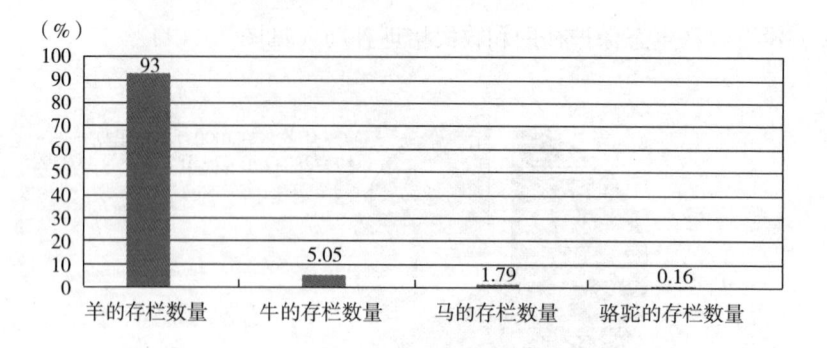

图 7-20 牧户的家畜存栏数量（户均）

（四）牧户贷款情况

在调查的 32 户牧户中，2015 年有 14 户牧户进行了贷款，所占比重为 43.75%；没有进行贷款的牧户有 18 户，所占比重为 56.25%。这是因为牧民贷款利率较高，不利于牧民生产生活的建设和改善，而且由于经济下滑所带来的物价上涨，加大了牧民的生活成本，牧民收入持续减少，没有偿还贷款的能力，因此牧民贷款比例不高。牧户贷款的目的主要是用于医疗、教育和改善生活的支出，所占比重分别为 43.75%、43.75% 和 12.5%，贷款用于牧业生产的意愿较弱（见表 7-8）。蒙古国政府应加大牧民迫切需要的医疗、教育方面的社会服务及补贴额度，减少牧民的生活成本，使他们把资金投入到牧业生产中，用于购买家畜、饲草料和基础设施建设，扩大畜牧业生产规模和效率，促进牧民收入的提高。

表 7-8 牧民贷款情况

贷款情况	贷款目的	户数（人）	占比（%）
有贷款		14	43.75
没有贷款		18	56.25
有贷款意愿	医疗	14	43.75
	教育	14	43.75
	改善生活	4	12.50

(五) 畜牧业支出及养殖方式

牧民为继续牧区传统的生产方式，用于畜牧业生产投入的支出包括需要增加家畜的头数、购买饲草料、给牲畜防疫等方面。调查结果显示，畜牧业年均支出为 461 万图格里克（约为 12885 元人民币），占年均收入的 21.26%。由此可见，蒙古国牧户用于牧业生产投入的积极性不高，这与蒙古国牧区传统生产方式和生活习惯有关，也与蒙古国自然环境、气候条件有关。蒙古国牧民收入持续走低，影响了牧民畜牧业规模的扩大。在调查的牧户中，2015 年畜牧业用于草牧场维护的支出为 86.15 万图格里克（约为 2413 元人民币），占牧户畜牧业年均支出的 18.73%；用于牲畜防疫支出为 71.92 万图格里克（约为 2015 元人民币），占牧户畜牧业年均支出的 15.64%；用于购买生产设施支出为 75.77 万图格里克（约为 2122 元人民币），占牧户畜牧业年均支出的 16.47%。

蒙古国牧民继承了传统的游牧生活，在牧业生产活动中，牲畜的养殖方式主要以季节轮牧为主，以草场利用的季节适宜性为依据，牧民把天然草场按放牧季节划分成四季营地，3~5 月为春季营地，5~8 月为夏季营地，8~11 月为秋季营地，11 月到次年 3 月为冬季营地，每个季节利用不同的草场，有利于生态恢复和保留畜种结构的多样性。此外，也有少部分牧民采取自由放牧、散放饲养的方式。在调查的牧户中，采用季节轮牧、自由放牧、散放饲养养殖方式的牧户分别占 50%、37.5%、12.5%（见图 7-21）。

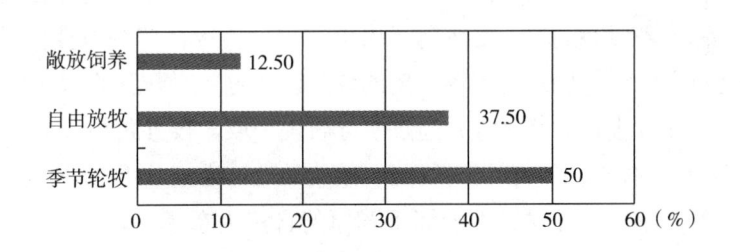

图 7-21　牧户的养殖方式

四、草原生态的认知与评价对生产意愿的影响

近年来，蒙古国在提高草原畜牧业的生态经济效益、改善草原生态环境、提高畜牧业生产收入等方面取得了显著成效，但是，蒙古国草原荒漠化面积逐年增

加，速度逐年递增。造成草原荒漠化的原因非常复杂，包括自然、社会、历史等，人为破坏影响尤为显著。在草原上开采矿产资源、新建道路以及居住区过程中破坏了大面积的草原植被，造成了生态环境的恶化，另外，牧民的超载放牧对保护和恢复草地生态环境极其不利。在被调查的牧户中，没有牧户对自有草场评价认为是健康的；对自有草场评价认为有些退化的有6户，所占比重为18.75%；对自有草场评价认为中度退化的有10户，所占比重为31.25%；对自有草场评价为退化得很厉害的有16户，所占比重为50%（见图7-22）。

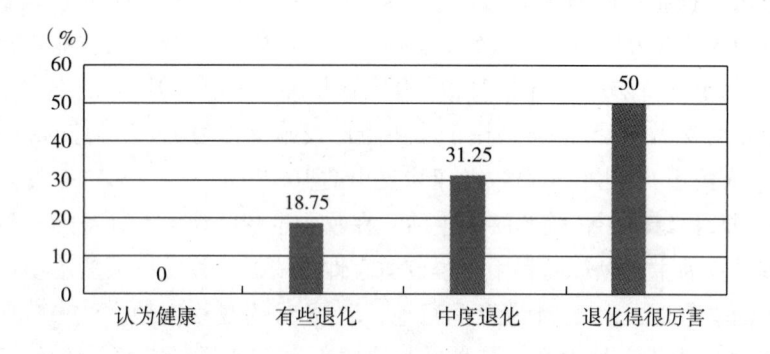

图7-22 牧民对自有草场的评价

对于草场退化的原因，牧民主要认为是在草原上开矿和不重视草场维护造成的，所占比重为43.75%，降水量和过度放牧没有对草场退化形成较大威胁，他们认为"雨水好草地就好"，无须刻意保护，牧民会遵从传统牧业的放牧规律，对草原进行自发保护。但随着市场环境的变化以及对草原开发的深入，政府部门应对草原保护建设进行监督管理，通过引导牧民采取轮牧方式和人工种草措施对草场进行维护。调查显示，牧民对围封、禁牧的政策措施并不认可，他们认为这不符合他们的游牧生活方式，也破坏了草原的自然生态规律。有18户牧民对采取轮牧方式进行草场休养生息的措施表示很赞同，所占比重为56.25%，他们认为这可以使草场得到很好的维护，也有利于牧民提高草原生态保护意识。有25%的牧民认为，随着草场退化面积的增加，政府应该加大人工种草的力度，保障牧民的牧业生产活动，提高牧民收入。

由于蒙古国牧区实行的是"草场公有、牲畜私有"、以家庭经营为主的畜牧业所有制形式，牧民为提高家庭经营收入会不断地增加饲养牲畜的数量，牧民在扩大养殖规模的过程中，存在着对草场过度利用、超载放牧的生产行为，出现了公地悲剧现象，导致草原生态环境的恶化。对牧户的调查结果显示，只有4户认为现在的养殖规模小于规定的载畜量，所占比重为12.5%；有28户认为现在的养殖规模等于规定的载畜量，所占比重为87.5%；没有牧户认为现在的养殖规模大于规定的载畜量（见图7-23）。可见，牧区草场的载畜能力正在下降，不利于牧草的恢复和生长，破坏了草原生态系统的平衡。政府要及时采取草原生态环境保护的有效方式，引导牧民适度放牧，控制牲畜头数，合理利用草场。根据蒙古国的自然生态环境条件，需要着重解决冬春的牲畜缺草问题，这样才能保障牲畜的存活率。牧民希望政府保障饲草料的供应，并在水利设施建设、信息服务方面进行投入，使畜牧业生产能够实现可持续发展。

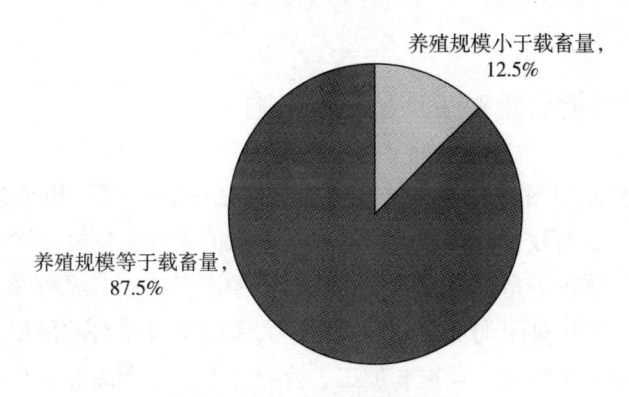

图7-23 牧户的养殖规模

经济转轨以来蒙古国畜牧业仍然延续着游牧的生产方式，游牧方式以四季轮牧、倒场轮牧为主。牧户根据牲畜头数、家中劳动力人数、交通工具的优劣进行着不同程度的游牧，游牧的次数和距离有所不同。牲畜头数较多、家中劳动力充足、交通工具较好的牧户可以进行更多次数、更远距离的游牧，能够很好地保护草场，使牧草得到恢复生长，有效地防止了草原退化；而生产生活条件较差的牧户，由于能力所限，只能选择在较小范围内进行游牧，甚至在固定的营地放牧，造成了对草场的过度利用，不利于草原生态的恢复。以游牧方式为主的牧民其自然经济成分更加突出，生产生活的收入来源完全依赖畜牧业经营，从而面临着更大的牧业生产经营风险。牧民有着强烈的改善草地生态环境以及生产生活基础设施的愿望和需求，这为畜牧业技术的应用提供了一个广阔的空间。调查结果显示，有62.5%的牧户有参加畜牧技术培训的意愿，有37.5%的牧户没有参加畜牧技术培训的意愿（见图7-24）。政府应该立足牧区现实的科技需求，直接面向牧民提供养殖、疫情防控、加工等方面的技术培训，提高牧业生产的经济效益。

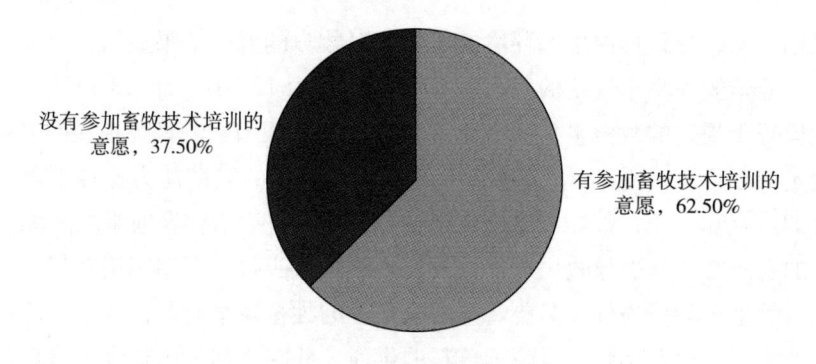

图 7-24　牧户的技术培训意愿

五、市场环境要素对生产意愿的影响

蒙古国畜牧业以游牧生产方式为主，是"人—畜—草"协调发展的传统草原畜牧业。虽然在畜牧数量方面已经形成规模，但是其自然经济的经营状态仍未得到有效改变。蒙古国畜产品品质优良，属于绿色产品，但因畜产品加工设备与技术落后，难以实现高附加值的经济效益，大多以初级原料的价格出售。蒙古国尚未形成规范的畜肉收购、运输和加工、检疫体系，畜产品商品化程度不高，开拓市场的能力不足。充分利用牧区丰富的畜牧业资源，增加畜产品销售量、提高畜牧业产值，是蒙古国畜牧业向集约化发展的重要任务。畜产品的价格直接影响着牧民收入，而销售渠道是决定价格高低的重要影响因素。在调查的牧户中，有14.29%的牧民认为畜产品如果没有可靠的销售渠道是卖不出好价钱的；有71.43%的牧民认为畜产品销售困难，牧业收入增长缓慢；有14.28%的牧民认为畜产品销售较为容易，但收购价格不理想（见图7-25）。牧民出售畜产品的途径主要是商贩上门收购和自己到就近的市场出售，所占比例分别为42.86%和57.14%。牧民的市场主体地位不高、在畜产品销售中没有主动权，产品销售价格不高，这影响了牧民收入的提高。而且，畜产品既是牧民的生活来源，又是生产资源，绝大多数牧民会在家中需要用钱时出售畜产品，来保障生产生活，所占比重为50%。也有部分牧民在冬春季节饲草料短缺的时候出售畜产品，以维持畜牧业再生产，所占比重为35.71%。较少数的牧民能够了解市场信息，在市场价格较高的时候出售畜产品，所占比重为14.29%。

第七章 牧户生产意愿影响因素的实证分析

畜产品销售较为容易，但收购价格不理想，14.28%
畜产品如果没有可靠的销售渠道，卖不出好价钱，14.29%
畜产品销售困难，牧业收入增长缓慢，71.43%

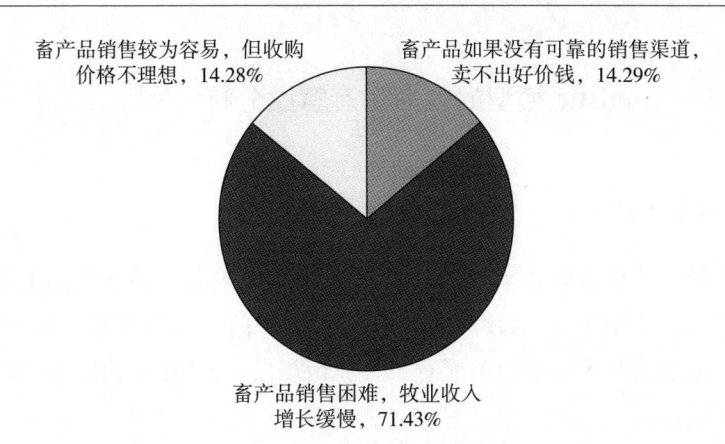

图 7-25 畜产品销售状况

草原畜牧业生产的畜产品，既要满足牧区广大牧民自己的生活和生产需要，又要进入市场销售。随着蒙古国畜牧业的劳动生产率和科学技术水平的不断提高，畜产品的商品化程度也在不断增加。牧民需要获得生活和生产方面的相关信息，才能及时适应市场需求的变化，使畜产品通过有效的销售渠道进入市场销售，保障畜牧业生产活动的顺利进行。由于蒙古国基础设施不完善，社会服务体系不健全，缺乏对牧民的市场信息服务。在调查的牧户中，有28户牧民认为获取市场信息较难，所占比重为87.5%，政府没有有效的途径及时提供相关市场信息，造成牧民信息闭塞，不利于畜产品的生产和销售，极大地影响了牧民收入的提高。只有4户牧民认为获取市场信息较容易，所占比重为12.5%（见图7-26）。由此可见，蒙古国政府要加大对畜牧业基础设施的投入，完善对牧区的社会服务体系，促进草原畜牧业的健康持续发展。

获取市场信息较容易，12.5%
获取市场信息较难，87.5%

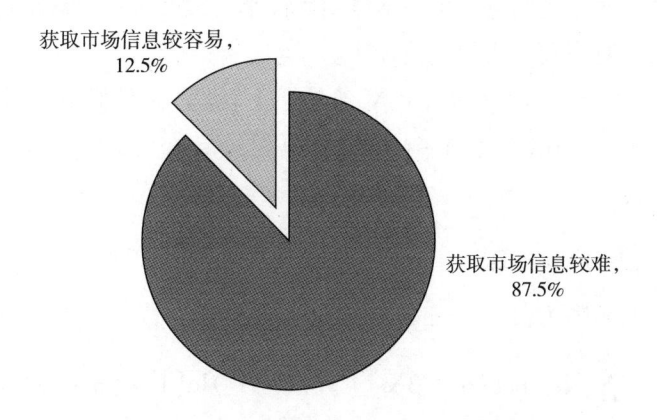

图 7-26 牧民获取市场信息的难易程度

六、基于 Logistic 模型的牧户生产意愿分析

(一) 模型构建

为考察牧户从事畜牧业生产意愿的影响因素，本书选用常用的 Logistic 模型进行回归分析。使用 Y_i 表示牧户的养殖意愿，Y_i 的取值为 1 表示牧户愿意扩大养殖规模，取值为 0 表示牧户不愿意扩大养殖规模；X_i 表示可能对养殖意愿产生影响的解释变量。

建立计量经济学模型：

$$Y_i = F(X_i) + \mu_i \tag{7-1}$$

式中，μ_i 为随机变量。

Logistic 模型采用的是逻辑概率分布函数，其形式为：

$$P_i = F(Z_i) = F(\alpha + \beta X_i) = \frac{1}{1+e^{-Z_i}} = \frac{1}{1+e^{-(\alpha+\beta X_i)}} \tag{7-2}$$

式中，P_i 为牧户扩大养殖规模的概率。

$$Z_i = \ln \frac{P_i}{1-P_i} \tag{7-3}$$

可得：

$$\text{Logit}(P_i) = \ln \frac{P_i}{1-P_i} = \alpha + \beta X_i \tag{7-4}$$

式 (7-4) 中，β 为待估参数。

因为被解释变量为两分变量，不能使用最小二乘法进行参数估计，故本书在模型的参数估计时采用极大似然估计法。

令 $P_i = P(Y_i = 1 \mid X_i)$ 为给定 X_i 条件下 $Y_i = 1$ 的条件概率，则：

$$P(Y_i) = [F(\alpha + \beta X_i)]^{Y_i} [1-(\alpha+\beta X_i)]^{1-Y_i} \tag{7-5}$$

联合分布为：

$$L(\beta) = \prod_{i=1}^{n} [F(\alpha + \beta X_i)]^{Y_i} [1-(\alpha+\beta X_i)]^{1-Y_i} \tag{7-6}$$

其对数似然函数为：

$$\ln L(\beta) = \sum_{i=1}^{n} \{Y_i \ln[F(\alpha + \beta X_i)] + (1-Y_i)\ln[1-(\alpha+\beta X_i)]\} \tag{7-7}$$

由式 (7-7) 可以估计出待估参数 β。

（二）变量的选取及解释

本书将牧户畜牧业生产意愿的影响因素分为个人因素、家庭特征、一般环境和市场环境四组解释变量。其中，每一组变量分别选取若干具体可测度的变量作为描述变量，共确定了14个可测度变量，变量的选取及解释如表7-9所示。

表7-9　变量选取及解释

变量类型		变量名称	变量解释	预期方向
因变量		牧户是否扩大养殖规模（Y）	愿意=1，不愿意=0	
自变量	个人因素变量	年龄（X_1）	—	+
		文化程度（X_2）	—	-
		是否参加过技术培训（X_{11}）	是=1，否=0	+
	家庭特征变量	家庭劳动力（X_3）	—	+
		牧业收入（X_4）	—	+
		使用草场面积（X_5）	—	+
		牧业费用支出（X_6）	—	
		牧业生产贷款（X_{13}）	—	+
	一般环境变量	养殖方式（X_{12}）	舍饲圈养=1，自由放牧=2，半舍饲圈养=3，划区轮牧=4	?
		草场载畜量（X_7）	—	
		对草场的评价（X_8）	健康=1，有些退化=2，中度退化=3，退化得很厉害=4	+
		羊肉价格（X_{10}）	—	+
	市场环境变量	获取市场信息的难易程度（X_{14}）	困难=1，容易=2	+
		是否参与牧民合作组织（X_9）	有合作组织，参加了=1，有合作组织，没有参加=2，没有合作组织=3	-

注：变量中带*者表示虚拟变量。

第一组，个人因素变量。主要包括年龄、文化程度、是否参加过技术培训。本书认为，年龄较大的牧民，在多年的牧业生产经营中，积累了丰富的经验，并且因为年龄较大，不能再从事其他行业，所以会有积极的继续从事牧业生产的意愿，且在条件允许的情况下，愿意扩大养殖规模。牧民的文化程度较高，会更容易接受市场信息，能用先进的生产技术改善生产设施，但因来自于城市就业机会的增加，他们更愿意选择到城市发展，不愿意再从事牧业生产。参加过技术培训的牧民更有信心扩大牧业生产规模。

第二组，家庭特征变量。包括家庭劳动力、牧业收入、使用草场面积、牧业费用支出和牧业生产贷款。家庭劳动力较多的牧户，有条件在牧业生产上扩大投入，提高收入。如果牧民从事牧业生产的收入较高，就会有积极性进行再生产，通过各种途径改善牧业生产条件，实现良性循环。草场面积越多的牧户，就越有能力进行规模化生产，并且可以通过转场轮牧来保护草场，防止草原的退化和沙化，保障草场的生产能力。牧民扩大养殖规模，需要较多的牧业投入，如果没有政策的扶持，会影响牧民的生产积极性。

第三组，一般环境变量。包括养殖方式、草场载畜量和对草场的评价、羊肉价格。蒙古国牧民主要是以游牧方式为主，因此养殖方式的变化不会对牧民的生产意愿产生积极影响。随着蒙古国草原荒漠化面积的扩大，草场的载畜量也在下降，这对牧民继续从事牧业生产和是否扩大养殖规模会产生消极影响。由于蒙古国的草场属于公共使用，如果牧民的生态保护意识较强，会对草场进行维护，使草原得以休养生息，防止草场退化，那么牧民扩大生产的意愿会较强。牧民的收入来源主要是依靠出售羊来获得，因此羊肉价格的高低会对牧民扩大生产规模有直接影响，羊肉价格越高，牧民越愿意继续从事牧业生产活动，并扩大养殖规模。

第四组，市场环境变量。包括获取市场信息的难易程度和是否参与牧民合作组织。蒙古国市场经济的改革对畜牧业的集约化发展提出了挑战。牧民生产的畜产品只有在获取丰富市场信息的条件下，才能提高商品化程度和产品附加值，从而获得较多牧业收入，这对牧民的扩大再生产会有促进作用。牧民合作组织能够提高牧民的市场地位，但由于目前蒙古国牧区牧民合作组织服务功能的不健全，没有起到真正推动牧业生产的作用，因此对牧民的生产意愿不会有积极影响。

（三）模型估计结果分析

通过 SPSS 软件对 32 个有效牧户样本数据进行 Logistic 回归处理，从估计结果来看，LR 统计量的值为 216.76，Pseudo R^2 统计量的值为 0.7245，说明该模型整体拟合程度较好，方程整体效果显著（见表 7-10）。

表7-10 牧户养殖意愿的 Logistic 模型回归结果

变量	系数	标准误差	Z值	P>|z|	dy/dx
X_1	1.055385	0.3450068	3.06	0.002***	0.1538906
X_2	3.130805	0.8672885	3.61	0.000***	0.4565173
X_3	-24.79152	9.384472	-2.64	0.008***	-3.614967
X_4	2.47e-07	1.98E-07	1.24	0.213	3.60e-08
X_5	0.0133468	0.0074549	1.79	0.073*	0.0019462
X_6	-2.50e-06	1.25E-06	-2.01	0.045**	-3.65e-07
X_7	-0.8856934	1.24997	-0.71	0.479	-0.1291471
X_8	7.413251	1.942948	3.82	0.000***	1.080961
X_9	2.085253	1.207305	1.73	0.084*	0.3040604
X_{10}	2.703866	1.394157	1.94	0.052*	0.3942633
X_{11}	6.032895	1.529442	3.94	0.000***	0.8883407
X_{12}	-2.610036	1.014425	-2.57	0.01**	-0.3805816
X_{13}	6.517132	1.780826	3.66	0.274	0.9114043
X_{14}	7.652117	2.039679	3.75	0.000***	0.5947375
_cons	-66.11305	29.21336	-2.26	0.024	—
LR chi² (14)			216.76		
Prob > chi²			0.0000		
Pseudo R²			0.7245		

注：*、**、***分别表示10%、5%、1%的显著性水平。

在显著的影响因素中，年龄、文化程度、草场面积、对草场的评价、是否参与牧民合作组织、是否参加过技术培训、羊肉价格、市场信息对牧民扩大现有养殖规模产生正向影响。家庭劳动力、牧业费用支出、养殖方式对牧民扩大现有养殖规模产生负向影响。

（1）通过模型运行的结果，自变量年龄在1%的水平上十分显著，且系数符号为正，即年龄对牧民生产行为有显著影响。在经济全球化的趋势下，蒙古国从计划经济过渡到市场经济，蒙古国经济得到稳步发展。作为蒙古国国民经济基础产业之一的草原畜牧业，保持着传统的游牧方式，因此全面放开的市场经济给处于自然经济状态的蒙古国传统畜牧业带来了前所未有的冲击和挑战。2008年以来，畜牧业经营者的数量出现了逐年减少的趋势，牧民的数量由2008年的36.03万下降到2014年的29.36万，并且牧民年龄结构也发生了明显变化，36~60岁牧民占牧民总人数的比例超过了50%，这说明更多的年轻人通过各种途径离开牧区，转移到了城镇，从事其他产业。然而中老年牧民随着年龄的增长，从事牧业生产的经验愈加丰富，由于他们已经没有学习新技能的能力，因此更愿意继续从事牧业生产活动，为了提高生活水平，有扩大养殖规模的意愿。

（2）模型运行结果显示，文化程度在1%的水平上显著，并与牧民扩大现有养殖规模的意愿之间呈正相关关系。蒙古国牧民文化水平的提升，可以帮助他们脱离闭塞的牧区环境，改变落后的牧业生产生活方式，转变安于现状的价值观念，寻求提高生活水平的各种途径。文化程度较高的牧民愿意接受新的经营理念，希望掌握先进的生产技术，提高牧业生产能力，有着较强的扩大生产的意愿。

（3）通过Logistic模型结果得出，家庭劳动力对牧民的生产行为影响十分显著并呈负相关。蒙古国畜牧业面临着因草原荒漠化引发草场面积减少、牧场水源短缺以及畜种改良等问题，尤其是严寒气候所带来的消极影响和经营风险的加大。2014年以来，受国际环境的不利影响，再加上国内政策的失误，蒙古国经济增幅大幅下滑，经济形势不容乐观。这些因素对蒙古国牧民从事牧业生产的积极性产生了负面效应，年龄较大的家庭劳动力已经习惯于传统的牧区生活，继续从事畜牧业经营。但年轻的家庭劳动力则选择离开牧区，通过求学、打工等途径进入城镇寻求发展。

（4）草场面积对牧民生产行为的影响在10%的水平上显著，二者呈正相关。1990年蒙古国进行了经济体制改革，由计划经济转向了市场经济，在牧区表现为牲畜个人私有、草场公有、以家庭经营为主的畜牧业所有制形式。牲畜私有化大大地提高了牧民的生产积极性，如果可以利用的草场面积增大，牧民为了提高家庭经营收入就会不断地增加饲养牲畜的数量。

（5）牧业费用支出在5%的统计检验水平上显著，且系数符号为负。这说明牧业费用支出对牧民生产行为有重要影响。蒙古国进行市场经济体制改革后，在传统体制下一直以自给自足为生产目标的牧户要面对市场竞争，需要增加生产设施，改进养殖技术，提高畜产品的数量和品质。但是由于蒙古国社会服务体系的不完善以及牧民市场主体地位的低下，牧民在畜产品销售中处于被动地位，优质的畜产品并不能卖出较高的价钱。牧民的牧业投入没有带来预期的收入，对牧民的再生产产生了消极影响。

（6）通过模型运行的结果可知，牧民对草场的评价在1%的水平上显著，且系数符号为正，即草场的健康状况对牧民生产行为有显著的影响。虽然蒙古国的经济体制改革促进了市场化和国际化的进程,但是蒙古国面对自由市场经济体制,没有进行有效的草牧场产权制度变革,导致了草原生态环境的恶化,具体表现为牧民对城市郊区的牧场或水源条件较好牧场的过度利用,造成了明显的草场退化和荒漠化。这对于依赖畜牧业生产获取主要收入来源的牧民来说,是需要面临的最大的不利因素。由于畜牧业依然是蒙古国国民经济的支柱产业,所以草原生态环境的优劣决定着牧民从事牧业生产的积极性。

(7) 牧业合作组织对牧民扩大养殖规模有着显著的影响。模型的运行结果显示,参加合作组织的牧民愿意扩大养殖规模的比率要比没有参加合作组织的牧民高出30.41%。在蒙古国传统畜牧业中,分散经营的牧户组织化程度较低,只能进行畜产品的初加工,无法提高畜产品的附加值,在市场竞争中处于弱势地位。牧业合作组织能够给牧民提供技术信息服务,发挥组织管理牧业生产的作用,有效地提高了牧民的生产经济效益。

(8) 模型运行结果显示,羊肉价格在10%的水平上显著,并与牧民扩大现有养殖规模的意愿之间呈正相关关系。草原畜牧业是蒙古国传统的基础产业,牧民饲养的牲畜既是生产资料,也是生活来源。但是由于牧户居住地较为闭塞,只能把畜产品卖给上门收购的人员,或者自己到集市上出售,导致畜产品价格较低,而且蒙古国国内市场畜产品的需求趋于饱和,畜产品加工企业的规模小、深加工能力不足,产品附加值难以提高,限制了畜产品的出口,致使畜产品价格低迷,影响了牧民收入的增加。但是,随着蒙古国经济的回暖,羊肉价格的上升对牧民扩大牧业生产规模具有极大的促进作用。

(9) 技术培训对牧民生产行为具有十分显著的正向影响。从模型结果看,接受过养殖技术培训的牧民,其扩大养殖规模的意愿要提高88.83%。这说明由于蒙古国草原退化和荒漠化面积的增加,草场载畜能力也在下降,这对牧民的生产生活带来了挑战。牧民迫切希望通过先进的科技,改善生产设施,提高抗旱、抗灾能力,增加牲畜的存活率,实现生产方式的转变。

(10) 养殖方式对牧民的生产行为有着较大的影响。从模型计量结果来看,养殖方式这一指标,在5%的统计检验水平上显著,且系数符号为负。蒙古国一直以来延续着蒙古族千百年来的传统游牧生产方式,传承着游牧文化,牧民以季节游牧、倒场轮牧和营地分段放牧为主。但是由于草原生态环境的恶化和自然灾害的频繁发生,畜牧业的产值难以提高,游牧方式不能很好地适应蒙古国工业化、市场化发展的现实。因此,如何将传统游牧和现代畜牧业相结合,转变养殖方式,是蒙古国草原畜牧业向定居化、集约化的现代畜牧业发展的关键问题。

（11）模型运行结果显示，市场信息在1%的水平上十分显著，并与牧民扩大现有养殖规模的意愿之间呈正相关关系。蒙古国传统畜牧业目前仍处于"半自然经济"状态，牧区远离市场，交通闭塞，信息不畅，市场发育不健全，牧民的商品化意识淡薄，畜产品价格较低，导致畜牧业的经济效益不高。经济体制改革后，牧民需要面对市场竞争，增加畜产品附加值，为此其迫切需要及时有效的市场信息服务，提高畜产品的商品化程度，进而扩大养殖规模，获得更多的牧业收入。

七、研究结论

全面放开的市场经济给处于自然经济状态的蒙古国传统畜牧业带来了冲击和挑战。近年来，蒙古国的经济增长率持续放缓，作为蒙古国国民经济基础产业的畜牧业面临着草牧场的沙化和荒漠化、"草原五畜"并存的畜群结构被破坏、国内畜产品市场饱和引发的供需矛盾突出、畜产品商品化程度低等问题，蒙古国传统的草原畜牧业经济需要向现代化、集约化的畜牧业转型，而作为畜牧业经营主体的牧户，是畜牧业持续健康发展的关键要素。

通过对牧民生产行为影响因素的分析发现，草场地退化程度、牧民的科技素质和市场服务体系成为牧户是否扩大养殖规模的重要影响因素。通过对蒙古国牧民生产行为影响因素的实证研究可知，年龄、文化程度、草场面积、对草场的评价、参与牧民合作组织、养殖方式、是否参加过技术培训、羊肉价格、家庭劳动力、牧业费用支出对牧民扩大养殖规模的意愿有着显著影响。

一是优化传统的游牧模式。蒙古国畜牧业可持续发展必须坚持生态原则，科学合理地掌握放牧的强度和频率，保护和提高草场的生产能力，从而有效地避免草原退化，有利于草群恢复。政府着重对冬春草场进行建设，扶持牧民在冬营地搭建棚圈，提高畜牧业抗灾能力和生产效率。在现有的产权制度框架下，学习借鉴中国内蒙古地区的游牧与定居并存、以定居为主的季节轮牧、划区轮牧的畜牧业经营方式，对现有的放牧模式进行优化，发展饲养畜牧业，因地制宜地解决好放牧模式与草牧场产权制度的关系，实现弹性有效管理的畜牧业新型发展道路。

二是加强蒙中畜产业合作。蒙古国"草原之路"倡议和中国"一带一路"倡议的实施，为蒙古国开拓更广泛的对外经贸合作领域提供了机遇。中国是蒙古国的第一大贸易伙伴国和第一大投资国，要加强和中国的多领域合作，扩大蒙中经贸合作空间，促进蒙古国经济发展和产业升级。中蒙两国畜产业合作的规模、层次还不高,仍停留在畜产品贸易的层面,基于中蒙俄经济走廊的建设,蒙古国与中国在畜牧业及其加工行业的合作潜力巨大,应充分发挥各自的比较优势,在畜产品贸易、饲草料基地、奶源基地、畜产品加工和畜牧业科技领域展开深入合作,以实现"双赢"。

三是健全市场服务体系。目前蒙古国国内市场畜产品的需求量趋于饱和,畜产品出口是解决供需矛盾的有效途径。政府要对畜牧业经营企业给予财政金融政策的扶持,引导企业进行产业化经营,注重畜产品的深加工,提高商品化程度。充分利用蒙古国畜产品优质、无污染的资源优势,在引进或培育优良畜种、疫病防御、市场信息等方面提供服务,建立规范的畜肉收购、运输和加工、检疫体系,保障畜产品质量安全。通过实施绿色品牌战略,提高畜产品附加值,延长畜产品价值链,开拓国际畜产品市场。

四是延伸畜牧业产业链。蒙古国畜牧业的市场化程度较低,基本处于半自给状态。要对牧区市场进行建设,重点扶持畜牧业加工龙头企业的发展,通过家庭牧场、牧业合作组织与牧民建立紧密的利益联结机制,实行生产、加工、销售一体化经营,提高畜产品的产值和经济效益。改变牧区畜牧业的单一经济结构,挖掘草原畜产业的发展潜力,促进草原畜牧业与交通运输业、旅游业、餐饮业和其他服务业的联动发展。保障信息网络、商品流通渠道的畅通,为畜牧业产前、产中、产后提供完善的服务,提高畜牧业产业链的运营效率,使蒙古国草原畜牧业向规模化、集约化发展。

第八章
中蒙畜牧业合作路径

第一节 中蒙畜牧业合作现状

一、中蒙畜产品贸易发展状况

蒙古国是中国的邻国之一，与中国共享漫长的边界线。随着中国经济的快速发展，中蒙经贸往来也得到了加强，目前中国是蒙古国的最大投资国及最大进出口贸易国。近年来，随着中国与蒙古国政治经贸关系的深化以及区域经济合作趋势的推进，中蒙两国畜产品贸易不断深入，并且呈现稳步增长态势，但中蒙畜产品双边贸易量占比小，而且货物集中，其中绒毛皮张占到总进出口额的90%以上。

蒙古国牧场面积为11310万公顷，牧草地资源多分布于平原荒漠地带，牲畜以放养为主，畜牧业产值占农牧业总产值的80%，畜牧业是蒙古的传统产业，也是蒙古国民经济的基础，在对外贸易中，畜产品出口占其全部出口收入的10%。蒙古国畜产品主要包括肉类产品、绒类产品、奶类产品和皮类产品，其中奶类产品和肉类产品的产值比较大，蒙古国的畜产品出口是蒙古国对外贸易的主要组成部分。蒙古国畜产品出口主要以绒类产品出口为主，皮类产品和肉类产品出口相对较少。中国是蒙古国畜产品出口的主要国家，在对中国出口的动物及动物产品中，以赛马、屠宰马、马肉、蓝湿皮革和洗净绒毛为主，在蒙古国对中国出口的总额中，畜产品所占的比重很小，并且出口量有所波动。2017年蒙古国对华贸易总额为66.816亿美元，对华出口畜产品约占蒙古国对华贸易总额的3.6%。2011~2014年，蒙古国畜产品对中国的出口量呈现增长趋势。2015年，蒙古国对中国出口的畜产品受到口蹄疫禁令政策的影响，环比下降9.4%。此后，在两国质检、海关等相关部门密切合作下，中国国家质检总局给蒙古国的少数几个肉类加工企业颁发了肉类产品进口许可证，以保障进口肉类产品的安全性。蒙古国出口到中国的畜产品中70%都是绒类产品，其次是马肉和皮类产品。由于中国是世界上羊毛、羊绒等加工品的最大消费国，因此出口到中国的绒类产品以绵羊毛和山羊绒类产品为主，中国成为蒙古国羊绒产品的最大出口市场。

在中国向蒙古国出口的畜产品中，以种猪、种牛、鸡雏和鸡肉、猪肥膘为主。从中国对蒙古国畜产品的贸易结构看，出口产品繁多，结构比较均衡。从各个畜产品的出口趋势看，波动性很大，但由于出口畜产品种类繁多，在一些政策出台或者经济波动时，出口的总体发展仍显现出增长趋势。中国进口的蒙古国畜产品的结构过于集中，受到蒙古国牲畜防灾、防疫水平的影响，进口畜产品的总额波动性很大，且存在贸易风险。

中蒙畜产品贸易存在着一定的优劣势，优势表现：一是产品货源充足，可持续。当前进出口的动物产品均是双方优势产品，各自国内产量大，货源多，可持续满足对方需求。二是蒙古国畜产品产地价格较低，中国从蒙古国进口牛羊肉具有一定的价格优势。劣势表现：蒙古国畜产品质量安全水平较低，进口风险大。目前，蒙古国对中国出口肉类注册企业已基本符合我国生产加工工艺要求，但和我国国内同类企业相比，工艺设备明显落后。洗净绒毛和蓝湿皮革质量也与我国产品质量有一定差距，存在安全卫生隐患，这也制约了蒙古国畜产品出口的种类和规模。

二、畜牧业技术交流状况

蒙古国畜牧业对自然灾害和疾病侵袭的预防控制能力较弱，且受牲畜疫病的困扰，畜产品的市场竞争力受到一定影响。中国相对蒙古国而言，在牲畜的饲养技术、改良技术、疫病防控等方面具有比较优势。中蒙两国基于独特的地缘位置和资源禀赋，在农业合作领域具有广阔的发展前景。自1996年联合国粮农组织提出"粮食安全特别计划"（SPFS）以来，作为最早参与SPFS框架下试点的15

个国家之一，中国农业技术已经惠及多个发展中国家，为经济落后的发展中国家的政府部门、科研机构和农民提供了技术援助、资金支持和发展方案，并促使这些国家在种植业、畜牧业、农业机械化等领域的能力显著提升。在此背景下，2010年5月中蒙"南南合作"项目开展，中国派出的专家和技术人员先后在蒙古国实施了11个农牧业技术领域的专业项目，其中畜牧业技术推广效果突出，采用冷冻精液人工授精改良家畜取得成效。畜牧组专家与蒙古国杭爱公司合作推广的家畜改良技术，使得出生牛犊的体重以及成活率有所提高。中国畜牧业专家组还编写了26万字的蒙文《养殖业生产实用技术》，便于技术人员使用。中国的乳制品龙头企业伊利集团、蒙牛乳业与蒙古国在畜牧业产业化方面开展了深入合作，中方将优良奶牛品种和优质牧草种植技术出口到蒙古国，传授蒙古国牧民先进的养殖技术，这不仅显著提高了牛奶产量，而且有效地提高了草原的生产效率。

2011年11月3日，农业部兽医局、蒙古国食品农业轻工部兽医与动物育种司及联合国粮农组织（FAO）驻中国、蒙古国和朝鲜办事处在北京联合举办"跨境动物疫病防控研讨会"，重点研究口蹄疫防控合作有关问题，并正式签署《中华人民共和国农业部兽医局与蒙古国食品农业轻工部兽医与动物育种司关于动物卫生合作的谅解备忘录》。为了促进中蒙两国和区域内兽医工作水平的不断提高，会议研究决定将加强以下合作：一是中国、蒙古国、FAO三方共同研究探索，以跨境动物疫病防控区域项目为契机，从边境地区动物疫病防控入手，研究建立一个口蹄疫防控的成功模型，并在更大范围内推广应用；二是从动物疫病防控入手，不断加强中蒙两国兽医体系能力建设；三是中蒙双方支持FAO继续发挥协调作用，加大对发展中国家动物疫病防控的支持力度，通过实施跨境动物疫病防控区域项目，促进跨境动物疫病联防联控机制的建立与完善。

2012年10月，中国农业部兽医局与蒙古国食品农业轻工部兽医与动物育种司在蒙古联合召开了中蒙农业工作组第五次会议，会议围绕加强双方在农业人才培训、跨境动物疫病防控、南南合作、食品安全、农业技术和农业机械等领域的合作进行了探讨。中蒙将继续推进双方在联合国粮农组织框架下的南南合作项目，中国将在必要的情况下向蒙古国蒙中示范农场的建立提供技术支持，并将在有机农产品认证体系建立、农业人才培训等领域向蒙古国提供援助。双方还一致同意加大在跨境动物疫病防控领域的合作力度，建立健全相关信息交流机制。

2010~2012年，中国专家及技术员深入到蒙古国8省2市的29个企业及部门提供技术服务，援助农机设备，邀请蒙方人员到中国实地学习，在饲料生产、家畜品种改良等领域与蒙方分享经验和技术。2014年3月，中国和蒙古国两国农业部门及粮农组织签署了"南南合作"二期项目三方合作协议，中国与蒙古国在畜牧、饲料等领域开展为期两年的合作。

2014年8月21日，在中国内蒙古自治区额尔古纳市达成的合作意向框架中，中蒙两国继续就跨境动物疫病防控和遏制传播问题加强协作。2015年7月9日，中国国家主席习近平在乌法同俄罗斯总统普京、蒙古国总统额勒贝格道尔吉举行会晤，批准了《中华人民共和国、俄罗斯联邦、蒙古国发展三方合作中期路线图》，商定经贸领域合作方面在中俄蒙质检合作框架下，开展重大动植物疫情监测调查、防治合作，在确保安全的前提下，促进农产品贸易健康发展。

2016年10月，时任农业部总畜牧师王智才率团访问蒙古国，考察了该国畜牧业全产业链发展情况，并就双边畜产品加工与兽医领域合作提出了务实举措。2017年5月，农业部部长韩长赋在杭州会见蒙古国食品农业与轻工业部部长时表示，蒙方正在设立国家兽医局，建立兽医体系，中方愿意给予各方面支持；双方可加强牛羊肉加工业合作，探讨建立跨区检疫和加工园区，中国欢迎蒙方优质牛羊肉进入中国市场。这在一定程度上促进了中蒙贸易的快速发展，给中蒙畜产品贸易带来良好的发展机遇。

第二节　中蒙畜牧业合作的机遇与制约因素

一、中蒙畜牧业合作的机遇

（一）中蒙两国政治关系发展态势良好

"一带一路"倡议、"中蒙俄经济走廊"的建设，为中蒙畜产品贸易发展提供了契机。中蒙两国政治关系发展态势良好，两国高度重视双边经贸往来，建立了全面战略伙伴关系。2017年两国共同签署《中华人民共和国商务部和蒙古国对外关系部关于启动中国—蒙古自由贸易协定联合可行性研究的谅解备忘录》，宣布启动自贸协定联合可行性研究，正式开启了双边自贸区建设进程。中蒙两国互为重要邻国，经济互补性强，合作潜力巨大，自贸区建设有利于进一步扩大双方贸易和投资往来。随着中蒙两国政治向好，经贸往来加深，区域经济合作态势进一步深化。两国农业方面的合作日趋深入，农产品贸易稳步增长，农业技术领域的合作成效显著，中国对蒙古国农业方面的投资合作具有较大潜力。双方在加强畜产品加工业合作，建立跨区检疫和加工园区、牛羊肉和饲草贸易等方面达成了共识。

（二）中蒙经贸结构的互补性有利于双边畜牧业合作

中蒙两国三面接壤，边境线长4700公里，较强的地缘优势为双边开展畜产品贸易带来了便利条件。蒙古国具有广阔的天然草场，畜牧业资源丰富，畜牧业从业人口较多，但是生产方式落后，缺乏先进的农业技术和管理经验，农牧民收入较低。中国自改革开放以来，经济迅速发展，在技术研发、企业管理、人才培养等方面取得了显著成绩，为农业发展奠定了坚实基础。但因人口较多、资源缺乏等原因，影响了农业的可持续发展。中蒙两国比较优势交错，有利于促进两国农牧业领域的合作。2017年，中蒙两国贸易总额为67.35亿美元，总量增加26.3%，其中中国向蒙古国出口的主要是初加工的农产品，进口的农产品多为原材料，如羊绒、羊毛、皮革等。随着"一带一路""中俄蒙经济走廊"的推进，内蒙古自治区正在成为中国"向北开放"的最前沿，二连浩特—扎门乌德经济合作区是中国与蒙古国第一个跨境经济合作区。内蒙古自治区目前已建成18个开放口岸，其境内的二连口岸、满洲里口岸分别是中国对蒙古国和俄罗斯的最大陆路口岸。这些优势互补、贸易和投资更加便利的高水平开放区域的建成，将为中蒙畜牧业合作提供重要的物质基础。

（三）南南合作项目为中蒙两国搭建坚实的农牧业合作平台

1996年，联合国粮食及农业组织（FAO）提出帮助低收入和粮食不足国家发展农业的"粮食安全特别计划"，在世界粮食首脑会议上获得通过，南南合作是实现该计划的主要途径。在该框架下，FAO通过筹集资金并进行相应管理，由农业发展水平较高的发展中国家派遣专家和技术人员到农业发展水平相对较低的发展中国家，指导当地农民进行农业生产，提高东道国的农业发展水平。中国是最早参与FAO在"粮食安全特别计划"框架下南南合作的国家，也是第一个与FAO建立南南合作战略伙伴关系的国家。2008年，中国政府决定向FAO捐赠3000万美元设立南南合作信托基金，2014年，中国为南南合作项目追加5000万美元的捐助，继续支持中国与其他发展中国家分享农业技术、经验和农业发展模式。在南南合作信托基金的支持下，截至目前共成功实施了 12 个国别项目，共向蒙古国、塞内加尔、塞拉利昂、纳米比亚等国派遣 300 多名中国专家和技术员。

近年来，中蒙两国在农业领域的合作不断加强，蒙古国利用中国提供的优惠贷款采购了大量农业机械，促进了该国农业及相关产业的发展。国际组织、区域组织及双边合作组织等第三方机构，积极推进中蒙农业技术合作，2010 年 5 月中蒙南南合作项目开展，这是第一个利用中国政府信托基金支持的项目，是中蒙两国政府与联合国粮农组织三方合作共同努力的结果。中国在联合国粮农组织南南合作的框架下派出农业专家和技术人员协助蒙古国国家粮食安全项目的实施，为促进该国粮食生产提供技术支持。

南南合作项目采取的技术援助方式，更具有实用性和实效性。中国对蒙古国农牧业企业提供的技术示范与培训，在增加农牧民收入、促进农牧业生产方面发挥了重要作用，同时也成为中国农业开展对外交流与合作的重要平台。

（四）中国牛羊肉产品进口需求空间广阔

随着经济的迅速增长，中国城乡居民人均收入水平不断提高。2018 年全国居民人均可支配收入 28228 元，比 2017 年实际增长 6.5%。其中，城镇居民人均可支配收入 39251 元，实际增长 5.6%；农村居民人均可支配收入 14617 元，实际增长 6.6%。人均可支配收入的增加对提升家庭的消费意愿起到了积极的促进作用，也影响到家庭的消费结构。2018 年，中国居民人均消费支出 19853 元，比 2017 年实际增长 6.2%，其中食品消费支出 5631 元，比 2017 年增长 4.8%，占人均消费支出的比重为 28.4%。中国城乡居民收入和消费支出的增长态势，有利于形成对蒙古国高品质肉类产品的购买力。中国城乡居民收入的提高也带来了食品消费结构的变化，动物性食物支出占食物总支出的比重持续上升，猪牛羊肉、家禽、水产品等食品的人均消费量均实现较快增长，中国肉类消费市场规模呈现逐年增长趋势，这给蒙古国畜产品出口中国市场带来良好的发展机遇。随着生活品质的提高和膳食结构的改善，中国居民对食品消费的营养、安全、保健的要求日益增加，肉类消费结构发生改变，猪肉在肉类消费中的总比重日益下降，牛羊肉消费量保持增长态势。但是，中国畜牧业产业由于受到发展方式、生产成本、资源要素等因素的影响，牛羊肉产量增长相对消费增长缓慢，供需缺口不断扩大。农业部发布的《中国农业展望报告（2015—2024）》，预测牛羊肉消费将继续增长，到 2024 年中国牛羊肉供需缺口总额或将达到 80 万吨左右，供给处于偏紧状态，仍需依靠进口满足市场需求。蒙古国可以依靠地域和资源优势以及在运输成本、价格、肉品品质方面具有的市场竞争力，扩大对中国市场肉类产品的出口量，而"一带一路"倡议的提出、"中蒙俄经济走廊"的建设，也为中蒙牛羊肉贸易的发展提供了良好的合作空间。

二、中蒙畜牧业合作的制约因素

（一）蒙古国畜牧业防灾能力薄弱，畜产品供应不稳定

蒙古国地处中亚地区，冬季长而严寒，常有暴风雪，降雨总量少，水资源匮乏，属于极端性气候地区，常年发生旱灾、雪灾等自然灾害，导致畜牧业非正常损害程度较高，无法保证畜产品的稳定供应。自然灾害同时也严重损害了蒙古国畜牧业经济体系，使许多牧民失去了生计来源，贫困、高失业率成为严重的社会问题。此外，蒙古国是口蹄疫疫区，其他动物疫情也较为复杂，每年都有不同疫情暴发流行，因此在动物检验检疫方面，蒙古国出口的畜产品常常存在不合格的情况，这对我国疫情防控工作带来了巨大压力。2017年3月开始，中方不再受理蒙古国冷冻牛羊肉企业注册申请，同时暂停了现有6家企业的注册资格。由于蒙古国在防灾方面的防范能力较弱以及政府解决防灾工作不到位，直接影响了牲畜数量的稳定增长以及畜牧产品出口的稳定发展，在畜产品出口贸易中无法保证畜产品的稳定供应。

（二）蒙古国畜牧业企业加工能力不足，畜产品商品化率低

蒙古国经济发展水平落后，工业基础薄弱，对畜产品行业的投资力度不够。畜产品加工企业大多数是中小企业，只有少数的龙头企业，加工能力有限。畜产品加工企业的生产设备和技术低于国际先进水平，生产加工工艺相对落后，生产的产品在品质方面与国际市场标准有一定差距，导致出口的畜产品质量普遍偏低，如在动物产品贸易方面，蒙古国同类产品与澳大利亚、新西兰和欧洲国家相比，存在产品质量差、加工水平低等问题，中国国内生产高端产品的企业更喜欢选择大洋洲和欧洲的动物产品，只有做低端产品的企业才倾向于蒙古国的动物产品。蒙古国畜牧业企业由于受传统生产经营方式的影响，市场意识、品牌意识淡薄，在产品策略、品牌建设、服务方式等方面缺少现代营销理念，畜产品附加值较低。针对中国市场出口肉类产品的企业因规模和经济实力所限，缺乏对中国市

场消费需求的深入研究，没有进行准确的市场定位及目标市场细分，忽视了对优质畜产品品牌的策划和宣传，对出口贸易的带动效应较小。

（三）蒙古国政策缺乏延续性和稳定性

不同政党领导下的蒙古国政府在对外贸易的重视程度、畜产业的扶持力度方面存在较大差距。蒙古国实行多党制，政府成员4年一选，各个党派的管理方式和理念不同，政府及其内阁成员变动频繁，以至于政策实施的连续性差，从而导致投资存在较大风险，多变的政策给正常的经贸活动带来诸多困难。蒙古国政党间的分歧，是造成国家政策不稳定的主要原因，而办事效率低下和政府人事更替频繁，也导致进出口贸易困难重重。蒙古国主管贸易的政府部门是经济发展部，主要使用关税和非关税两种基本手段在世界贸易组织的框架内协调外贸政策，在制定实施的外贸政策与法规中，一般性外贸政策法规较多，而支持性外贸法规还较少，检验检疫方面的政策法规还不够具体。蒙古国在贸易方面的政策和相关法律法规还有待进一步健全和完善。

（四）中蒙经贸合作中的负面因素

由于特殊的历史渊源，蒙古国的一些社会团体和精英对中国怀有强烈的敌意，这些非理智的民族情绪反映到国家层面上很容易破坏中蒙两国的经贸合作。蒙古国民众对渗入国民生活各个方面的中国因素感到不安，对中国企业大量买入蒙古国产品感到不安，认为中国"掠夺"了他们的自然资源，破坏了他们自然平淡的生活方式，加上早期受媒体宣传的影响，蒙古国民众对中国有一定的负面印象。这些因素对蒙古国议会和政府制定对华出口政策带来了巨大压力，蒙古国也因此通过不同形式限制各类产品对华出口，贸易摩擦依然存在。近年来蒙古政府对境内资源的控制日益加强，使得不少中资企业的并购受到阻挠，如中国铝业对南戈壁的收购计划失败，神华集团参与竞购蒙古塔本陶勒盖的开采权也因蒙古政府的反对而被驳回。

（五）畜产品贸易的基础设施亟待完善

在蒙古国与中国的贸易中，85%以上都是边境小额贸易，双方贸易企业规模小，没有形成规模化贸易优势。虽然中蒙从事动物及产品经营的公司数量众多，但资信参差不齐、从业人员的文化素质相对较低、贸易往来不规范，不符合国际惯例的现象时有发生，导致双方互相指责对方破坏贸易规则，严重影响中蒙贸易的健康发展。中蒙两国边境地区的交通设施不足,目前两国开通的铁路与公路干线一共只有三四条,亟待加快跨国铁路和相关公路的建设。蒙古国国内的交通条件无法提供跨境冷链物流,多数边境地区的交通条件落后,个别口岸的道路还是土路或沙石路,交通工具以卡车运输为主,承载量有限。这些因素影响了运输总量,也加大了肉类产品出口贸易的运输成本。此外,蒙古国电商行业以及快递行业发展滞后,销售网络不发达,存在畜产品销售渠道单一等问题,阻碍了蒙古国畜产品对中国出口贸易的增长。

第三节 中蒙畜牧业合作的路径选择

一、搭建畜牧科技合作平台

中国和蒙古国的畜牧业合作以畜产品贸易为主,而畜牧业技术合作与投资合作相比畜产品贸易规模还不够大,合作的领域还不够宽泛。中国和蒙古国在畜牧业生产资料上存在互补性,中蒙两国畜牧业合作的前景比较乐观,在畜牧业技术合作和畜牧业投资合作上的潜力也很大。中国加强与蒙古国畜牧业技术合作和畜牧业投资的同时,也为中国畜牧业加工业提供了优质的原材料,从而能够进一步促进中蒙畜牧业贸易规模的提升。中蒙畜牧业科技合作的具体措施包括:一是可以借助两国良好的政治关系和贸易水平顺利发展以及国际组织和区域合作的驱动,进一步加强两国畜产品贸易的规模和层次,同时通过友好的贸易往来积极与蒙方开展经济技术合作,以参股、注资或者全资的形式在蒙古国进行投资;二是中蒙双方应加强疫病防控先进技术的合作,发挥区域合作协调作用,加大对动物疫病防控的财政支持力度,对跨境动物疫病防控进行研究,解决影响肉类出口的疫情防控问题,促进跨境动物疫病联防联控机制的建立与完善;三是蒙古国应积极开展与中国在牛羊驯养技术、牲畜品种改良技术领域的技术交流与合作,提高牧区兽医专业水平,使其畜牧业产业化发展达到先进水平;四是发挥科研院校技术优势,通过研究院、农业高校间的合作交流,针对不同畜产品生产需要,在优化畜种结构、畜种改良、饲草料基地建设方面加强合作和交流。组织开展产品工艺、疫病防控等相关领域的专家研讨会,依托合作项目进行调查研究,为双边政府部门提供决策参考。蒙古国从中国引进高水平技术人员以及聘请专业人员为蒙古国培养和培训高端技术人才的需求日益迫切，中蒙两国可重点加强这方面的合作，创办专业教育培训机构，共同培养农牧业专业技术人才，提高人力资源水平，为中蒙畜产品贸易创造良好的营商环境。

二、深化畜产品加工业合作层次

畜产品加工业的健康发展，需要有优质安全的原材料做保障。在畜产品质量安全控制方面，中蒙两国与世界发达国家相比均有差距，需要共同引进国际先进的生产、加工、质量保障技术，强化质量安全管理和控制，提高畜产品加工企业的科学技术水平，以达到国际市场的要求。例如，借鉴欧美、澳大利亚等国家的畜产品生产、加工、包装、贮藏运输、检验监测标准及流程，提高生产工艺，完善技术操作规范，实现专业化生产。为保证进口蒙古国畜产品的质量安全，中蒙两国应合作建立完备的产品质量安全检测、检验、检疫体系，包括饲料、兽药的投入使用，养殖场地的卫生环境，屠宰加工过程，疫病情况，进出口等方面的检测和检疫，确保每个环节都符合中国进口畜产品的质量标准。通过出台相关政策措施，鼓励中国有实力的畜牧业龙头企业，通过并购、合并、合作、重组等市场运作形式，充分利用蒙古国畜产品成本相对较低的优势，在边境口岸或蒙古国境内，建立生产加工基地，以中国市场需求为导向，开发具有高附加值的深加工产品种类，扩大精深加工产品的生产和出口比重。中国在蒙古国投资发展畜产品加工业，可以转移中国剩余农业劳动力，也有利于集约化经营，完善畜产品产业链条，提升产品附加值，同时对蒙古国畜产业的原材料加工业发展起到促进作用。

三、加强市场信息领域的合作发展

中蒙两国应加强信息渠道的建设，通过建立双方畜产品信息发布机制，分析畜产品市场供需动态和进出口的政策信息，为进出口畜产品企业提供产品生产、商务沟通、产业发展、展览展示方面的信息支持。合作建立面向社会的咨询服务机构，负责收集、分析和传递供求信息，跟踪调研相关动态和政府法规，向中国企业提供蒙古国的政治、经济和法律状况以及市场开发和商业机会等信息，帮助企业进行可行性研究和评估等；对蒙古国农牧业经济情况进行系统分析，为投资者提供农牧业市场需求、价格变动、政策法规动态以及动植物病虫害和疫病疫情等方面的服务。这样可以及时、准确地将有价值的市场信息和政策传达给企业，从而降低中国企业赴蒙古国的投资风险。中蒙双方合作构建畜产品质量安全追溯体系，记录畜产品的生产、加工、销售的完整过程，对畜产品质量安全进行监控，使进口中国市场的蒙古国畜产品都能够找到生产源头。畜产品可追溯体系的建立，需要将畜产品养殖、屠宰加工、储运销售等环节的信息化管理系统进行对接，从而达到畜牧业产业信息资源共享。畜产品可追溯信息管理要实现与互联网的融合，建立统一的追溯信息服务平台，强化生产链采集信息的连续性和真实性，培育可信度高的市场环境，提升畜产品质量安全追溯体系的运行实效。

四、构建中蒙畜产品跨境物流协同运作体系

在"一带一路"倡议下，中蒙两国借助陆路联通方面具有的先天区位优势，双方的经贸合作更加深入，贸易量呈现稳步增长的态势，贸易结构也出现了新的变化。畜产品贸易是中蒙经贸合作的重要组成部分，中国是蒙古国主要的畜产品出口国，蒙古国从中国进口的猪肉和禽肉产品也在逐年增加。随着中蒙两国跨境物流货运量的不断递增，对跨境物流的运输能力也提出了更高要求，特别是畜产品对跨境物流的协同运作有更高的要求。中蒙两国跨境物流运作的互联互通，是双方经贸合作深入发展的重要保障。中蒙两国在边境沿线已经建立了15个陆路开放口岸，要发挥以点带面的作用，连接各个口岸的物流资源，建立畅通的跨境物流网络，并完善物流网络节点中的基础设施建设。中蒙边境地区的对外开放口岸要加强公路、铁路运输设施以及水电系统的建设，增加冷链物流运作设备，以满足畜产品贸易合作的物流运作需求，形成系统的物流集散网络。共同规范跨境物流的操作流程，使得仓储、运输、商检、通关等物流环节之间衔接顺畅，提高物流运作效率。中蒙双方可参照国际物流操作中的相关标准，制定物流设备和物流信息的统一标准，减少中转拆包、转换承运工具的作业环节，实现中蒙跨境物流的无缝衔接。中蒙两国要积极借助互联网信息技术的发展，加强在电子商务领域的合作。两国政府部门通过积极沟通，完善牧区电子商务基础设施与网站建设，通过吸收引进国内外企业的技术和资金，结合政府支持投资的形式，整合现有信息基础设施资源，构建覆盖农牧区的农业信息网络，为开展畜牧业电子商务创造良好的基础条件。

五、开展草原旅游业合作营销

在"一带一路"倡议下,中蒙俄经济走廊的建设为扩大中国与蒙古国的经贸合作规模、促进相互合作的深度与广度提供了发展机遇。在全球经济一体化进程加速和国内产业转型升级的背景下,中蒙两国需要拓展其他领域的合作,将经贸合作方向转向高附加值的领域。旅游业结合了生态要素和人文要素,对其他产业的带动效应强,在建设中蒙俄经济走廊中有着独特的文化先导作用和产业联通作用。随着旅游业国际化态势凸显,中蒙跨境旅游合作成为经贸合作的重要途径,对"一带一路"倡议的全面推进以及区域经济的发展都有十分重要的战略意义。中蒙旅游合作是在"草原丝绸之路"的地理框架下,在丝绸之路沿线的国际区域内开展以历史文化资源、自然生态资源、当代人文资源为主题的旅游合作。

近年来,中国旅游业发展迅猛,旅游服务贸易总量不断增加,且已经成世界第一大出境旅游客源国和全球第四大入境旅游接待国。但国际旅游业处于结构性发展阶段,出境游的增速落后于入境游,出境游主要集中在港澳台、东南亚和欧美发达国家等交通便利的国家(地区),面向北亚、中亚、西亚等国家的出境游发展缓慢,并存在国际区域旅游业结构不合理、发展不均衡的问题。要促进中国国际旅游业的发展,需要向北开拓区域旅游业,尤其是"草原丝绸之路"旅游产品的开发。蒙古国是"一带一路"沿线重要的旅游资源国,在2016年蒙古国把"国际游牧旅游中心"确定为该国旅游业的发展目标,其旅游服务贸易增长迅速,入境游发展势头良好,旅游业成为了蒙古国发展经济的重要途径。中蒙两国开展旅游合作将成为中国优化区域旅游业结构的主要路径,以平衡入境游和出境游市场,实现旅游服务贸易的转型升级。

中国与蒙古国都有丰富的草原旅游资源,各具特色的草原旅游景点展现了大草原壮观而豪放的自然美景,并以其深厚的历史底蕴和文化精髓、引人入胜的草原艺术,吸引着来自世界各地的游客,尤其是蒙古国的游牧景观和游牧文化,具有独特的竞争力。中蒙两国应充分发挥草原旅游优势,开展跨境旅游合作,凭借丰富多彩的草原旅游资源,打造区域特色品牌,增强中蒙两国在国际旅游市场上的吸引力,从而建立区域旅游的整体形象。通过草原旅游资源的有效整合,充分挖掘潜在旅游客源,着力开发短期旅游市场,设计可以共享的精品特色跨境旅游线路,通过旅游企业间的产品组合,以文化旅游、休闲旅游、民族风情旅游等适销对路草原旅游特色产品组合，将其推向东北亚乃至全世界，扩大旅游合作的客源市场。通过举办国际性或其他有影响力的大型活动，拓展产业渠道，共同进行旅游宣传，以统一的国际旅游形象和共同的宣传促销主题口号，进行整体推广、联合促销。共同编印中蒙两种文字的旅游宣传资料，开展区域性旅游促销活动，实现资源互利互用、客流互通，降低旅游产品的市场开发成本。增加中蒙边境旅游线路，开发出能让两国都获利的旅游项目，满足不同游客的需求，提升两国旅游业的竞争力。挖掘草原旅游业的独特文化内涵，发挥畜牧业资源的优势，运用新媒体营销方式，"线上"与"线下"结合，全方位、多层次塑造国际旅游文化品牌。

参考文献

[1] 阿地拉·阿卜杜外力. 昌吉州畜牧业产业化发展研究 [D]. 乌鲁木齐: 新疆师范大学, 2016.

[2] 阿努达丽. 中蒙边境地区经贸合作研究 [D]. 哈尔滨: 黑龙江大学, 2013.

[3] 安立龙, 效梅, 曹五七. 我国生态畜牧业产业化的理念及其经营方式 [J]. 农业现代化研究, 2002 (3): 188–191.

[4] 敖仁其, 娜琳. 蒙古国生态环境及其东北亚区域合作 [J]. 内蒙古财经学院学报, 2010 (3): 34–37.

[5] 白文宁. 内蒙古畜牧业可持续发展探析 [D]. 北京: 中央民族大学, 2007.

[6] 包阿优喜. 基于全产业链的农畜产品流通组织体系的建立 [J]. 农业科技与信息, 2016 (34): 31–37.

[7] 包明齐. 中蒙区域经济合作研究 [D]. 长春: 吉林大学, 2016.

[8] 包艳丽, 黄永亮, 张利召. 新疆居民主要畜产品消费行为与收入关系的研究 [J]. 新疆农垦经济, 2013 (12): 35–38.

[9] 包艳丽, 王晓伟, 黄永亮. 新疆棉花主产区生产比较优势分析 [J]. 新疆农垦经济, 2013 (11): 18–21.

[10] 宝音都仍, 其勒格尔. 基于空间经济学的蒙古国农业产业集聚与区域差异 [J]. 内蒙古社会科学, 2017, 38 (1): 184–189.

[11] 宝音都仍, 伊达木, 甘南. 蒙古国山羊绒、羊毛生产及中蒙贸易 [J]. 中国畜牧业, 2015 (18): 30–34.

[12] 布尔金, 赵澍, 何峰, 徐大伟, 朱小林, 李向林, 辛晓平. 新疆草地畜牧业可持续发展战略研究 [J]. 中国农业资源与区划, 2014 (3): 120–127.

[13] 曹刚. 加快推进电商发展和农超对接,努力构建现代新型畜产品流通体系[J]. 当代畜牧, 2016 (29): 2.

[14] 柴国君,魏亮. "一带一路"视阈下中蒙经济技术合作模式研究[J]. 财经理论研究, 2018 (2): 11-20.

[15] 朝格宝音,王永鲜,苏涛. 草原生态保护与畜牧业可持续发展的探讨[J]. 当代畜牧, 2017 (20): 1-2.

[16] 陈海燕. 中国畜牧业政策支持水平研究[D]. 北京:中国农业大学, 2014.

[17] 陈加齐,魏晓娟,朱增勇,赵安平. 近年来全球畜产品消费趋势分析及未来展望[J]. 农业展望, 2017 (1): 70-76.

[18] 陈晋国. 浅谈我区畜牧产业化发展的有效途径[J]. 饲料与畜牧, 2017 (14): 1-3.

[19] 陈淑祥. 我国农畜产品流通方式现状分析[J]. 中国禽业导刊, 2005 (14): 30-32.

[20] 陈雪菲. 蒙古国羊绒产业的发展建议[J]. 现代商业, 2015 (19): 35-38.

[21] 陈雨生,杨鲜翠,周海玲. 消费者可追溯水产品购买行为影响因素的实证分析[J]. 中国海洋大学学报(社会科学版), 2012 (6): 49-54.

[22] 达古拉,乌日陶克套胡. 蒙古国牧户收入研究[J]. 内蒙古师范大学学报(哲学社会科学版), 2015 (11): 13-16.

[23] 迪娜·帕夏尔汗,布娲鹣·阿布拉. 影响新疆西部少数民族地区畜产品流通的因素分析[J]. 草食家畜, 2013 (2): 31-35.

[24] 丁阳. "一带一路"战略中的产业合作问题研究[D]. 北京:对外经济贸易大学, 2016.

[25] 杜富林,鬼木俊次等. 中国与蒙古草原畜牧业经营比较研究[J]. 世界农业, 2015 (8): 157-161.

[26] 恩和. 蒙古国草原畜牧业可持续发展研究[D]. 福州:福建师范大学, 2015.

[27] 丰华. 中蒙经贸发展的现状分析及对策研究[J]. 内蒙古科技与经济, 2015 (12): 32-36.

[28] 冯剑,赵敏娟. 西北五省区羊肉产业的发展对策[J]. 贵州农业科学, 2013 (5): 113-117.

[29] 高炎坤. 荆州市现代畜牧业现状与发展对策研究 [D]. 荆州：长江大学, 2012.

[30] 格日勒图. 推动市场带动模式发展, 促进内蒙古畜牧业产业化 [J]. 前沿, 2007 (11)：56 – 58.

[31] 郭磊, 张立中. 我国牛肉供给面临的困境与应对措施 [J]. 中国畜牧杂志, 2015 (4)：20 – 24.

[32] 哈鸿儒. 西乌珠穆沁草原畜牧业可持续发展对策分析 [D]. 北京：中国农业科学院, 2006.

[33] 侯向阳, 魏琦. 加强中蒙草原科技合作是发展中蒙全面战略伙伴关系的有效推进器 [J]. 中国草地学报, 2015 (5)：35 – 38.

[34] 华倩. "一带一路"与蒙古国"草原之路"的战略对接研究 [J]. 国际展望, 2015 (6)：43 – 46.

[35] 黄高明. 猪蓝耳病暴发流行引发的思考 [N]. 中国畜牧兽医报, 2007 – 11 – 04 (6).

[36] 黄艳平. 国内消费者安全畜产品购买意愿研究综述 [J]. 商, 2012 (16)：155.

[37] 蒋乃华, 辛贤, 尹坚. 我国城乡居民畜产品消费的影响因素分析 [J]. 中国农村经济, 2002 (12)：48 – 54.

[38] 焦国生, 杨年生. 搞活畜产品流通, 促进陆良畜牧产业稳定发展 [J]. 中国畜禽种业, 2008 (9)：75 – 77.

[39] 靳严平, 白音等. 十三五内蒙古畜牧业发展新举措——基于"稳羊增牛扩猪禽"发展思路的调查研究 [J]. 畜牧与饲料科学, 2017 (1)：60 – 69.

[40] 俊秋, 宣磊. "一带一路"背景下内蒙古企业跨国并购问题研究——以乳制品企业为例 [J]. 内蒙古大学学报 (哲学社会科学版), 2016 (6)：94 – 100.

[41] 拉木苏人. 中蒙俄经济走廊视阈下中蒙贸易发展研究模式 [D]. 呼和浩特：内蒙古大学, 2017.

[42] 赖媛媛. 我国畜牧业物流体系构建研究 [D]. 青岛：中国海洋大学, 2015.

[43] 李富龙, 徐丙臣. 现代畜产品供应链体系构建研究 [J]. 黑龙江畜牧兽医, 2013 (4)：13 – 15.

[44] 李佳宝, 李瑞华, 闫刚. 提高内蒙古农畜产品流通效率的对策研究 [J]. 内蒙古财经大学学报, 2016 (2)：28 – 32.

[45] 李建. 中国牛肉消费特征及其影响因素研究［D］. 南京：南京农业大学，2006.

[46] 李健航. 河南省畜产品市场竞争力提升研究［D］. 洛阳：河南科技大学，2015.

[47] 李瑾. 户外畜产品消费实证研究［J］. 农业经济问题，2007（S1）：165-170.

[48] 李腾飞. 基于全产业链的内蒙古农畜产品流通组织体系研究［D］. 呼和浩特：内蒙古财经大学，2015.

[49] 李铁，于潇. 提升中蒙基础设施互联互通，建设好新丝绸之路经济带［J］. 东北亚论坛，2014（2）：40-43.

[50] 李卫春. 新疆吐鲁番市畜产品流通体系建设情况调查及分析［J］. 当代畜牧，2014（15）：1-2.

[51] 李希荣. 合力打造中国特色绒山羊种业产业发展之路［J］. 中国畜牧业，2014（21）：70-73.

[52] 李新. 中俄蒙经济走廊助推东北亚区域经济合作［J］. 俄罗斯东欧中亚研究，2015（4）：25-33.

[53] 李新. 中蒙俄经济走廊是"一带一路"战略构想的重要组成部分［J］. 西伯利亚研究，2015（6）：5-10.

[54] 李志刚，刘传玉. 甘肃省河西民族地区畜牧业产业化发展研究［J］. 经济地理，2005（1）：97-100.

[55] 林宗权. 试论恩施州畜牧业可持续发展模式选择［J］. 饲料与畜牧，2017（14）：4-6.

[56] 刘丽红. 河北省城乡居民收入和畜产品消费关系研究［D］. 保定：河北农业大学，2012.

[57] 刘丽华，李丽军. 农村畜牧业产业化发展分析评价及提升对策研究——以梨树县霍家店村为例［J］. 黑龙江畜牧兽医，2017（14）：32-34.

[58] 刘玉满. 世界畜牧业经济发展模式及对我国的启示［J］. 四川畜牧兽医，2014（4）：14-16.

[59] 刘振江. 我国畜牧业可持续发展研究［J］. 安徽农业科学，2007（11）：3416-3417.

[60] 刘志颐，张弦. 国外现代畜牧业发展趋势及启示［J］. 中国饲料，2014（20）：36-39.

[61] 陆文聪，梅燕．收入增长中城乡居民畜产品消费结构趋势实证研究——以浙江省为例［J］．技术经济，2008（2）：81-85．

[62] 马德元．我国畜牧业产业化发展的问题与对策［J］．阜阳师范学院学报（社会科学版），2010（4）：91-95．

[63] 马福玉．基于因子分析的畜产品消费需求量影响因素研究［J］．系统科学与数学，2013（1）：110-117．

[64] 马铃，刘晓昀．投入低还是效率低——贫困农户畜牧业收入低的原因剖析［J］．农业经济问题，2013（12）：102-106．

[65] 满达，宝音都仍，图雅日呼．山羊绒生产及其产品贸易［J］．中国畜牧杂志，2012（24）：45-48．

[66] 满苏尔·沙比提，阿布拉江·苏莱曼，周俊菊．新疆草地资源合理利用与草地畜牧业可持续发展［J］．草业科学，2002（4）：11-15．

[67] 王富强．蒙古国草原畜牧业可持续发展研究［D］．呼和浩特：内蒙古大学，2010．

[68] 蒙古国统计年鉴（2014）［M］．乌兰巴托：蒙古国民族统计出版社，2015．

[69] 内蒙古社会科学院．蒙古学研究年鉴（2017年）［M］．呼和浩特：内蒙古社会科学院，2018．

[70] 孟凡东．我国畜牧业生态经济发展的系统分析［D］．青岛：青岛大学，2012．

[71] 慕乙晓．我国基层畜产品质量安全监管问题研究［D］．济南：山东大学，2015．

[72] 内蒙古社会科学院．蒙古学研究年鉴（2014）［M］．呼和浩特：内蒙古社会科学院，2015．

[73] 乔光华，谭明达等．供给侧改革视角下财政支牧政策研究——以内蒙古自治区草原畜牧业为例［J］．财政科学，2016（10）：143-153．

[74] 饶军，李星丛．昭通市畜牧业产业化发展现状与对策探讨［J］．当代畜牧，2016（18）：78-79．

[75] 萨础日娜．中国"一带一路"与蒙古国"草原之路"对接合作研究［J］．内蒙古社会科学，2016，37（4）：189-196．

[76] 赛奇．中蒙双边贸易研究［D］．哈尔滨：哈尔滨师范大学，2013．

[77] 桑笛．农业产业化背景下农业物流发展策略［J］．中国农业信息，

2013 (19): 20 – 21.

[78] 尚旭东, 李秉龙. 我国城乡居民畜产品消费特征与问题分析——基于消费结构与收入差距视角 [J]. 生态经济, 2012 (6): 45 – 52.

[79] 师志燕. 内蒙古畜产品物流发展及对策研究 [D]. 呼和浩特: 内蒙古农业大学, 2008.

[80] 石莹. 影响佳木斯地区畜牧业发展问题的浅析及建议 [J]. 现代畜牧科技, 2018 (1): 20.

[81] 史光华, 孙振钧, 高吉喜. 畜牧业可持续发展的综合评价 [J]. 应用生态学报, 2004 (5): 909 – 912.

[82] 苏乐. 甘其毛都口岸发展中蒙跨境经济合作研究 [D]. 呼和浩特: 内蒙古大学, 2014.

[83] 孙根年, 安景梅. 中国内蒙古与蒙古国出入境旅游与进出口贸易互动关系分析 [J]. 干旱区资源与环境, 2014 (8): 52 – 56.

[84] 孙剑. 我国农产品流通效率测评与演进趋势——基于 1998 ~ 2009 年面板数据的实证分析 [J]. 中国流通经济, 2011 (5): 21 – 25.

[85] 孙瑾瑾, 李娟. "中蒙俄经济走廊"建设背景下中蒙贸易合作发展的机遇与对策 [J]. 知与行, 2015 (5): 31 – 35.

[86] 孙黎黎. 基于猪肉安全的吉林省消费者购买意愿研究 [D]. 长春: 吉林农业大学, 2012.

[87] 汤洋. 黑龙江省畜牧业经济效益影响因素及提升对策研究 [D]. 哈尔滨: 东北农业大学, 2013.

[88] 唐步龙, 张前前. 畜产品消费的制约因素、发展趋势及对策研究 [J]. 淮阴师范学院学报 (哲学社会科学版), 2017, 39 (1): 72 – 75.

[89] 唐柳. 建设西藏新型农畜产品市场流通体系的思考 [J]. 西藏研究, 2007 (2): 90 – 96.

[90] 佟晓晨. 中国畜产品消费分析 [J]. 内蒙古民族大学学报 (社会科学版), 2007 (3): 86 – 89.

[91] 王彬, 傅贤治, 张士康. 基于综合"DEA – 偏好锥"模型的鲜活农产品流通模式效率评价的研究 [J]. 安徽农业科学, 2008 (12): 5176 – 5181.

[92] 王成娟. 当代蒙古国外交政策研究 [D]. 北京: 外交学院, 2011.

[93] 王成喜. "一带一路"视角下的中蒙俄经济走廊建设研究 [D]. 聊城: 聊城大学, 2017.

[94] 王德海,程国富. 开发绿色畜产品,促进畜牧业的可持续发展[J]. 中国畜牧杂志,2006(13):61-63.

[95] 王贵荣,陈彤,王伟. 城镇居民奶制品消费行为分析——基于新疆的问卷调查[J]. 中国畜牧杂志,2009(20):48-52.

[96] 王济民,袁学国,李志强,范永亮. 城乡居民畜产品消费结构与消费行为[J]. 中国禽业导刊,2000(16):28-29.

[97] 王明利,王济民. 我国畜牧业产业化发展战略和对策[J]. 农业经济问题,2002(S1):2-7.

[98] 王舒婷,陈铁飞,钟真. 我国畜产品供需状况与产业发展预测[J]. 重庆社会科学,2012(4):93-99.

[99] 王天祥. 内蒙古农畜产品流通模式创新研究[D]. 呼和浩特:内蒙古财经大学,2014.

[100] 王玉环. 中国畜产品质量安全供给研究[D]. 咸阳:西北农林科技大学,2006.

[101] 乌云,娜仁高娃,田瑞芳. 呼伦贝尔草原生态保护与畜牧业可持续发展[J]. 内蒙古农业大学学报(社会科学版),2014(2):18-21.

[102] 夏文汇,徐玲玲. 提高我国农畜产品流通竞争力对策分析[J]. 中国畜牧兽医文摘,2006(4):14-18.

[103] 向香云,田千喜,陈曜. 畜产品流通中信息不对称问题探讨[J]. 现代农业科技,2007(10):136-137.

[104] 向香云. 基于信息不对称条件下的畜产品流通问题研究[D]. 长沙:湖南农业大学,2007.

[105] 辛翔飞,张怡,王济民. 我国畜产品消费:现状、影响因素及趋势判断[J]. 农业经济问题,2015(10):77-85.

[106] 徐琛卓,李哲敏. 畜产品消费量预测方法研究[J]. 中国食物与营养,2014(10):47-50.

[107] 徐琛卓. 基于组合模型的我国畜产品消费量预测[D]. 北京:中国农业科学院,2015.

[108] 徐哲,张军民. 利用国内外两种资源促进我国畜牧业可持续发展[J]. 农业科技管理,2016,35(1):29-31.

[109] 畜牧业经济(2010年)[M]. 乌兰巴托:蒙古国民族统计出版社,2015.

[110] 薛强,乔光华,樊宏霞. 畜牧业产业化的内涵及组织模式[J]. 中国畜牧杂志, 2011 (12): 25-28.

[111] 颜景辰. 中国生态畜牧业发展战略研究[D]. 武汉: 华中农业大学, 2007.

[112] 杨霞. 我国畜产品消费分析及预测[J]. 中国食物与营养, 2007 (5): 28-30.

[113] 杨域. 潍坊市饲料企业的经营状况调查分析[J]. 山东畜牧兽医, 2010 (9): 80-82.

[114] 易青,李秉龙,耿宁. 基于环境修正的中国畜牧业全要素生产率分析[J]. 中国人口·资源与环境, 2014 (S3): 121-125.

[115] 袁学国. 我国城乡居民畜产品消费研究[D]. 北京: 中国农业科学院, 2001.

[116] 原瑞玲,翟雪玲. "一带一路"背景下中国与蒙古农业投资合作分析[J]. 中国经贸导刊, 2017 (15): 40-43.

[117] 岳富贵. 构建农区畜牧业产业化服务体系研究——以内蒙古通辽市科尔沁区为例[J]. 前沿, 2015 (11): 56-58.

[118] 岳富贵. 科尔沁区农区畜牧业产业化经营研究[D]. 呼和浩特: 内蒙古师范大学, 2011.

[119] 张鹤. 鄂尔多斯市畜牧业可持续发展评价研究[D]. 呼和浩特: 内蒙古大学, 2010.

[120] 张婧. 中蒙双边贸易合作发展的现状分析与前景研究[J]. 价格月刊, 2015 (1): 68-72.

[121] 张举荐. 河北省猪肉消费需求以及影响因素研究[D]. 保定: 河北农业大学, 2015.

[122] 张明林,刘耀彬. 农业产业化组织模式效率比较: 一个合作博弈分析思路[J]. 统计与决策, 2007 (21): 52-54.

[123] 张文忠等. 产业发展和规划的理论与实践[M]. 北京: 科学出版社, 2009.

[124] 张秀杰. 蒙古国经济发展放缓与中蒙经贸合作新思路[J]. 内蒙古社会科学(汉文版), 2015 (2): 191-196.

[125] 赵鹏迪. 中蒙俄国际贸易与内蒙古沿边经济带建设研究[D]. 呼和浩特: 内蒙古大学, 2013.

[126] 赵淑雯. "互联网+"背景下生鲜农畜产品物流效率提升途径研究[J]. 黑龙江畜牧兽医, 2017 (24): 18-22.

[127] 朱马别克·别肯. 阿勒泰地区畜牧业产业化模式研究[D]. 乌鲁木齐: 新疆师范大学, 2015.

[128] 朱启荣. 我国畜产品供应链中的质量安全管理研究[J]. 中国集体经济, 2008 (12): 71-72.

[129] Andrew P. Feame, Nige I. D., Poole. Modelling Vegetable Marketing Systems in South East Asia: Phenomenological in Sights from Vietnam [J]. Supply Chain Management, 2011 (5): 427-451.

[130] Goksel Armagan, Cuma Akbay. An Econometric Analysis of Urban Households' Animal Products Consumption in Turkey [J]. Applied Economics, 2008, 40 (15): 2029-2036.

[131] Guiliang Tian. Effect of Consumption of Livestock Products on Water Consumption in China Based on Virtual Water Theory [J]. IERI Procedia, 2013 (5): 112-117.

[132] Hessle A., Bertilsson J., Bo S., et al. Combining Environmentally and Economically Sustainable Dairy and Beef Production in Sweden [J]. Agricultural Systems, 2017 (156): 105-114.

[133] Hinrichs C. C., Welsh R. The Effects of the Industrialization of US Livestock Agriculture on Promoting Sustainable Production Practices [J]. Agriculture & Human Values, 2003, 20 (2): 125-141.

[134] J. J. Hyland, D. Styles, D. L. Jones, A. P. Williams. Improving Livestock Production Efficiencies Presents a Major Opportunity to Reduce Sectoral Greenhouse Gas Emissions [J]. Agricultural Systems, 2016 (147): 123-131.

[135] Karin H. Farmers Cooperatives in the 21th Century [J]. The Journals of Rural Cooperatives, 2009, 27 (1): 31-54.

[136] Mcneilly T. N. Global Food Security Via Efficient Livestock Production: Targeting Poor Animal Husbandry [J]. Veterinary Record, 2017, 180 (11): 276-277.

[137] Rafael de Oliveira Silva, Luis Gustavo Barioni, J. A. Julian Hall, Antonio Carlos Moretti, Rui Fonseca Veloso, Peter Alexander, Mariane Crespolini, Dominic Moran. Sustainable Intensification of Brazilian Livestock Production Through Optimized Pasture Restoration [J]. Agricultural Systems, 2017 (153): 201-211.